CLÍNICA DO CONTINENTE

Coleção Clínica Psicanalítica
Títulos publicados

1. **Perversão**
   Flávio Carvalho Ferraz

2. **Psicossomática**
   Rubens Marcelo Volich

3. **Emergências Psiquiátricas**
   Alexandra Sterian

4. **Borderline**
   Mauro Hegenberg

5. **Depressão**
   Daniel Delouya

6. **Paranoia**
   Renata Udler Cromberg

7. **Psicopatia**
   Sidney Kiyoshi Shine

8. **Problemáticas da Identidade Sexual**
   José Carlos Garcia

9. **Anomia**
   Marilucia Melo Meireles

10. **Distúrbios do Sono**
    Nayra Cesaro Penha Ganhito

11. **Neurose Traumática**
    Myriam Uchitel

12. **Autismo**
    Ana Elizabeth Cavalcanti
    Paulina Schmidtbauer Rocha

13. **Esquizofrenia**
    Alexandra Sterian

14. **Morte**
    Maria Elisa Pessoa Labaki

15. **Cena Incestuosa**
    Renata Udler Cromberg

16. **Fobia**
    Aline Camargo Gurfinkel

17. **Estresse**
    Maria Auxiliadora de A. C. Arantes
    Maria José Femenias Vieira

18. **Normopatia**
    Flávio Carvalho Ferraz

19. **Hipocondria**
    Rubens Marcelo Volich

20. **Epistemopatia**
    Daniel Delouya

21. **Tatuagem e Marcas Corporais**
    Ana Costa

22. **Corpo**
    Maria Helena Fernandes

23. **Adoção**
    Gina Khafif Levinzon

24. **Transtornos da Excreção**
    Marcia Porto Ferreira

25. **Psicoterapia Breve**
    Mauro Hegenberg

26. **Infertilidade e Reprodução Assistida**
    Marina Ribeiro

27. **Histeria**
    Silvia Leonor Alonso
    Mario Pablo Fuks

28. **Ressentimento**
    Maria Rita Kehl

29. **Demências**
    Delia Catullo Goldfarb

30. **Violência**
    Maria Laurinda Ribeiro de Souza

31. **Clínica da Exclusão**
    Maria Cristina Poli

32. **Disfunções Sexuais**
    Cassandra Pereira França

33. **Tempo e Ato na Perversão**
    Flávio Carvalho Ferraz

34. **Transtornos Alimentares**
    Maria Helena Fernandes

35. **Psicoterapia de Casal**
Purificacion Barcia Gomes
Ieda Porchat

36. **Consultas Terapêuticas**
Maria Ivone Accioly Lins

37. **Neurose Obsessiva**
Rubia Delorenzo

38. **Adolescência**
Tiago Corbisier Matheus

39. **Complexo de Édipo**
Nora B. Susmanscky de Miguelez

40. **Trama do Olhar**
Edilene Freire de Queiroz

41. **Desafios para a Técnica Psicanalítica**
José Carlos Garcia

42. **Linguagens e Pensamento**
Nelson da Silva Junior

43. **Término de Análise**
Yeda Alcide Saigh

44. **Problemas de Linguagem**
Maria Laura Wey Märtz

45. **Desamparo**
Lucianne Sant'Anna de Menezes

46. **Transexualidades**
Paulo Roberto Ceccarelli

47. **Narcisismo e Vínculos**
Lucía Barbero Fuks

48. **Psicanálise da Família**
Belinda Mandelbaum

49. **Clínica do Trabalho**
Soraya Rodrigues Martins

50. **Transtornos de Pânico**
Luciana Oliveira dos Santos

51. **Escritos Metapsicológicos e Clínicos**
Ana Maria Sigal

52. **Famílias Monoparentais**
Lisette Weissmann

53. **Neurose e Não Neurose**
Marion Minerbo

54. **Amor e Fidelidade**
Gisela Haddad

55. **Acontecimento e Linguagem**
Alcimar Alves de Souza Lima

56. **Imitação**
Paulo de Carvalho Ribeiro

57. **O tempo, a escuta, o feminino**
Silvia Leonor Alonso

58. **Crise Pseudoepiléptica**
Berta Hoffmann Azevedo

59. **Violência e Masculinidade**
Susana Muszkat

60. **Entrevistas Preliminares em Psicanálise**
Fernando José Barbosa Rocha

61. **Ensaios Psicanalíticos**
Flávio Carvalho Ferraz

62. **Adicções**
Decio Gurfinkel

63. **Incestualidade**
Sonia Thorstensen

64. **Saúde do Trabalhador**
Carla Júlia Segre Faiman

65. **Transferência e Contratransferência**
Marion Minerbo

66. **Idealcoolismo**
Antonio Alves Xavier
Emir Tomazelli

67. **Tortura**
Maria Auxiliadora de Almeida
Cunha Arantes

68. **Ecos da Clínica**
Isabel Mainetti de Vilutis

69. **Pós-Análise**
Yeda Alcide Saigh

70. **Clínica do Continente**
Beatriz Chacur Mano

Coleção Clínica Psicanalítica
Dirigida por Flávio Carvalho Ferraz

CLÍNICA DO CONTINENTE

Beatriz Chacur Mano

© 2013 Casapsi Livraria e Editora Ltda.
É proibida a reprodução total ou parcial desta publicação, para qualquer finalidade, sem autorização por escrito dos editores.

Editor: *Ingo Bernd Güntert*
Gerente Editorial: *Fabio Melo*
Coordenadora Editorial: *Marcela Roncalli*
Assistente Editorial: *Cíntia de Paula*
Produção Editorial: *Casa de Ideias*

Dados Internacionais de Catalogação na Publicação (CIP)
Angélica Ilacqua CRB-8/7057

Mano, Beatriz Chacur

Clínica do continente / Beatriz Chacur Mano. - São Paulo : Casa do Psicólogo, 2013. - (Coleção clínica psicanalítica / dirigida por Flávio Carvalho Ferraz).

ISBN 978-85-8040-376-3

1. Psicanálise 2. Psicologia clínica 3. Terapeuta e paciente
I. Título II. Série III. Ferraz, Flávio Carvalho

13-0976   CDD 616.8917

Índices para catálogo sistemático:
1. Psicanálise

Impresso no Brasil
Printed in Brazil

As opiniões expressas neste livro, bem como seu conteúdo, são de responsabilidade de seus autores, não necessariamente correspondendo ao ponto de vista da editora.

Reservados todos os direitos de publicação em língua portuguesa à

Casapsi Livraria e Editora Ltda.
Rua Simão Álvares, 1020
Pinheiros • CEP 05417-020
São Paulo/SP – Brasil
Tel. Fax: (11) 3034-3600
www.casadopsicologo.com.br

À memória de meu pai

Sumário

AGRADECIMENTOS 13

PREFÁCIO, POR LUIS CLAÚDIO FGUEIREDO 15

APRESENTAÇÃO 19

1 - O EU E O CONTINENTE PSÍQUICO: A CONTINÊNCIA PSÍQUICA COMO
ELEMENTO PSICANALÍTICO 31

Em Freud: O Projeto – a preconcepção de uma
continência psíquica... 31

Configurações do psíquico: o sistema neuronal e
a bolsa... 36

A estrutura do Eu: continente, superfície e interface 50

Bion: da contenção à continência psíquica..................... 60

Prólogo 60

A *rêverie* materna e a relação
continente↔conteúdo... 67

Dimensões da espacialidade psíquica............................. 80

Uma Clínica do Continente ou uma clínica
da função continente?.. 88

Anzieu: a estrutura continente do Eu................................. 93

"Uma pele para os pensamentos"................................... 93

A espiral interativa dos processos constitutivos
do Eu e os envoltórios psíquicos.................................. 103

Os envoltórios psíquicos... 114

O Eu-pele 120

Os significantes formais e sua interpretação................ 128

2 - Vicissitudes do conceito de Eu pelos passos da história..137

A Psicologia do Ego de Heinz Hartmann e
o Eu operacional... 144

Lacan, o estádio do espelho e a re(s)cisão do Eu.............. 151

A proposição de Laplanche: a reintegração do Eu........... 159

O caráter derivativo do conceito de *das Ich*...................... 162

Linha metonímica 163

Linha metafórica 167

O caráter paradoxal de *das Ich*.............................. 171

A Psicologia do Eu de Federn................................... 177

O sentimento de ser Um....................................... 179

A reformulação da teoria do narcisismo 191

O "retorno" a Freud por meio de Federn................... 206

3 - Processos constitutivos do Eu: a plasticidade do Eu e a pessoalidade do ambiente maternante 217

Considerações iniciais: uma origem para o Eu? 217

Sobre a mente embrionária e a cesura
do nascimento 222

Sobre a noção de Eu rudimentar................................. 229

O Eu rudimentar é, primeiro e acima de tudo,
um Eu-corporal 233

A pessoalidade do ambiente maternante na
dinâmica do cuidado 240

Eixos complementares dos processos constitutivos do Eu:
formas-sensação de transformação e de envoltório 248

A estrutura rítmica como primeiro continente 251

As primeiras formas fechadas e
a estrutura radiante de continência 256

Experiências de pele e o envoltório psíquico 258

O interdito de tocar: o nascimento do Eu-psíquico 262

O Eu-pele entre a mãe e o bebê 263

Alguns esclarecimentos a respeito
do interdito de tocar 267

Do Eu-pele ao Eu-pensante 275

Recursos autoprotetores em defesa da ordem vital 282

4 – Sofrimentos narcísicos e a
Clínica do Continente 301

Proposta 301

Três ilustrações clínicas: Eurídice, Aquiles e Rômulo 308

Eurídice 309

Aquiles 328

Rômulo 340

Reflexões sobre a clínica 353

A dinâmica clínica dos estados de Eu 357

Intervenções ao nível do Eu-corporal 363

O reconhecimento das características topológicas do Eu e a reconstrução da "ecologia do ambiente infantil" (Khan, 1964) 369

O manejo clínico e o redespertar da plasticidade do Eu 372

A experiência analítica e a restauração do Eu 376

REFERÊNCIAS 385

AGRADECIMENTOS

A elaboração deste trabalho envolveu numerosas interfaces, clínicas e afetivas. A esses parceiros agradeço de coração pelas contribuições e pelo suporte que me permitiram dar meus passos de dança. Quero, no entanto, particularmente agradecer ao Prof. Dr. Luís Cláudio Figueiredo, por sua orientação valiosa e, sobretudo, pelo acolhimento, respeito e interesse que me transmitiram a confiança necessária à produção deste trabalho.

Prefácio

A partir de certas experiências clínicas e de muita reflexão teórica, impôs-se a Freud a problemática do Eu. Desde suas considerações a respeito do narcisismo em 1914 até a construção em 1923 do que os franceses chamaram de "segunda tópica", que é mais bem nomeado como "teoria estrutural" do psiquismo, as diversas funções e formas de organização do Eu ganharam extraordinário relevo em nossas teorizações.

Em *O Eu e o isso*, lemos: "A investigação patológica dirigiu nosso interesse de forma excessiva exclusivamente ao reprimido. Desde que sabemos que também o Eu pode ser inconsciente em sentido genuíno, gostaríamos de averiguar algo mais acerca dele". A investigação psicanalítica, seja a encetada ainda por Freud nos quinze anos de trabalho que lhe restavam, seja pelos diversos psicanalistas contemporâneos e posteriores que atenderam à sua convocação, abriu o campo da psicanálise para todos os "adoecimentos não neuróticos" (nas palavras de André Green), ou "adoecimentos narcísico-identitários" (de acordo com René Roussillon). Tanto as psicoses, como os pacientes narcísicos, *borderline*, esquizoides do tipo falso *self* etc., não só passaram a ser considerados no plano das teorias, como ingressaram no circuito da clínica da psicanálise, com as modificações do *setting* e das técnicas indispensáveis. Ou seja, a situação analisante ganhou novas feições, sem perder seu estatuto psicanalítico, justamente quando a convocação freudiana de 1923 foi respondida por autores como Federn, Hartmann, Melanie Klein, Bion, Winnicott, Kohut e muitos outros.

O livro de Beatriz Chacur Mano inscreve-se nessa tradição. No contexto dos estudos acerca dos aspectos inconscientes do Eu, seu foco se dirige a uma dimensão bem delimitada. Sem ignorar as funções de defesa e resistência, sem ignorar também as funções "executivas" e "de síntese", e sem desconsiderar a valiosa literatura a respeito (seja a de Hartmann, seja a de Lacan e Laplanche), a atenção da autora recai sobre algo ainda mais decisivo e fundante: a *função continente do Eu.*

Para isso, ela é obrigada a resgatar a produção pequena, mas muito importante, de Paul Federn e, daí, empreender uma espécie de "retorno a Freud". Paradoxalmente, é nesse "retorno" que se inicia o projeto de retomar as contribuições de pós-freudianos como Bion, Bick, Meltzer, Tustin, Winnicott, Green e muitos outros autores contemporâneos (como Haag e Mitrani), que lhe fornecem subsídios para pensar *a gênese e os funcionamentos do Eu em sua função continente.* Entre todas, avulta a obra, infelizmente pouco conhecida e estudada no Brasil, de Didier Anzieu. Se precisássemos assinalar uma "inspiração mestre" para a presente pesquisa e para a proposta clínica dela decorrente, é justo creditar a Anzieu essa posição de destaque.

Falamos em "proposta" porque o trabalho de Beatriz Chacur Mano não se esgota na meticulosa consideração da gênese e da operação da função continente, bem como da vasta literatura que pode e precisa ser trazida à mesa para a compreensão do tema. O trabalho avança no rumo de uma verdadeira *pesquisa clínica em psicanálise*. O quarto capítulo deste livro – "Sofrimentos narcísicos e a clínica do continente" – apresenta três construções de caso, baseadas na experiência clínica da autora, que lhe dão as condições para "fazer trabalhar suas ideias" (testá-las, por assim dizer) e para suas "reflexões sobre a clínica". Nesse capítulo, em especial em suas "reflexões", a autora cumpre o prometido e nos apresenta os esboços do que pode ser uma "clínica do continente", ou seja, do que cabe ao psicanalista "escutar" nos sofrimentos decorrentes de falhas na função continente do Eu e de como se pode proceder na condução desses tratamentos psicanalíticos. É então que o conceito forjado por Anzieu de "significante formal", por sinal, de grande valia na clínica psicanalítica contemporânea (como nos aponta Roussillon), ganha sua mais evidente efetividade.

Trata-se, sob todos os aspectos – revisão histórica, sistematização de conceitos metapsicológicos, construções psicopatológicas e reflexões clínicas pertinentes ao campo das práticas psicanalíticas atuais –, de um trabalho destinado a dar uma contribuição substancial à cultura psicanalítica em nosso país.

Luís Cláudio Figueiredo

São Paulo, junho de 2013.

Apresentação

Este livro visa compartilhar com o leitor algumas reflexões elaboradas durante meu processo de doutoramento[1], tendo em vista a proposição de determinado modo de pensar clínico nomeado Clínica do Continente.

André Green (2002) propõe a noção de pensamento clínico: a clínica não como um objeto a ser observado ou pensado, mas como um pensamento em ação.

O pensamento clínico, esclarece Talya Candi (2010), é uma modalidade de elaboração que surge do encontro clínico e dos processos de transformação que animam a experiência clínica; é um "modo de articulação" que possui referências teóricas, mas que não é uma teoria da clínica, uma vez que tem como material a experiência clínica. Segundo Green, é "um modo original e específico de racionalidade a partir da experiência prática" (2002, p. 11), apesar de sua formulação sempre apresentar um hiato em relação à própria experiência.

---

[1] Tese elaborada sob orientação do Prof. Dr. Luís Cláudio Figueiredo e defendida na PUC-SP em outubro de 2012, tendo como título "Elementos para uma Clínica do Continente. A plasticidade do Eu em sua função de continente psíquico".

Como modo de articulação ou de organização dos elementos clínicos, o pensamento clínico revela sua função estruturante.

Fazendo valer as particularidades semânticas dos idiomas, *pensée clinique* – no original em francês –, o conceito de pensamento clínico idealizado por Green nos remete ao conceito de pensar tal como formulado por Bion; como uma função de ligação mediadora – no caso do pensamento clínico, entre o imprevisível do encontro clínico e a constituição da experiência analítica. Ou seja, em sua função vinculante, como um modo de articulação, o pensamento clínico se atualiza nos encontros clínicos. No pensamento clínico, assiste-se o pensar do analista em ação na relação com determinado paciente.

A questão "Como temos trabalhado com determinado paciente?"[2], quando formulada, incide sobre a modalidade de elaboração e permite fazer evidente o modo de pensar clínico; isto é, o que organiza e que, em sua anterioridade lógica, permite responder aos porquês.

Isso nos leva a um movimento reflexivo, a nos observar pensando em sessão, a nos observar observando os processos psíquicos em ação. A questão nos torna sensível ao trabalho do pensamento em obra nos encontros clínicos. Ela nos distancia do dia a dia e da particularidade de cada encontro clínico para apreender, da experiência analítica, sua estética

---

[2] Questão instigante, que me foi efetivamente feita pelo psicanalista Luís Cláudio Figueiredo em um contexto de trocas clínicas: "Como você tem trabalhado com esta paciente?".

(Green, 2002), sua forma, seus movimentos de transformação. Diz Green: "O erro será considerar que a clínica é apenas uma prática, uma arte, revelando mais um artesanato do que uma estética" (2002, p. 10).

Nesse sentido, tendo como terreno minha própria experiência clínica, assim como a de colegas com quem estabeleço interfaces clínicas e a de autores psicanalistas que a apresentam em textos, notadamente Anzieu, construí uma hipótese que expressa um "modo de racionalidade" clínica, um "como" do pensamento em ação na constituição da experiência analítica. Esse modo específico de racionalidade denomino Clínica do Continente.

Sabemos, no entanto, como já proclamava Freud em 1915, que "não pode haver iniciativa pretensamente empírica que não se sustente sobre um conjunto de axiomas ou de preconcepções" (apud Green, 2002, p. 336). Desse modo, da experiência clínica à formulação de um modo de pensar clínico, fui movida pelo desejo de desenvolver alguns elementos que compuseram, em sua polimorfia, o pensamento clínico que tomamos, nesse contexto, como referência.

O movimento é espiralar, em uma dinâmica semelhante ao processo de constituição do Eu: um corpo teórico que fundamenta um pensamento clínico, que transforma o corpo teórico que fundamenta o pensamento clínico, e assim por diante, em um processo constante de transformação.

O empenho na elaboração dos fundamentos teóricos de uma Clínica do Continente justifica-se uma vez que, ainda segundo Green, tendo surgido diretamente da elaboração imaginativa do analista (Candi, 2010) inserido em uma cena clínica, o pensamento clínico necessita da escuta de terceiros que estabeleçam com ele fronteiras de interlocução. Só assim poderá evitar o perigo do solipsismo (Candi, 2010).

Conforme Green (2002):

> Os textos dirão se o pensamento clínico é uma miragem, a expressão de uma ilusão ou se, efetivamente, este tem o poder de nos tornar sensível a um trabalho de pensamento em obra na relação do encontro clínico (p. 12).

Neste trabalho, apresentarei, nos três primeiros capítulos, os subsídios que conferiram sustentação teórica e liberdade imaginativa suficientes para a elaboração do pensamento clínico em questão, para em seguida apresentar, por meio de material clínico, a Clínica do Continente.

Considerando a noção de cesura do nascimento tal como elaborada por Bion, podemos dizer que toda história pressupõe uma pré-história que, em última instância, faz parte da história. No contexto deste trabalho, situarei como início da história questões anteriormente elaboradas em uma dissertação de mestrado[3] que teve como tema as contribuições de Freud e Bion à questão da gênese da capacidade de pensar.

---

[3] Dissertação elaborada sob orientação do Prof. Dr. Octavio Sousa e defendida na PUC-Rio em abril de 2001, tendo como título "Sobre a gênese da capacidade de pensar. As contribuições de Freud e Bion".

A partir dela, a importância da noção de continente como constitutiva do psíquico e o conceito de *rêverie* materna como matriz primária da experiência de continência estabeleceram-se, em minha clínica, como elementos fecundos de grande valor. Bion oferece os alicerces de um pensamento clínico que considera a possibilidade de restauração da função continente a partir da experiência analítica. Na conclusão, a referida dissertação já indica o desdobramento potencial do tema na clínica:

> Seria correto supor que, ao introduzir o conceito de continente/conteúdo, Bion estaria sugerindo a possibilidade de um trabalho clínico com uma "memória" da emoção primária? Sabemos que a noção de continente está vinculada à relação afetiva com a mãe, à sua capacidade de amar e à própria capacidade do bebê de se sentir amado. Seria essa a intuição que autores como Anzieu, por exemplo, têm resgatado na obra de Bion ao proporem uma Clínica do Continente? (Mano, 2001, p. 10).

Intuía, então, que a relação primária de cuidado, matriz da função continente, deixava marcas no próprio exercício da função continente. Hoje, de forma mais específica, formulo que essas marcas ficam impressas na própria estrutura do continente psíquico. A partir da teoria do Eu-pele de Anzieu, estabeleci estreita relação entre a função continente e a estrutura continente, e entre esta e sua história constitutiva. Pode-se dizer que esses três elementos – a função continente, a estrutura continente e a história constitutiva – são os pilares que sustentaram o desenvolvimento deste trabalho, remodelados por seu entrelaçamento a uma teoria psicanalítica do Eu: o Eu como estrutura continente do psíquico e a função continente sob uma perspectiva da sustentação narcísica. O entrelaçamento da concepção de continente psíquico à teoria do Eu, efetuado de modo criativo por Anzieu, conferiu pessoalidade ao continente psíquico e plasticidade ao Eu: a pessoalidade do continente psíquico revela a plasticidade do Eu; e o Eu, por sua plasticidade, traz em sua estrutura continente as marcas de seus processos constitutivos nas relações de cuidado primário, marcas de sua história afetiva.

Trabalhando com a ideia de plasticidade do Eu, vamos nos colocar ao lado de autores que, como Esther Bick, Frances Tustin e Masud Khan, sustentam a hipótese de que em circunstâncias nas quais sente sua integridade ameaçada, tomando para si a função de conservação da vida ou de defesa da "ordem vital", o Eu luta por sua própria sobrevivência, lançando mão ou desenvolvendo recursos autoprotetores que compensem as carências, falhas e distorções de seus processos constitutivos e que lhe garantam, ainda que precariamente, um sentimento de integração e uma funcionalidade possível.

Esses elementos alimentavam minha clínica e, como preconcepção, certamente participaram da tecedura do pensamento clínico. Observei que em algumas situações clínicas, independentemente da estrutura psicopatológica em questão, o Eu reclamava atenção, exigia cuidado, algumas vezes de forma predominante; outras, de modo transitório.

O que estava ali sendo posto em questão, sem dúvida, era a consideração da prevalência da constituição narcísica na direção do tratamento – e nesse sentido encontramos ressonâncias em autores como Bion, Anzieu e Winnicott. Cada um à sua maneira, referido a contextos teóricos diferentes e direcionados a distintos aspectos da constituição narcísica, esses autores também consideravam sua prevalência clínica: Bion atentava para a presença ou ausência da função continente e da configuração da espacialidade psíquica; Anzieu, para a constituição do Eu-pele como representação da estrutura narcísica; e Winnicott, para a segurança do *self*. A relação entre esses aspectos da constituição narcísica foram, sob certa perspectiva, tema de pesquisa e se apresentam no corpo deste livro: no Capítulo I, a relação entre o tema do continente psíquico e do Eu; e no segundo capítulo, a relação entre o Eu e o *self*.

Com esses autores, aprendemos a respeito de uma estrutura de pensamento clínico sensibilizado à irrupção na cena clínica de angústias muito arcaicas, independentes da estrutura psicopatológica predominante.

A proposta de Clínica do Continente se inscreve nessa tradição considerando os seguintes pontos.

Primeiro, o Eu tem sua estrutura desenhada nas relações de cuidado primárias e, em defesa de sua própria vida, ele se deforma, lança mão de recursos autoprotetores, guardando, por sua plasticidade e em sua estrutura, as marcas das vicissitudes de sua história afetiva.

Segundo, aportes clínicos têm revelado que deformações ou más-formações na estrutura continente do Eu estão na origem de determinados quadros sintomáticos. Argumento que a abordagem clínica da estrutura continente do Eu pode nos auxiliar na avaliação da qualidade funcional e das necessidades do paciente em termos dos processos do Eu envolvidos. Trata-se de ter em mente a qualidade com que a função continente é exercida, ou seja, como, com que recursos, o Eu exerce a função de continente psíquico e de sustentação narcísica, e suas consequências nos processos psíquicos.

Terceiro, partindo das inquietações clínicas despertadas pelos sofrimentos narcísicos que decorrem de más-formações da estrutura continente do Eu, creio ser pertinente e relevante uma atenção clínica ao Eu sob seu aspecto de continente psíquico. É pertinente, em termos clínicos, sensibilizarmo-nos para os recursos do Eu a fim de lidar com as próprias exigências do processo analítico. Por isso, faremos do Eu o foco de nossa atenção ao propor, na herança de Anzieu, uma abordagem predominantemente topológica: o Eu, como entidade psíquica estrutural e estruturante do psíquico; o Eu como estrutura continente do psíquico garantidor do bem-estar narcísico possível.

Quarto, focalizamos Eu em sua plasticidade, e é essa qualidade plástica do Eu que nos permite intervir clinicamente em sua estrutura e que nos permite o recurso clínico de uma Clínica do Continente.

"Como o analista 'sonha' seu analisando?", pergunta Green (1987, p. 13). Tudo depende do corpo teórico do qual parte e do mito de referência que é suposto levar em conta.

A referência a um modelo metapsicológico do aparelho psíquico e a uma metapsicologia genética são alguns dos elementos do campo transicional (Winnicott, 1960b) que sustentam a elaboração imaginativa do psicanalista em ação; o corpo teórico precisa estar digerido e integrado ao corpo clínico do psicanalista em questão, para ser recriado a cada momento do encontro clínico. Neste trabalho, são essas referências que elaboro: o desenvolvimento de um modelo metapsicológico e de uma metapsicologia genética tendo como vértice a concepção do Eu como estrutura continente do psíquico.

Para o desenvolvimento deste livro, o trabalho foi dividido em quatro capítulos que se articulam, emoldurados pela concepção de Clínica do Continente. Tal como os quadros que compõem um tríptico (aqui tomamos como referência as declarações de Francis Bacon em entrevista a David Sylvester [2007]), no caso, um políptico, cada capítulo possui relativa autonomia; uma estrutura própria que estabelece, em relação aos outros, tanto uma separação como uma continuidade.

O primeiro capítulo – "O Eu e o continente psíquico: a continência psíquica como elemento psicanalítico" – tem como proposta apresentar o desenvolvimento de uma concepção metapsicológica do aparelho psíquico sob a perspectiva da espacialidade psíquica e sua relação com a estrutura continente do Eu. Acompanharemos os desdobramentos e os enriquecimentos teóricos e clínicos que o tema adquire no decorrer da obra freudiana e a partir dele, em Bion e em Anzieu. Na leitura que faremos dos textos desses autores, buscaremos recortar elementos que enriqueçam nossa capacidade de análise da estrutura continente do Eu.

O segundo capítulo – "Vicissitudes do conceito de Eu pelos passos da história" – pretende clarear minimamente a problemática do conceito de Eu, considerado confuso, quando estamos inseridos nela. Penso ser necessário situar-nos a respeito das vicissitudes que o conceito de Eu sofreu na história da psicanálise, suas cisões e re(s)cisões em ego, *self* e sujeito, que têm alimentado preconceitos e defesas.

A aproximação com a obra de Federn encontra, nesse contexto, um propósito além de um aprofundamento na teoria de Anzieu, que o nomeia como um dos precursores da noção de Eu-pele. Em sua psicologia do Eu, veremos que ele permite ultrapassar as fragmentações históricas do conceito de Eu. Oferece-nos uma abordagem metapsicológica que, sob o conceito de narcisismo, integra a estrutura continente do Eu e o sentimento de existência. Considero Federn um autor de vanguarda em sua época, e sua originalidade surpreende ao nos oferecer elementos metapsicológicos que irão alimentar nossa compreensão clínica.

O terceiro capítulo – "Processos constitutivos do Eu: a plasticidade do Eu e a pessoalidade do ambiente maternante"– propõe-se ao desenvolvimento de uma metapsicologia genética do Eu considerando as noções de espacialidade psíquica e estrutura continente elementos norteadores do desenvolvimento psíquico.

Nesse capítulo, serão considerados os primórdios dos processos de constituição do Eu: de um estado de Eu-corporal ao nascimento psíquico, da bidimensionalidade psíquica à construção de um espaço psíquico continente, as vicissitudes de um processo constitutivo com múltiplas entradas. Encontraremos o Eu em sua plasticidade, comprometido com a defesa da ordem vital; um Eu que se forma, trans-forma e de-forma nas relações de cuidado maternante, desenvolvendo recursos autoprotetores capazes de suprir as carências, falhas e distorções dessa relação constitutiva. O Eu traz em sua estrutura as marcas da pessoalidade dessa relação primária.

Acredito que uma atenção clínica à formação, às trans-formações e de-formações do Eu permite a re-construção da história afetiva de seus processos constitutivos vividos na relação com o ambiente maternante primário e, deste modo, predispõe para a transferência da situação primária para a situação analítica. Nesse contexto, o intuito é enriquecer as possibilidades sobre os processos de construção, distorção e restauração da topologia subjetiva.

O quarto capítulo – "Sofrimentos narcísicos e a Clínica do Continente" – é o coração do livro. Nele apresento, por meio de material clínico, a Clínica do Continente. Embora as bases teóricas conceituais estejam trabalhadas nos capítulos precedentes, esse capítulo é a "prova dos nove": tendo acolhido na clínica os sofrimentos narcísicos e os aspectos disfuncionais do Eu que põem em cena suas características estruturais, coube, para finalizar, a pergunta: Que recursos clínicos possuímos para redespertar a plasticidade do Eu e promover a restauração do continente psíquico? Apresento no texto algumas elaborações, mas a questão permanece viva, fazendo a clínica e o movimento de pesquisa pulsar.

1.

O Eu e o continente psíquico: a continência psíquica como elemento psicanalítico

Em Freud: O Projeto – a preconcepção de uma continência psíquica

A noção de continência é um elemento psicanalítico essencial, presente desde os primeiros modelos de aparelho, seja neuronal, seja psíquico, desenvolvidos por Freud. Poderíamos dizer, utilizando-nos da proposição de Bion, que haveria nos primeiros textos freudianos, desde aqueles ditos pré-analíticos, a preconcepção da noção de continência e de seus desdobramentos nas noções de espacialidade psíquica, fronteira, limite e interface.

Freud (1895) inicia seu texto conhecido como *Projeto de uma psicologia*[1] anunciando os dois postulados básicos com os quais pretende montar sua "psicologia cientí-

---

[1] Daqui por diante referido como *Projeto*.

fico-naturalista": primeiro, diz Freud (1895), a "observação clínico-patológica [...] [sugere] diretamente a concepção da excitação nervosa como quantidade em fluxo" (p. 10); e, segundo, a teoria neuronal, com a qual ele oferece um continente no qual possa visualizar certa ordenação para as quantidades que ocupam o aparelho, ainda concebido como um aparelho neuronal.

Na sequência, vemos que o interesse de Freud em conceber o desenvolvimento da psicologia a partir do puramente biológico leva-o a intuir, por meio da curiosa denominação de barreira de contato, a importância da função continente para o desenvolvimento do então concebido aparelho neuronal e mesmo do psiquismo. Era preciso escapar ao princípio de inércia que imporia ao aparelho um funcionamento por puro arco reflexo: pareceu-lhe evidente que energia em livre circulação com descarga imediata não atendia não só à urgência de vida, como também a nenhuma das características psicológicas próprias do humano, como a de que o desprazer e a memória possam ser evitados. A noção de barreira de contato nos pontos de ligação entre os neurônios é concebida para cumprir a função de contenção das quantidades que ocupavam os neurônios, criando a possibilidade de armazenamento e condução; de notação e recordação; de percepção e memória. Em decorrência da idealização da noção de barreira de contato, o aparelho se espacializa, se ramifica em redes de facilitações e se divide em sistemas de neurônios – Φ, Ψ, ω – que cumprem funções diferenciadas. Freud não o denomina, mas notamos presente, ainda que de modo implícito, a necessidade de um terceiro postulado: a existência de um princípio de contenção e de diferenciação interna como um dos organizadores do funcionamento psíquico (Anzieu, 1985a).

A noção de barreiras de contato, abandonada por Freud ainda recém-nascida, revela sob seu esquecimento a genialidade de seu mentor e endossa a interpretação de uma preconcepção da função continente nos textos freudianos iniciais. "O conceito é surpreendente", diz Anzieu (1985a), "[...] é o paradoxo de uma barreira que fecha a passagem por estar em contato e que, por este mesmo motivo, permite em parte a passagem" (p. 103).

As propriedades implícitas na noção de barreira de contato são potencialidades que se realizam quando consideramos a função continente elemento psicanalítico: colocar limites no livre escoamento das quantidades, conter energia no sentido de armazená-la e repartir a energia no sentido de sua condução são aspectos diferentes de função continente.

À medida que Freud faz a noção de barreira de contato trabalhar a serviço de uma concepção funcional do psíquico, a estrutura do aparelho neuronal é desenhada, de tal forma que antecipa características estruturais que não mais abandonarão sua concepção de aparelho psíquico: estrutura em camadas e configuração de interface com uma face voltada para os estímulos externos, protegida por uma tela de para-quantidade (Anzieu, 1985a), e a outra voltada para os estímulos internos. Esses são aspectos estruturais que irão se consolidar na segunda tópica.

Na sequência desse mesmo texto, o *Projeto*, e em uma perspectiva mais psíquica, Freud introduz o Eu como uma organização, uma estrutura psíquica bastante mais próxima daquilo que mais de vinte anos depois ele viria a designar como Eu, do que da acepção que era adotada pela psicologia de então. O Eu é introduzido com uma função continente, "portador de armazenamento", capaz de influenciar os caminhos de condução, de impedir e facilitar a passagem entre percepção e memória. Além disso, estando em contato com o mundo interno e o mundo externo, coube ao Eu a função de estabelecer uma barreira entre eles, diferenciando-os por meio do processo de pensar e da atenção, ao mesmo tempo que os punha em contato. Ou seja, o Eu acaba por ter funções semelhantes àquelas anteriormente conferidas à barreira de contato, e por se constituir, ele mesmo, uma barreira de contato. É nesse sentido que me parece legítimo supor que Freud elabora seu primeiro modelo de aparelho através de um pensar por imagem, isto é, apoiado no orgânico, em uma elaboração imaginativa da estrutura neuronal – do "conhecimento sobre os neurônios, tal como é fornecido pela histologia recente" (Freud, 1895, p. 11).

A propriedade desse modelo integra, em sua complexidade, as duas configurações que Freud irá conferir ao aparelho psíquico no desenvolvimento conceitual da psicanálise: uma se fazendo representar pela metáfora de sistema neuronal, e a outra pela metáfora de bolsa ou vesícula (Pontalis, 1977; Anzieu, 1985b). Essas metáforas correspondem, respectivamente, à primeira e à segunda tópica e revelam aspectos espaciais e funções continentes diferentes e complementares.

Neste tópico, trabalharemos basicamente com quatro textos freudianos nos quais podemos supor uma concepção, em maior ou menor grau, da noção de continente e espacialidade psíquica como âncora para o desenvolvimento conceitual da psicanálise e do próprio psiquismo. "A interpretação dos sonhos", de 1900, "Sobre o narcisismo: uma introdução", de 1914, "Além do princípio de prazer", de 1920, e "O Eu e o id", de 1923, são os textos nos quais nos apoiaremos. As noções de continente e espacialidade psíquica percorrem o desenvolvimento do pensamento freudiano como pano de fundo, sem nunca adquirir muito destaque. Anzieu teve o mérito de revelar, nos textos de Freud, sua potencialidade. Em nossa leitura dos textos freudianos, nos deixaremos influenciar pelo olhar de Anzieu. Adianto que, a meu ver, à medida que se aproxima das elaborações que concernem a uma potencial psicologia do Eu, Freud parece ir se apropriando delas. Nesse sentido, o conceito de narcisismo é nuclear, e a metapsicologia estrutural do aparelho psíquico desenhada na segunda tópica será seu expoente.

Acredito que não é por acaso que em suas reflexões solitárias, por ele nomeadas, segundo Strachey, como *Achados, ideias, problemas* (Freud, 1941), a espacialidade psíquica se apresenta como questão para ele:

O espaço pode ser a projeção da extensão do aparelho psíquico. Nenhuma outra derivação é possível. Em vez dos determinantes *a priori*, de Kant, de nosso aparelho psíquico. A psique é estendida; nada sabe a respeito (Freud, 1941, p. 136).

Nessa reflexão, já no fim da vida, Freud nos dá como herança a incumbência de fazer da espacialidade psíquica e de seu correlato – o continente psíquico – temas psicanalíticos. Alguns autores se apropriam dessa herança, entre os quais destacamos Bion e Anzieu. De minha parte, me faço deles herdeira na proposição de uma Clínica do Continente.

Configurações do psíquico: o sistema neuronal e a bolsa[2]

Como leitura metapsicológica do psíquico, no Capítulo VII de "A interpretação dos sonhos" (Freud, 1900), a criação, ou melhor, a sistematização de uma concepção metapsicológica do aparelho psíquico se fará herdeira da psicologia científica construída no *Projeto*. Nesse novo contexto, o Eu será ofuscado pelo lugar teórico que Freud confere à sua funcionalidade continente posta então a serviço da censura e da atividade de pensar secundária. Embora estas incidam sobre a dinâmica das representações e a alimentem, a dimensão econômica – os afetos – permanece como motor da dinâmica: em última instância, é o que lemos

---

[2] "Bolsa", "saco", "vesícula", "bexiga" são termos que têm se alternado na literatura psicanalítica como sinônimos.

nas entrelinhas, trata-se ainda de impedir o escoamento livre da energia e de conter os excessos afetivos vinculados a determinadas representações.

Tendo em vista a configuração do aparelho psíquico, se pudermos fazer uma leitura em conjunto da primeira parte do trajeto traçado por Freud, a abordagem construída no livro dos sonhos é a que prevalece: subentende-se uma organização do psíquico em estratos nos quais consciente, pré-consciente e inconsciente são domínios psíquicos nitidamente diferenciados entre si por forças repressoras, por atos de recalcamento, e assim sustentados por barreiras como a censura. Eles podem ser trilhados, sempre por vias sinuosas, mas em sucessões ordenadas, a partir de uma dinâmica que considera as forças das resistências. Entendo que a função de contenção orienta a formulação de mecanismos como recalque, contrainvestimento, resistência, além da censura que acumula, em acréscimo, resquícios da concepção de barreiras de contato, isto é, como região de fronteira entre sistemas psíquicos, valorizada mais por sua característica de barreira do que pela de contato.

De modo semelhante, a atividade de pensar secundária, como condição de "submissão" do funcionamento psíquico ao princípio de realidade, permanece como atividade que contém o livre escoamento da energia e atividade de condução pelo território do psíquico. O pensar secundário é uma atividade exploratória, tanto do ambiente psíquico como do mundo externo, empreendida pelo Eu: promove experimentações, trilha caminhos, cria desvios. Se a ela nos referirmos em termos dinâmicos, falaremos em um sistema de redes, com múltiplas vias possíveis de escoamento segundo a abertura ou o fechamento das comportas. Transposta para o plano mental, a configuração do aparelho psíquico em redes se revela em qualquer trabalho interpretativo que desenha, a olhos vistos, redes de cadeias associativas (Pontalis, 1977). Em termos formais, esse sistema de redes desenha um território que se constitui como forma e tamanho à medida que é ocupado pelas redes, como uma árvore que tem sua forma e seu tamanho traçados de acordo com seus galhos. De outro modo, podemos dizer que a metáfora do sistema neuronal se desenha como uma atividade funcional do Eu: atividade de contenção e função continente da atividade de pensar que criam um território continente.

O texto "Sobre o narcisismo: uma introdução", de 1914, marca o início do processo de transição da primeira para a segunda tópica e a mudança em termos de concepção de estrutura espacial do aparelho psíquico.

Resposta para determinados fenômenos clínicos, a tese do narcisismo nasce inserida na dinâmica pulsional como uma "atitude" e como um "complemento libidinal" (Freud, 1914a) que se inscreve na oposição entre pulsões sexuais e pulsões do Eu, para logo em seguida se configurar também como um estágio de passagem entre o investimento autoerótico e o investimento objetal. O movimento de Freud parte do narcisismo secundário para deduzir um estado e um estágio de narcísico primário. Em seu estado secundário, o narcisismo se perpetua como pivô de uma nova antítese pulsional que faz oscilar a libido narcísica e a libido objetal; os estados narcísicos, assim designados por um retorno da libido ao Eu, projetam a reflexividade do Eu, até então pouco considerada. Em seu estado primário, o narcisismo é definido como um investimento original de integração e constituição do Eu e, nesse momento teórico, como reservatório da libido, concepção resgatada do *Projeto*.

Freud inscreve o tema do narcisismo na teoria pulsional e nele, apesar da referência ao Eu como reservatório da libido, a estrutura continente do psíquico permanece em estado de preconcepção, uma vez que dela não se tira grandes consequências, nem teóricas nem clínicas. Contudo, aos meus olhos, sob a concepção do narcisismo primário, o tema do continente psíquico se redesenha no horizonte freudiano, agora com a característica de envoltório psíquico, como aquilo que integra e delimita o Eu; como um espaço com uma forma configurando um dentro e um fora, pondo em relevo outras características da função continente do sistema psíquico. Ou seja, sob essa perspectiva, a ênfase desloca-se da atividade de pensar para a imagem e a noção de envoltório continente. Concebida em sua individualidade, diferenciada de seu entorno, a bolsa psíquica deve delimitar e manter o que lhe dá forma e proteger suas fronteiras das intrusões traumáticas do ambiente (Pontalis, 1977).

Nesse artigo, a imagem a que Freud recorre como metáfora do psíquico é a da ameba. Seu interesse era justamente apresentar, por analogia, o Eu como reservatório da libido e seu movimento de investimento no mundo externo. Se nos permitimos acompanhar os movimentos dos pseudópodos, veremos que essa imagem, muitas vezes referida para falar da oposição entre a libido narcísica e a libido objetal, traz, em acréscimo, o movimento da região de fronteira do Eu, sua flutuação, tal como será posteriormente teorizada por Federn (1952).

Sabemos que a concepção de narcisismo primário expressa a tendência sintética do Eu, mas também põe em evidência a estrutura de envoltório psíquico e sua relação com o sentimento de ser.

Restringindo-nos às elaborações de Freud, é pertinente dizer que, como estado primário do Eu, o narcisismo inaugura o sentimento de ser Um em oposição ao Outro, o sentimento de Eu em oposição ao Não Eu. Entendo que, como estado do ser, o narcisismo é a expressão, em termos de sentimento, do continente psíquico criado e delimitado pelo envoltório psíquico; ele é o "sentimento de estar em casa" (Green, 1988, p. 62).

Essa é uma importante referência quando pensamos uma Clínica do Continente, a suposição de que a estrutura se expressa como um afeto que possui qualidade narcísica, "afeto de existência", de acordo com Green (1988). Uma estrutura de envelope, um envoltório que integra e abriga e, nessa medida, expressa sentimento de coerência, de consistência, como suporte do prazer de existir (Green, 1988). Nesse sentido, devemos presumir que se a característica do envoltório muda, por exemplo, se é aberta, pondo em risco a estrutura narcísica, o sentimento de ser Um também muda se nele se abrem rombos permitindo a invasão de um excesso de estímulos (como veremos a seguir), o sentimento de coerência e consistência é afetado. A articulação entre o estado e a estrutura do Eu tem sido pouco considerada na psicanálise; foi defendida por Federn, como veremos no capítulo seguinte e, depois dele, orienta as elaborações de Anzieu.

Tendo no horizonte o tema do continente psíquico, o Capítulo IV de "Além do princípio do prazer" (Freud, 1920) é, de certo modo, complementar ao texto sobre o narcisismo, mas nele a abordagem estrutural que vai orientar a elaboração da segunda tópica começa a ganhar contornos mais nítidos.

Nesse texto, Freud reconsidera a metáfora da bolsa como configuração do aparelho psíquico, desta vez, porém, não mais fechada ao mundo externo, como em 1911, quando utiliza a metáfora do ovo para descrever o estado psíquico primário – "um sistema psíquico isolado dos estímulos do mundo externo" (Freud, 1911, p. 279). Ao contrário, ele quer imaginá-la em sua face externa, receptiva aos estímulos externos. Diferentemente do texto sobre o narcisismo, mas de forma complementar, suas observações e elaborações estarão mais voltadas para os aspectos funcionais da estrutura continente do que para o sentimento de integração do Eu.

No referido capítulo, a estrutura do Eu não é o tema sobre o qual Freud se debruça, pelo menos não diretamente, uma vez que ele ainda não havia apresentado ao público uma concepção estrutural do aparelho psíquico. No entanto, as questões elaboradas evidenciam ser imprescindível uma concepção estrutural que corresponda a determinadas necessidades funcionais de qualquer "organismo vivo, na sua maior simplificação, como uma indiferenciada vesícula de substância excitável" (Freud, 1920, p. 187) imersa em um ambiente que a expõe a níveis consideráveis de estímulos.

Freud imagina a constituição de um envoltório protetor com características estruturais específicas, as quais serão, posteriormente, conferidas ao Eu. Segundo Laplanche (1985a), o essencial desse modelo é que os aspectos topológicos e econômicos se apresentem indissociáveis, ou seja, o envoltório, como limite, teria uma significação econômica, energética, tanto no sentido de proteção contra os excessos invasivos como também de continente, impedindo o esvaziamento completo. As diferenças, aqui concebidas como diferenças de níveis de energia, entre o externo e o interno, devem ser preservadas pelo invólucro protetor e contentor de energia. Aliás, este parece ser o ponto nodular em que as questões abordadas neste capítulo são amarradas. Em Freud lemos: "Para o organismo vivo, a proteção contra os estímulos é tarefa quase mais importante do que a recepção de estímulos" (1920, p. 189).

Laplanche esclarece (1985a) que o modelo da bolsa nos permite pensar, por um lado, o princípio de prazer-desprazer, conceito fundamental para o desenvolvimento teórico-clínico da psicanálise e, por outro, a situação de dor e trauma. A teoria do prazer-desprazer, que orienta o modelo neuronal anteriormente descrito, tem a ver com uma concepção de homeostase, da manutenção de um nível constante de energia, delimitado e preservado pelo envoltório; nela, sem dúvida, o envoltório é suposto e suficientemente funcional. Já no caso da dor ou do trauma, é justamente o envoltório que é afetado, sofre rupturas e a possibilidade de homeostase fica estruturalmente comprometida. Estaremos então, como propõe Freud, além do princípio do prazer.

Vale ressaltar que a manutenção narcísica do organismo vivo, do aparelho psíquico ou do Eu, seja qual for o nível a que nos referimos, requer a sustentação de uma estrutura que tenha efeito funcional de proteção e contenção para que as diferenças sejam preservadas. Falhas estruturais acarretarão perdas na condição de manutenção da homeostase interna, no funcionamento psíquico segundo o princípio de prazer-desprazer, e na utilização de recursos psíquicos vinculados à atividade de pensar.

Se a partir do texto sobre o narcisismo lemos em Freud uma associação entre estrutura narcísica e sentimento de Eu, em "Além do princípio do prazer" a estrutura está relacionada à capacidade funcional. Se a estrutura se altera, a capacidade funcional pode ser afetada.

O que mais vai importar a Freud no contexto desse capítulo são, justamente, essas situações em que a proteção falha – os traumas – e a compulsão à repetição como recurso para ligar o excesso de energia livre que põe em risco a vida psíquica. Invadido em seu interior por um excesso de estímulos que afluem do exterior, é preciso "ligar psicologicamente as quantidades de estímulo que irromperam, para conduzi-las à eliminação" (Freud, 1920, p. 192).

Ligar psiquicamente, afluxo de investimento, contrainvestimento: processos vinculados à atividade de pensar e que nos fazem concluir que, embora a perspectiva topológica tenha sido fundamental para que Freud, no contexto das neuroses traumáticas, pense a proteção do organismo e suas falhas, em termos clínicos, a perspectiva econômica ainda é a que prevalece. Nesse sentido, o envoltório protetor é funcional, mas basicamente passivo.

Quando apresenta de forma sistemática, no texto "O eu e o id" (1923), a segunda tópica, a abordagem de Freud do aparelho psíquico será outra. A apresentação do espaço psíquico como uma bolsa acarretará, no desdobrar de suas elaborações, a necessidade de uma nova concepção do aparelho psíquico. Na segunda tópica, Eu, id e supereu vão representar sistemas diferentes, com conteúdos e funções diferentes que compartilham o espaço psíquico e interagem. Nesse sentido, a concepção dinâmica do aparelho psíquico perde sua característica linear, e as diferentes partes da personalidade, acrescidas do mundo externo, estabelecem entre si relações, sejam de conflito, sejam de cooperação.

Quase vinte anos após o *Projeto*, Freud apresenta ao público uma concepção estrutural do aparelho psíquico e do Eu que revelasse, ainda que de forma não tematizada, a profundidade com que a função continente deveria se inscrever no escopo teórico psicanalítico.

Lemos no segundo capítulo do referido texto:

> Esta [ele se questionava se, no se fazer consciente, há um deslocamento da energia mental nos processos de pensamento rumo à superfície ou, ao contrário, é a consciência que abre caminho em direção ao interior] é, claramente, uma das dificuldades que surgem quando se começa a tomar a sério a ideia espacial ou "topográfica" da vida mental (Freud, 1923, p. 31).

Freud busca imaginar o espaço psíquico em sua tridimensionalidade: "superfície", "direção ao interior", "profundos estratos", "envolve" são expressões que ele utiliza ao longo desse capítulo, as quais, podemos supor, ele se esforça para representar pictograficamente.

A estrutura continente do Eu é agora mais nitidamente desenhada e explicitamente designada como envoltório psíquico.

> Um indivíduo é então, para nós, um Id [um algo] psíquico, irreconhecível e inconsciente, em cuja superfície se acha o Eu, desenvolvido com base no sistema *Pcp*, seu núcleo. Se buscamos uma representação gráfica, podemos acrescentar que o Eu não envolve inteiramente o Id, mas apenas à medida que o sistema *Pcp* forma sua superfície [do Eu], mais ou menos como um "disco germinal" se acha sobre o ovo (Freud, 1923, p. 30).

O indivíduo é um id quase totalmente envolvido pelo Eu; o Eu é uma superfície que tem, em sua superfície, seu núcleo, o sistema Pcpt-Cs; o Eu é uma superfície que se constitui como projeção de uma superfície. Ou seja, o Eu é definido como um entrelaçamento ou uma superposição de regiões de superfície. A linearidade com que o envoltório protetor foi concebido em 1920, entre o mundo externo e o interno, é substituída por uma estrutura de encaixes: superfície e projeção de superfície. Além disso, a função de envoltório do Eu também se complexifica: ele não apenas protege e separa o externo e o interno, como também adquire um papel mais ativo de mediador entre o mundo interno e o mundo externo. É quem recebe as impressões dos estímulos externos, nesse contexto vivido como mensagens, e quem intermedia as necessidades do id ao interpor o pensamento a ele e à realidade.

Nesses artigos, por meio dos quais acompanhamos o trabalho silencioso do pensamento de Freud acerca das noções de continente e espacialidade psíquica, vemos nascer a estrutura continente do Eu; uma estrutura que se constitui em dois eixos, um de envoltório do aparelho psíquico a desenhar um espaço psíquico, e outro, que por sua localização na superfície lhe confere uma característica de fronteira. Em outro artigo – "Uma nota sobre o 'bloco mágico'" (Freud, 1925[1924]) – Freud vai buscar apresentar, de modo lúdico, as diversas camadas da estrutura de fronteira do Eu, a qual será abordada logo a seguir.

A perspectiva estrutural do aparelho psíquico apresentada na segunda tópica adquire corpo no desenvolvimento da psicanálise, e o Eu ganha um lugar fundamental nas indagações que, até o fim, continuaram guiando o percurso freudiano.

Quando escreve "Análise terminável e interminável" (1937), uma de suas últimas reflexões feitas públicas sobre a clínica, Freud não hesita em colocar as alterações do Eu como um dos fatores "decisivos para o sucesso de nossos esforços terapêuticos" (Freud, 1937, p. 267) ao lado dos fatores etiológicos e da importância dos fatores quantitativos, isto é, da força pulsional.

Entendo que é justamente a relação entre os fatores quantitativos e a estrutura do Eu, situada no contexto clínico, a maior novidade desse texto. Já vimos essa relação presente no artigo "Além do princípio do prazer"; mas aqui Freud ressalta que a questão quantitativa não tem valor absoluto, sendo relativa em nível de maturidade do Eu: "Podemos aplicar a essas repressões infantis nossa afirmação geral de que as repressões dependem absoluta e inteiramente do poder relativo das forças envolvidas [...]" (Freud, 1937, p. 259).

A questão de "algo" por ele denominado "alteração do Eu" (Freud, 1937, p. 267) se sustenta mais em observação clínica do que em elaboração teórica, e o remetia aos primórdios dos processos constitutivos do Eu, terreno que ele pouco conhecia. Sabemos que em Freud não havia uma teoria do cuidado primário e que, na construção da psicanálise, suas considerações sempre partem de um Eu já constituído (daí ele propor restringir a psicanálise aos casos de neurose).

Para o que interessa aqui, sinto a carência de uma metapsicologia genética consistente a respeito dos primórdios do Eu a enriquecer suas elaborações. Freud, no entanto, tece considerações e formula questões, para nós, preciosas. Primeiro, entende que a alteração do Eu tem origem nos estágios primários, como um preço que o Eu paga pelo uso necessário de determinados mecanismos de defesa, um uso que poderíamos qualificar de "cumulativo" (Khan, 1964).

> Nenhuma pessoa faz uso de todos os mecanismos de defesa possíveis. Cada pessoa não utiliza mais que uma seleção deles, mas estes se fixam em seu ego. Tornam-se modalidades regulares de reação de seu caráter, as quais são repetidas durante toda a vida, sempre que ocorre uma situação semelhante à original (Freud, 1937, p. 270).

Entendo que Freud fala de um padrão de reação do Eu, um padrão que passa a fazer parte dele, diria, de sua estrutura. Seu questionamento a esse respeito é, no mínimo, instigante: "O que estamos tentando descobrir é qual a influência que a alteração do ego a eles [mecanismos de defesa] correspondente tem sobre nossos esforços terapêuticos" (Freud, 1937, p. 271).

Em outros termos: quais deformações do Eu, adquiridas na infância, "atrapalham" o processo analítico?

Questões clínicas desse gênero perpassam a proposta de Clínica do Continente, acrescida de um "detalhe", que é justamente o que parece ter-se perdido do horizonte de Freud no contexto desse artigo: a estrutura continente do Eu.

Na leitura que fizemos dos textos freudianos, observamos: (1) as noções de espacialidade e de continência psíquica que foram elementos essenciais na construção do próprio aparelho psíquico e, sobretudo, no modelo estrutural; (2) o nascimento do Eu no escopo teórico psicanalítico, em *Projeto*; (3) seu ressurgimento em torno do tema do narcisismo e seu amadurecimento na segunda tópica revelaram seu aspecto e sua função de continente psíquico. Como Clínica do Continente, quando abordamos as deformações do Eu, propomos considerá-las em termos de estrutura continente do psíquico.

Sabemos que o tema do narcisismo não conhece, em Freud, sua maturidade e resiste apenas como referência para a teoria das instâncias ideais. Por outro lado, o Eu, desvinculado de sua matriz narcísica, adquire uma maior importância, e sua estrutura chega a ser foco da atenção de Freud.

A realidade clínica, entretanto, insiste nesse sentido. Patologias e sofrimentos narcísicos cobram dos psicanalistas novas formulações e novas posturas clínicas. A elas a psicanálise responde, embora sua interpretação varie de autor para autor, segundo as referências teóricas que os orientam.

A ideia de Clínica do Continente se inscreve nessa tradição: partindo das inquietações clínicas despertadas pelos sofrimentos narcísicos, consideram-se os processos de constituição do Eu e sua estrutura narcísica. Em nosso trajeto somos sustentados, obviamente, por Freud; mas além dele, principalmente por três outros autores que responderam, à sua maneira, a essa realidade clínica: Bion, Esther Bick e Didier Anzieu.

A estrutura do Eu: continente, superfície e interface

Na composição da estrutura continente do Eu, localização, função e estrutura são elementos inter-relacionados. Deste modo, a localização de superfície do Eu está vinculada à função e à estrutura de envoltório do mesmo modo que a pele, envoltório do corpo, também está situada em sua superfície (Anzieu, 1985a). Como estrutura que envolve, Eu e pele demarcam um espaço – um espaço psíquico e um espaço corporal. Considerando a localização de superfície, o olhar investigativo de Freud termina por revelar outros aspectos estruturais e outras funções relacionadas, justamente, à característica de fronteira.

Para Freud, o Eu possui algumas funções que são estruturais. Parece-me evidente que, ao conferir uma estrutura ao Eu e uma função estrutural, a perspectiva que Freud adota confere ao Eu uma realidade, como se fosse um ser, ousaria dizer, um corpo psíquico.

No desdobrar deste trabalho, iremos considerar a estrutura continente do Eu e as funções estruturais a ela correspondentes segundo esses dois aspectos: a estrutura de envoltório e a estrutura de região de fronteira. Eles permanecerão como orientação para desdobramentos que o tema vai adquirir nos autores pós-freudianos, notadamente Anzieu.

Quando Freud utiliza a analogia da ameba para se referir ao Eu em seu estado narcísico e como reservatório da libido, não é a primeira vez que ele o representa como uma forma fechada. Em 1911, Freud já havia se referido ao estado primário do Eu como um ovo e voltará a fazê-lo, como vimos, em 1920, sob a imagem da vesícula. Todas essas analogias remetem ao aparelho psíquico em sua integralidade e ao Eu como um envoltório. Em 1923, Freud sente a necessidade de representar pictograficamente o novo desenho do aparelho psíquico composto de subsistemas que formam uma única estrutura. Novamente, ele utiliza a forma fechada, mas a ela acrescenta uma prudente ressalva, de que os contornos do desenho não poderiam pretender uma interpretação particular (Freud, 1923). Ressalva, segundo Anzieu (1985a), erradamente considerada pelos comentadores da obra de Freud que a tomaram ao pé da letra. Diz ele:

> Freud sublinhou muito o papel mediador dos pictogramas entre os representantes de coisa e o pensamento verbal se apoiando na escrita alfabética (seria somente a fim de decifrar o simbolismo do sonho) para não "ver" nesse esquema preconcepções que ele não pode ainda verbalizar, e que permanecem no estado de pensamento figurativo (Anzieu, 1985a, p. 111)

Isto é, mais do que puro recurso didático, o esquema que nos oferece Freud comporta a complexidade de um tema que ele ainda não tinha possibilidade de manifestar de outra maneira.

O pictograma é de conhecimento geral e, apesar da ressalva, Freud não hesita em reutilizá-lo, dez anos mais tarde, na *Conferência XXXI* (1933), como atestando sua validade. Ele comportará pequenas, mas importantes, modificações, como mostra Anzieu (1985a), as quais acompanham suas elaborações teóricas.

Nesse diagrama, Freud está apresentando a relação do Eu com seus vizinhos, mas o que vemos, principalmente, é o mundo interno. Freud nos apresenta uma forma definindo um espaço interior e exterior; em seu interior ele faz constar elementos da primeira e da segunda tópica, permitindo supor que esse envoltório comporta qualquer aspecto do psíquico. Nesse sentido, do interior, precisamos ao menos nos questionar se devemos falar em um espaço psíquico, ou antes, em espaços psíquicos: vários e um ao mesmo tempo (Widlöcher, 2007).

Como característica estrutural, uma das modificações introduzidas no pictograma que apresenta na *Conferência XXXI* é a abertura que ele situa na parte inferior da bolsa. Anzieu sugere que essa abertura materializa a continuidade do id e seu pulsional com o corpo e com as necessidades biológicas: a estrutura do envoltório não representa, na saúde, um sistema fechado. Ao preço que se paga por essa descontinuidade na superfície, se ganha, por outro lado, flexibilidade e possibilidade de expansão e retraimento (Anzieu, 1985a).

Nesse sentido, a estrutura continente do Eu deve envolver o aparelho psíquico, mas não o fechar em um claustro, e ainda deve ser flexível e possuir plasticidade. Integração, contenção e proteção da individualidade são funções do Eu em relação ao psíquico já designadas por Freud e que estão estreitamente vinculadas, pelo menos em parte, a essas características estruturais. No entanto, salvo no que diz respeito à integração, Freud não chega a pensar clinicamente as consequências das distorções dessas características formais.

Se observarmos com cuidado o diagrama, sentimos falta da referência ao envoltório. É curioso que Freud tenha omitido nomear justamente o que envolve, o que configura um espaço psíquico, tanto mais que esse lugar e essa função já haviam sido designados como Eu. Suponho que o distanciamento do tema do narcisismo é o que leva Freud a não incluir, nesse pictograma, a referência ao envoltório psíquico. Assim, se tivesse que propor uma nova modificação nesse esquema, acrescentaria apenas que o Eu, que está colocado do lado de dentro, também se estendesse por todo o território de contorno, como um envoltório psíquico (e espesso, uma vez que o próprio Freud conferiu a ele uma estrutura em camadas). Com Anzieu aprendemos que há uma complexidade nesse envoltório. A paradoxalidade do Eu começa a ser desenhada: não só do lado de dentro como também, em vez disso, do lado de fora (Figueiredo, 2009a).

No que diz respeito à construção da estrutura de fronteira do Eu, o que orienta Freud são as funções de para-excitação, percepção e memória que o Eu deve integrar. Tal como a pele em relação ao corpo físico, entre o lado de dentro e o lado de fora, o Eu tem em uma de suas faces o ambiente externo que o estimula intensa e incessantemente e na outra, os estímulos internos e a necessidade de certo equilíbrio homeostático.

No artigo "Uma nota sobre o 'bloco mágico'" (1925 [1924]), Freud reúne, em um só modelo, essas funções do Eu, e as características estruturais que por elas respondem vão sendo desenhadas: um folheto mais externo, de para-excitação, destinado a diminuir a magnitude dos estímulos externos; logo abaixo, um folheto que corresponde à superfície receptora, mais sensível, designado de sistema Pcpt-Cs; a terceira camada, mais profunda, correspondente à memória, e se enraíza no inconsciente (talvez, em sua face mais interior, possamos nela situar, em continuidade, a abertura do envoltório, acima referida). Sistemas separados, mas interdependentes, aos quais Freud vai conferir estruturas diferentes. Esse modelo estrutural do Eu atualiza o já concebido no *Projeto*. Em seus termos: "[...] nosso aparelho psíquico perceptual consiste em duas camadas, uma proteção externa contra estímulos, destinada a diminuir a magnitude das excitações que chegam, e a superfície receptora de estímulos por trás dela, o sistema *Pcpt-Cs*" (Freud, 1895, p. 395). E ainda: "A camada que recebe os estímulos – o sistema Pcpt-Cs – não forma traços duradouros, as bases da lembrança produzem-se em outros sistemas, adjacentes a ela" (Freud, 1925[1924], p. 272-273).

Elaborada com mais detalhes no artigo "Além do princípio do prazer", Freud vai dizer que a função de para-excitação forma a camada mais externa da estrutura do Eu; um folheto voltado apenas para a face externa, uma vez que, pelo lado interno, as excitações "se propagam de forma direta e não atenuada" (Freud, 1920, p. 191). Nesse sentido, ele considera a projeção um recurso, de modo a tratar as excitações internas "como se agissem a partir de fora e não de dentro" (Freud, 1920, p. 191). Certamente um recurso primário, uma vez que a atividade de pensar, os recalques, os contrainvestimentos, os superinvestimentos também são recursos do Eu que possuem efeito de para-excitação; recursos mais funcionais do que estruturais mas, como vimos na questão do trauma, vinculados e dependentes da estabilidade estrutural.

De todo modo, vale comentar que, na teoria de Freud, a não consideração do objeto primário cuidador acarreta uma concepção de desenvolvimento autônomo da função de para-excitação no que diz respeito tanto às excitações oriundas do mundo externo como às do mundo interno, isto é, que ela ocorre na própria sinergia do aparelho psíquico. Veremos que formulações que sustentam a função do objeto na relação de cuidado primário vão conferir ao ambiente cuidador importante papel de para-excitação, das estimulações externas assim como das internas; relações de cuidado que participam da constituição do Eu e da aprendizagem da atividade de pensar.

Já o sistema Pcpt-Cs, diferente do para-excitação, possui dupla face e a função de acolher os estímulos oriundos do ambiente externo, mas também do ambiente interno. Cada face recebe estímulos qualitativa e quantitativamente diferentes. Na face voltada para o lado externo, estão os órgãos dos sentidos: órgãos sensíveis, receptores de estímulos específicos que cumprem, em acréscimo, uma função complementar de "proteção de segunda linha" (Anzieu, 1985a). A face interna recebe as excitações de origem interna que são "mais adequadas ao modo de funcionamento do sistema" (Freud, 1920, p. 191). No entanto, dirá Freud (1920), a carência de uma barreira contra esses estímulos dará a estes "maior importância econômica", colocando-os na origem de "distúrbios econômicos equiparáveis a neuroses traumáticas" (Freud, 1920, p. 198).

Sabemos que, apesar da consideração da face externa e da referência às sensações que a afetam, estas são pouco exploradas por Freud; a ele mais interessavam as sensações que afetavam a face interna e que são da série do prazer-desprazer. A meu ver, a característica de dupla face conferida ao sistema Pcpt-Cs representa outra rica intuição que Freud nos deixa como herança, e que encontramos potencializada na teoria de Anzieu, que torna audível e expande a intuição freudiana.

Em uma passagem do texto "O Eu e o id", em referência à superfície do corpo, Freud (1923) nos remete à reflexividade do sistema Pcpt-Cs como fator constituinte do Eu:

> Um outro fator, além da influência do sistema Pc [Pcpt],
> parece ter tido efeito sobre a gênese do Eu e sua diferenciação do Id. O corpo, principalmente sua superfície, é
> lugar do qual podem partir percepções internas e externas

> simultaneamente. É visto como outro objeto, mas ao ser
> tocado produz dois tipos de sensações, um dos quais pode
> equivaler a uma percepção interna (pp. 31-32).

O que Freud descreve é a relação intrínseca entre as duas faces do sistema Pcpt-Cs, isto é, o que afeta do lado de fora faz vibrar pelo lado de dentro. Ou seja, não se trata apenas das sensações externas ou das internas; o que é questão é a estrutura intrínseca ao sistema, uma estrutura dupla, "interna-externa" como dirá Green (2000). Se por um lado temos uma superfície receptora, ponto de partida da experiência pelo efeito das sensações corporais que se fazem conscientes (Green, 2000), por outro, não podemos desconsiderar as excitações internas em sua amplitude – desde o interno do perceptivo do ser tocado em relação ao externo do tocar, até as "emanações mais superficiais do Isso" (Green, 2000, p. 50). Isto é, a reflexibilidade do Eu inclui o pulsional; ela libidiniza, fazendo de todo o corpo uma fonte pulsional (Anzieu, 1985b). Seguindo Green (2000), quando Freud diz que o Eu é uma projeção da superfície do corpo, é a esse conjunto de sensações internas-externas a que ele estaria se referindo. A conclusão de que o Eu é, sobretudo, corporal, parece ser consequente à constatação dessa dupla reflexividade, da pele e do sistema Pcpt-Cs, da qual o Eu se faz herdeiro.

Vale acrescentar que reflexividade do sistema Pcpt-Cs se desdobra, a partir de Anzieu, como uma estrutura de interface: não apenas por uma reinterpretação da estrutura em dupla face – interna-externa – conferida ao sistema Pcpt-Cs, nem apenas por uma elaboração mais fértil da relação de derivação que Freud estabelece entre a pele e o Eu mas, sobretudo, porque em seu olhar ele inclui as relações de cuidado maternante. Isto é, não se trata aqui de o aparelho psíquico proteger o Eu contra o excesso de estimulação ambiental; o sistema Pcpt-Cs põe em evidência a recepção dos estímulos externos. E na face externa, a tocar e a estimular a superfície do corpo, está o ambiente cuidador. E aí o processo ganha complexidade e espessura: não se trata mais apenas de recepção de estímulos, mas de experiências mensageiras; não se trata apenas de refletir do lado de dentro a afetação do lado de fora, mas também de ecoar do lado de fora o que é vivido do lado de dentro, em um jogo interativo, de "duplo *feedback*" (Brazelton, 1981).

Voltaremos a essa questão, sobre a estrutura de fronteira do Eu, quando trabalharmos o tema dos envoltórios psíquicos em Anzieu. No momento, quero concluir que, embora o tema do continente psíquico não possua relevância no desenvolvimento clínico freudiano, nele já encontramos sua potencialidade. A introdução de uma abordagem estrutural do Eu na metapsicologia psicanalítica oferece um novo campo de pesquisa clínica: que valor podemos conferir quando reconhecemos, nos sofrimentos de nossos pacientes, distorções das funções estruturais, isto é, quando alguma deformação ou má-formação estrutural acarreta precariedades funcionais? Que valor clínico possui e como podemos – se é que podemos – nisto intervir terapeuticamente? Trata-se de questões que circunscrevem a proposta de Clínica do Continente.

Bion: da contenção à continência psíquica

Prólogo

A produção da obra de um autor como Bion, que se desdobra e se renova ao longo de sua vida clínica, tem como característica, ao olhar que nós, leitores, dirigimos a ela *a posteriori*, a possibilidade de circunscrever momentos teóricos relativamente diferenciados que, em uma visão de conjunto, muitas vezes apresentam a forma espiralar, o momento seguinte apresentando, sob novo vértice, de modo mais complexo ou talvez de maior abstração, o que no momento anterior estava posto como preconcepção a ser realizada. Encontramos essa característica na obra de Freud, quando falamos da primeira e da segunda tópicas, ou ainda quando reconhecemos uma primeira, uma segunda e uma terceira teoria da angústia. Em Lacan, passa-se algo semelhante: costuma-se falar do primeiro, do segundo e do terceiro Lacan.

Em Bion também reconhecemos momentos teóricos diferenciados e podemos optar por nos referirmos a um ou a outro desses períodos, ou "campos de ação", como diz Figueiredo (2012a): em um primeiro momento, há toda uma produção relacionada aos trabalhos com grupos. A ela se segue a aproximação da clínica da psicose. Os fenômenos que observava deixavam à mostra a precária, se não ausente, capacidade desses pacientes de "fiar-se em seus instrumentos de investigação" (Bion, 1950, p. 27), bem como a de utilizar as funções do Eu que permitiriam o conhecimento e a compreensão da realidade, externa e interna, e a linguagem verbal como forma de pensamento. As contribuições de Bion que nascem dessas indagações clínicas configuram o "período epistemológico" (Bléandonu como citado em Figueiredo, 2012a) e culminam na formulação de uma teoria sobre o pensar que transforma completamente as concepções psicanalíticas sobre o pensar. Segundo Grotstein, em Bion a epistemologia é "irredutivelmente ontológica (o estudo da experiência de ser, da existência) e fenomenológica (emocional)" (2007, p. 65).

Em um terceiro período, muitas vezes qualificado como mítico, Bion escreve, em diversos volumes, *Memória para o futuro*, uma obra, segundo Figueiredo (2012a, p. 5), "mais literária do que estritamente psicanalítica".

Bion desenvolve sua teoria sobre o pensar sustentado por uma dupla herança – Freud e Melanie Klein –, que sua clínica com psicóticos o leva a questionar. Ele adota uma perspectiva diferente das de seus antecessores, ao dirigir sua atenção não tanto para os conteúdos das fantasias, mas principalmente para a "maneira com que o paciente conseguiu trazer semelhante material à consciência" (Bion, 1950,

p. 22), isto é, para a capacidade funcional ou operacional do aparelho psíquico, uma vez que Bion se interessava antes pela capacidade de fantasiar, não pelas fantasias; antes pela capacidade de representar, não pela linguagem.

A partir de Freud, ele indaga se a capacidade de pensar seria uma realidade sempre à disposição do aparelho psíquico e se os processos representacionais, em sentido estrito, seriam processos naturais. Já a partir de Melanie Klein, Bion questiona se o espaço psíquico possuía desde sempre a configuração de continente, de um espaço fechado onde os objetos pudessem ser colocados ou de onde poderiam ser expulsos – questionamentos que vincula à capacidade simbólica de seus pacientes psicóticos. Para Bion, o que era dado como evidente para Freud – a capacidade de pensar – e para Melanie Klein – a espacialidade psíquica continente – era posto sob suspeição pela clínica das psicoses, ou melhor, devia ser objeto de investigação. Ele descobre que esses dois aspectos – a capacidade de pensar e a configuração de um espaço psíquico continente onde os objetos podiam ser introjetados – estavam associados, entendendo que o mecanismo de identificação projetiva estava associado a uma "*incapacidade* da personalidade psicótica de introjetar" (Bion, 1955, p. 52, grifo nosso) e que isso implicava impossibilidade de síntese. Ou seja, sem possuir um espaço continente onde os objetos pudessem ser introjetados, a capacidade de síntese simbólica ficava impedida: "o paciente igualiza, mas não simboliza", afirma Bion (1955, p. 52). Isto representava, para ele, incapacidade funcional do aparelho psíquico, a incapacidade da atividade de pensar.

Na leitura de seus primeiros textos psicanalíticos, datados da década de 1950, dois aspectos chamam a atenção: primeiro, diante da precariedade de simbolização da personalidade psicótica, Bion parece perguntar não o porquê das coisas, mas antes o quê: o que estaria acontecendo? O que é o material com que estaria lidando, qual seu nível representacional?

Para ele, no mundo primitivo, ou na mente em estado rudimentar, anterior ao ato de pensar, existe apenas sequência de objetos, "fluxo de impressões e eventos" (Bion, 1992, p. 57), e não consequências. São impressões sensoriais e experiências emocionais vividas em estado bruto, sem intermediação simbólica, logo, não disponíveis à utilização pelo aparelho psíquico.

De modo semelhante, em suas descrições clínicas desse período há inúmeras referências a termos como "conter", "contido", "colocar dentro" e "deixar no interior", algumas vezes relacionadas a uma função em negativo, isto é, à ausência dela; outras, a uma função em positivo, permitindo-nos supor que essas questões estiveram por algum tempo incubadas em suas observações clínicas (Grotstein, 2007):

> Disso [a identificação projetiva como forma de estabelecer ligação, como comunicação] dependiam diversas práticas que, no seu [do paciente] sentir, garantiam experiências

recompensadoras, do ponto de vista emocional, tais como, para citar apenas dois procedimentos, a capacidade de colocar em mim sensações más e deixá-las em meu interior o tempo suficiente para que fossem modificadas pela permanência em minha psique, e a capacidade de colocar partes boas dentro de mim, daí resultando ele sentir estar lidando com um objeto ideal. A sensação de estar em contato comigo associava-se a essas experiências; o que constituía, estou inclinado a crer, uma forma primitiva de comunicação que fornece as bases de que depende, em última instância, a comunicação verbal. Foi-me possível deduzir, a partir de seus sentimentos para comigo quando eu era identificado com o objeto obstrutor [...] não aguentando ser receptáculo de aspectos da personalidade [...] (Bion, 1957b, p. 107).

Vemos aí, operando no pensamento clínico de Bion, os primórdios da construção do lugar central que ele irá posteriormente conferir à função continente. Revela, além disso – como impressões de sua experiência clínica – aspectos que lhe serão caros na formulação da teoria sobre o pensar: a capacidade do psicanalista de conter ou não os elementos nele depositados, a relação entre o objeto continente e o que nele é depositado, e a função de transformação dos elementos psíquicos. Na relação transferencial, ele se vê na situação de precisar exercer uma "função de continência ativa" (Figueiredo, 2012a, p. 6).

As consequências dessas abordagens são crescentes no pensamento de Bion e culminam com a sistematização de uma teoria sobre o pensar. Neste sentido, sua grande contribuição foi ter sugerido que, primeiro, o pensar constrói a personalidade e, em suas palavras, "se [a função] α é destruída, o pensamento torna-se impossível, e a personalidade cessa de existir" (Bion, 1978/1980, p. 89). E, segundo, que o pensar não é uma função que a mente exerça espontaneamente e precisa ser aprendida na relação de cuidado. Ou seja, Bion vincula a existência ao pensar – "penso, portanto sou" (Bion, 1992, p. 89) – e este, a determinada função da relação de cuidado, a função continente.

Propõe que o pensar é mais do que uma ação que acarreta uma descarga de energia, como descrito por Freud (1911). Pensar é, para Bion, um ato cujo fim transcende o processo em si mesmo, implicando a produção de algo que representa uma transformação do estado anterior: transformação do "fluxo de impressões e eventos" (Bion, 1962, p. 60) e das emoções sem nome, os elementos β, em elementos pensáveis, os elementos α.

Vimos que Freud, já no *Projeto,* preconcebe a função continente como condição para a constituição do aparelho psíquico. Bion segue no mesmo sentido, mas por via paralela: para pensar, é preciso conter não a energia psíquica nem as pulsões: é preciso conter as emoções e os elementos primários das experiências, é preciso que permaneçam em um ambiente continente o tempo necessário para serem transformados. Segundo Bion, pensar pressupõe a função continente. Do mesmo modo, em suas elaborações teóricas a noção de continente como elemento psicanalítico é desenhada em função da capacidade de pensar.

Deste modo, ao mesmo tempo que elabora sua teoria sobre o pensar, ele também constrói uma teoria sobre a função continente, ainda que não sistematizada. Nesse percurso, não apenas torna explícito o tema da função continente no âmbito psicanalítico, nos oferecendo a possibilidade de refletir sobre ela, como também revela que ela é imprescindível, não apenas para o funcionamento psíquico, mas para o próprio sentimento de existir. Em termos clínicos, ele surpreende o campo psicanalítico ao introduzir uma preocupação clínica em relação ao continente ou, mais especificamente, à função continente e sua relação com os conteúdos e seus efeitos sobre a construção da espacialidade psíquica.

Meu empenho para a sequência deste texto será destacar alguns elementos da teoria sobre o pensar elaborada por Bion (1962) que compõem sua teoria da função continente. Vamos nos organizar em torno de três ideias:

1. Quais características Bion confere à função continente?
2. A função continente: do vínculo intersubjetivo ao vínculo intrapsíquico.
3. As dimensões da espacialidade psíquica.

A rêverie materna e a relação continente↔conteúdo

Comecemos apresentando, em termos gerais, a teoria sobre o pensar e algumas consequências que tiramos dela a respeito da concepção de Bion da função continente.

Na teoria sobre o pensar, Bion fala em "mito de referência", expressão criada por Green (1987) para designar um conjunto de conceitos elaborados a partir da clínica e que constituem a história mítica, hipoteticamente construída, do processo de constituição e desenvolvimento psíquico que a psicanálise adota como referência para a sua clínica. Por meio desse mito, ele formula sua hipótese do processo de constituição psíquica, isto é, da transformação do espaço psíquico, de bidimensional em um espaço psíquico continente, e de como se aprende a pensar. Bion também apresenta um modelo do "funcionamento transformativo da mente" (Grotstein, 2007, p. 67). Em sua elaboração, Bion tece a íntima intricação da capacidade de pensar com a função continente e a configuração do espaço psíquico.

Como "mito de referência", Bion entende que o bebê, ainda em estado rudimentar de desenvolvimento, não possui um Eu com configuração tridimensional capaz de conter e digerir suas emoções e transformar suas experiências sensoriais e emocionais em elementos com qualidades psíquicas, suportáveis e disponíveis à utilização pelo aparelho psíquico. Desse modo, por identificação projetiva, ele as deposita na mãe para se livrar delas, mas também como um objeto supostamente capaz de contê-las, digeri-las, vinculá-las e transformá-las em elementos que possam fazer algum sentido – funções que seu Eu frágil e incipiente ainda não está apto a cumprir. A *rêverie* materna, como Bion denomina todo esse processo de transformação das angústias impensadas do bebê pela mãe, só tem razão de ser se a mãe puder devolver-lhe suas próprias emoções já transformadas, permitindo que ele reintroduza seus conteúdos psíquicos e, com estes, introduza a própria capacidade de pensar materna. Apenas nessa medida o ambiente psíquico vai se transformando em uma estrutura com capacidade de conter suas intensidades afetivas e de produção simbólica, conferindo aos processos intrapsíquicos autonomia suficiente para o desenvolvimento emocional.

Bion entende que se a mãe falha em sua função, ou se o bebê não pode suportar a frustração e a relação de dependência da mãe, o processo fica mais ou menos perturbado e a constituição psíquica da capacidade de pensar, mais ou menos comprometida.

Penso que essa formulação, de aparência tão simples, pouco teria acrescentado às proposições kleinianas se não houvesse possibilidades de falhas: Bion não era naturalista; em suas impressões clínicas, observamos que ele se revela tocado pela possibilidade de, transferencialmente, ocupar o lugar do objeto que não contém e que não transforma o que nele, em estado de urgência e angústia, é depositado.

Uma teoria sobre a função continente começa a ser desenhada quando Bion descobre que o objeto-alvo da identificação projetiva não é passivo como objeto de contenção: ele pode conter e transformar os elementos nele depositados; pode conter e não transformar ou pode não conter e logo não transformar, tornando-se assim, nas duas últimas situações, objeto obstrutor do desenvolvimento psíquico. O que acontece do lado da mãe-continente passa a ser decisivo para o desenvolvimento psíquico do bebê.

Bion confere ao continente uma dimensão muito particular e interessante: não se trata apenas de um objeto contentor (a imagem da bolsa como representação do continente não é apropriada) onde as emoções incontidas e/ou os fragmentos do Eu cindidos são depositados. O objeto continente passa a ter funções vitais em relação ao que é depositado nele, funções em relação ao conteúdo, ou melhor – para ficarmos mais próximos de Bion –, funções-continente que criam vínculos de "interação" (Bion, 1963, p. 48) entre continente e conteúdo; funções que, no entanto, serão mais ou menos bem realizadas conforme a pessoalidade do objeto-continente, seja o objeto primário envolvido na relação de cuidado maternante, seja o analista na relação transferencial, como objeto cuidador. É nesse sentido que Bion vai falar de relação continente↔conteúdo ou, para utilizar a notação que ele adota – ♂♀ –, conferindo à função continente, em sua origem, uma "configuração" (Bion, 1967, p. 169) intersubjetiva que vincula mãe e bebê, continente e conteúdo, a qual se pretende pôr em evidência neste tópico.

Para recortar em Bion uma teoria da função continente, é necessário analisar com maior cuidado as entrelinhas da origem de sua formulação como um elemento de origem, isto é, como elemento constitutivo do psíquico. Considerando que para Bion o intrapsíquico se constitui e funciona nos moldes do intersubjetivo e, além disso, nos aproximando da proposição de Figueiredo de uma articulação entre "as dimensões intrapsíquica e intersubjetiva" (Figueiredo, 2012b, p. 247), irei paralelamente apresentando, à medida que julgue necessário, as características intrapsíquicas da função continente já adquirida.

Grotstein (2007), ao analisar o conceito de *rêverie*, descreve doze "funções componentes do continente" que, à nossa conveniência, foram agrupadas em três aspectos. No primeiro, destaco a função de nomeação, nos termos de Green (1987), de "psiquização", de trans-formação do alimento "concreto" em alimento psíquico: o acolher, selecionar (ele classifica e prioriza), desintoxicar e filtrar, conter, organizar e ligar dando forma, coerência e pessoalidade à totalidade da comunicação.

Segundo Green (1987), para Bion, a relação de amor veiculada pela alimentação ao seio corporal e a introjeção do seio bom é condição necessária, mas não suficiente para gerar a capacidade de pensar. Bion teria constatado que, para que haja nascimento psíquico e emergência de uma capacidade pensante, a criança deve ser alimentada psiquicamente, através da experiência com um seio psíquico nutridor. A *rêverie* materna, nas situações bem-sucedidas, veicula o amor, o carinho, a segurança etc. – afetos que revestem o objeto da qualidade de objeto bom –, mas também transforma os elementos β em elementos α, os terrores indizíveis em emoções suportáveis, ou seja, cria o campo do subjetivo.

No exercício dessa função, a mãe, tal como depois o analista, deve se interessar pelos conteúdos do bebê, sensibilizar-se e colocar à disposição dele sua mente e seu corpo, em uma comunicação sem palavras: o pré-verbal e o não verbal que, em suas manifestações corporais, a criança expressa, devem ser acolhidos e aí permanecer tempo suficiente para ser metabolizados e transformados por sua própria capacidade de pensar. Nesse processo de nutrição psíquica, a função continente exercida pelo objeto primário é mediadora entre o bebê e seus próprios conteúdos psíquicos.

Esse componente da *rêverie* materna, muito frequentemente, tem sido considerado responsável por responder por todo processo. Em termos de processo constitutivo, embora seja condição para que todo processo aconteça, ele não se basta por si só. Seria como preparar um grande banquete e guardá-lo no congelador enquanto se morre de fome. No entanto, sob a perspectiva do funcionamento psíquico, intrapsiquicamente considerado, entendemos que é o que melhor representa a capacidade de pensar, o que vai fazer da criança um ser pensante. Nessa medida, Anzieu (1985a) fala do estado mais complexo do Eu como Eu-pensante.

Esse aspecto da função do continente envolve a transformação qualitativa das experiências emocionais e das impressões sensoriais, vividas em estado bruto, em matéria-prima para a utilização psíquica. Ela transforma o não representado em níveis de representação, em "elementos passíveis de integrar as cadeias simbólicas do inconsciente" (Souza, 2012). Nesse sentido, a função de continente é uma função de transformação e está a serviço da expansão do inconsciente.

Acolher e poder conter pressupõe determinadas características estruturais do objeto continente que não chegam a ocupar a atenção de Bion. Ele considera, é verdade, a configuração do espaço psíquico: ser um espaço continente representa possuir configuração tridimensional. Essa característica é indispensável, mas não suficiente: o continente precisa ser também permeável o suficiente para acolher o que a ele é direcionado, mas também deve possuir capacidade de contenção suficiente para reter os conteúdos em seu interior pelo tempo que for necessário e ainda ser suficientemente flexível, de modo a não ser destruído pelo impulso expansivo que lhe impõe o conteúdo (Figueiredo, 2012a).

No segundo aspecto, destaco que a função do continente deve ter efeitos, concomitante, ou talvez, consequentemente, também no nível energético. Nas palavras de Grotstein, o continente deve também funcionar como um "transdutor[3] de estados de energias emocionais dos domínios inconteníveis da infinitude para as dimensões conteníveis da realidade

---

[3] Transdutor é um componente que transforma as deformações mecânicas em sinal elétrico, por exemplo, como nos antigos toca-discos o cristal na ponta da agulha transformava as deformações do disco em sinal elétrico e sonoro.

comum" (2007, p. 165), isto é, deve poder transformar as deformações consequentes à intensidade desmedida dos impactos afetivos – das turbulências emocionais – em níveis suportáveis de energia, compatíveis com o funcionamento mental. Em outros termos, Houzel (1987) propõe que no processo de *rêverie* a mãe transforma em "estabilidade estrutural" a instabilidade experimentada pelo bebê como turbulência.

Houzel (1987), ao trabalhar o conceito de envoltório psíquico (ao qual nos referiremos no tópico dedicado às contribuições de Anzieu), resgata da matemática a noção de "estabilidade estrutural". Diferente da "estabilidade simples", que ele associa ao conceito de pulsão de morte de Freud e implica retorno ao estado zero de energia, a "estabilidade estrutural" é dinâmica. Refere-se à estabilidade dos sistemas capazes de evolução, que suportam pequenas perturbações, as quais são assimiladas sem que a estrutura se rompa.

No terceiro aspecto, quero destacar as funções componentes relacionadas à resposta materna, ao retorno que, como objeto-continente, a mãe dá ao bebê: "A mãe então responde adequadamente a ou informa a seu bebê (interpretação) o que ele está sentindo. Ela pode também reter o que absorveu para um futuro retorno protelado (a base para repressão)" (Grotstein, 2007, p. 164).

Ou seja, para que todo o processo se realize como experiência bem-sucedida, é necessária a adequação da resposta materna à capacidade mental e ao momento do bebê, uma vez que nesse retorno a mãe também afeta o bebê, promovendo transformações em sua mente incipiente.

Em termos de função componente do continente, esse aspecto expressa outra perspectiva da função vinculante da mãe-continente, isto é, a realização da relação continente↔conteúdo. Bion cria uma concepção de continente ativo em se fazer continente, isto é, um continente que exerce uma função de continência ativa e, nesta medida, cria condições para que o conteúdo possa se realizar como conteúdo. É claro que o bebê, ao projetar na mãe, por identificação, seus conteúdos indizíveis, também cria um objeto continente, ou melhor, a preconcepção de um objeto continente que, no entanto, apenas se realizará como continente à medida que exerça uma função de continência.

Na medida de meu conhecimento, Bion não teoriza a respeito de uma função continente que não seja função de integração – lembramos que para ele há uma estreita relação entre função continente e atividade de pensar. Em seus textos, no entanto, essa questão parece estar implícita, por exemplo, na própria ideia de objeto bizarro, elementos aglutinados, supostamente em estado de contenção, mas não transformados em elementos α. Ou ainda quando, no contexto dos ataques aos elos de ligação, se refere a elos de ligação "perversos, cruéis e estéreis" (Bion, 1959, p. 125). Suas contribuições a uma teoria do continente giram em torno de uma categoria de continência, que pressupõe a relação continente↔conteúdo e a função continente como função de ligação e de integração e, por isso mesmo, de transformação.

Nesse aspecto, a proposição de que a função continente comporta, necessariamente, a relação continente↔conteúdo implica consequências. Primeiro, se constitui como uma relação de mão dupla. Por um lado, sabemos que as características congênitas do bebê não podem ser desconsideradas para o sucesso de todo o processo. Por outro, também devemos considerar a "interferência" das características do objeto continente, isto é, a pessoalidade materna. A esse respeito, diz Grotstein: "Em termos práticos, o conteúdo devolvido pode ser misturado, muito frequentemente, com a personalidade (boa e má) do continente original (mãe/analista), de forma que ao bebê/analisando/paciente resta a tarefa de 'continência secundária'" (2007, p. 167).

Ou seja, no movimento reflexivo de devolução dos conteúdos já digeridos, a mãe-continente veicula o reconhecimento de seu bebê, mas também a "interferência" de sua pessoalidade. Caberá então ao bebê ser agora continente para os conteúdos impensados de sua mãe em um movimento de alternância. Na relação que estabelecem um com o outro, continente e conteúdo podem se alternar, considerados sob uma perspectiva tanto intersubjetiva como intrapsíquica.

Além disso, um conteúdo trabalhado pela mente materna, quando introjetado pelo bebê, pode cumprir função dupla, de conteúdo, mas também de continente, estabelecendo de modo intrapsíquico a própria relação continente↔conteúdo intersubjetivamente experimentada.

Green faz uma consideração que me parece de extrema relevância: a "interferência" da pessoalidade materna é fundamental para a entrada do pai em estágios tão iniciais do desenvolvimento. Em suas palavras: "No que sonha a mãe? Na criança *ou* no pai? Essa entrada do pai na *rêverie* da mãe me parece fundamental. Melhor explicação do que qualquer outra para a triangulação precoce presente desde o início da vida" (Green, 1987, p. 1302).

A meu ver, esse aspecto da função continente revela, mais do que os outros, a sensibilidade dinâmica implícita na noção de relação continente↔conteúdo, colocando-nos fora do campo de uma relação linear. Com essa abordagem, Bion amplia ainda mais (além da concepção de comunicação primária) a versão kleiniana do conceito de identificação projetiva e marca, de modo mais enfático do que o fizera Klein, uma transformação da concepção dos processos constitutivos do psiquismo e da relação transferencial, conferindo à relação intersubjetiva um lugar de valor não mais negligenciável (pelo menos em algumas orientações teóricas psicanalíticas). Enquanto Klein propunha um "modelo de uma só pessoa", de "efeito estático, único sobre o objeto", Bion apresenta um "modelo de duas pessoas" dependendo do quão efetivo o objeto pode ser como continente para as identificações projetivas (Grotstein, 2007, p. 182), ainda que, como ressalta Ogden (1996), continente e conteúdo não devam ser tratados como duas entidades psicológicas distintas.

A segunda consequência é que, além da característica intersubjetiva, a relação continente↔conteúdo também constitui uma estrutura; ela forma um todo integrado e articulado. Embora esta não seja uma expressão utilizada por Bion, encontramos a noção de estrutura quando ele se refere à relação entre o continente e o conteúdo como uma "configuração" que se manifesta em diversas relações, tanto intersubjetivas como intrapsíquicas:

> Num trabalho apresentado na Sociedade Britânica de Psicanálise [...] chamei a atenção para a recorrência de uma determinada configuração por mim descrita como relação entre "continente" e "contido" ($♀♂$). Uma manifestação dessa tensão é o relacionamento entre "sistema" e o "místico" que é membro do grupo em questão. Deparamo-nos também com essa tensão na relação entre uma ideia e a expressão (verbal, pictórica ou artística) que se destina a "conter" a dita ideia (Bion, 1967, p. 169).

Em outros termos, faço a suposição de que a ideia de uma relação estrutural continente↔conteúdo entre a mãe e o bebê está implícita na noção de "destino da dupla" que Figueiredo utiliza justamente para se referir à característica intersubjetiva do processo de *rêverie*: "Indo além, é o destino da dupla que se vê afetado, pois as identificações projetivas de um sempre provocam algo no outro, faça este o que fizer, aceite ou recuse a projeção" (2012a, p. 12).

Minha sugestão é que a relação continente↔conteúdo tende a constituir um vínculo de estabilidade dinâmica que forma uma estrutura estável, no sentido proposto por Houzel já abordado anteriormente.

Se assim for, seus efeitos, quando introjetada, permitem conceber ciclos evolutivos do desenvolvimento psíquico, a não ser quando alvo de ataques que visam, propositalmente, sua destruição, ou pelos excessos afetivos incomensuráveis que rompem seus elos de ligação.

Retomamos a proposição de Bion (1962) da *rêverie* como "mito de referência". Para ele, a experiência vincular, de relação continente↔conteúdo, quando repetida e suficientemente bem-sucedida, será paulatinamente introjetada pelo bebê, e é esse processo que promove a transformação do espaço psíquico e desenvolve um aparelho para pensar. Cabe então perguntar: O que introjeta o bebê? Seus conteúdos metabolizados pela mente materna, que são também introjetados como continente; a mãe, objeto continente, também introjetada como conteúdo; a função α materna, isto é, sua capacidade de pensar; e o modelo de "funcionamento transformativo da mente". Mas ele também introjeta, pertinente dizer, a relação estrutural continente↔conteúdo.

Quero supor que é a introjeção da relação estrutural continente↔conteúdo que confere à função continente, intrapsiquicamente constituída, a dimensão de uma "intersubjetividade intrapsíquica" (Coelho Junior & Figueiredo como citado em Figueiredo, 2012a), isto é, "uma dimensão intersubjetiva própria do 'mundo interno'" (Figueiredo, 2012a) que se formula em termos de continente e conteúdo.

Neste sentido, lemos em Figueiredo (2012a):

> Segundo Bion, nenhuma subjetividade se constitui, ou reconstitui na análise ou em outras situações importantes pela vida afora, sem que um objeto contenha nossas experiências mais intensas e perturbadoras, o que confere uma dimensão intersubjetiva fundamental à subjetividade: nascemos e crescemos em termos somatopsíquicos nos contextos de operação de uma estrutura continente-conteúdo, de início, intersubjetiva, e, aos poucos, intrapsíquica (p. 13).

Ou seja, a construção de um aparelho para pensar, o desenvolvimento mental e da capacidade simbólica, a constituição do Eu, o processo de subjetivação, seja qual for nossa opção de referência teórica, sempre vai pressupor, em termos de Bion, uma relação estrutural continente↔conteúdo e uma função continente ativa.

As consequências dessa abordagem são fundamentais para que possamos vir a propor uma Clínica do Continente:

Supomos, na verdade, que os humanos só podem se influenciar uns aos outros, comunicar-se uns com os outros, e só podem participar dos processos básicos de constituição e cura uns com os outros porque são intrinsecamente sociais e intersubjetivos (Figueiredo, 2012a, p. 13).

Bion faz da relação continente↔conteúdo um ato social que transcende a relação primária mãe/bebê e a relação analítica para se situar também, como bem esclarece Figueiredo (2012a), nas formas da cultura.

Dimensões da espacialidade psíquica

Além do tema da função continente, Bion também confere à noção de espacialidade psíquica a dimensão clínica ao imaginá-la em sua dimensionalidade, ou melhor, em suas dimensionalidades, uma vez que, como vimos, ele a concebe em estado de transformação: o bidimensional e o tridimensional, segundo o nível de estruturação psíquica.

Na verdade, para ser preciso, esse não é um tema a que Bion tenha se dedicado especificamente. Vimos que a questão das dimensões da espacialidade psíquica comparece, em suas elaborações, atrelada à capacidade de pensar, como organizadora das experiências do indivíduo e, nessa medida, representa um parâmetro do funcionamento mental (Meltzer, 1975, p. 198).

Diz Bion (1970): "Postulo, pois, o espaço mental como coisa-em-si, incognoscível, embora se represente por pensamentos" (p. 21).

Para Bion, a realização do espaço tridimensional possui o caráter restritivo do pensamento no que ele demarca um campo (Anzieu, 1993), considerando o pensar o "equipamento" que oferece as coordenadas: "O paciente A carece, pois, de equipamento que lhes propicie delinear a realização do espaço mental. Tem posição análoga ao geômetra que aguarda que se inventem as coordenadas cartesianas para elaborar a geometria algébrica" (Bion, 1970, p. 22).

A identificação projetiva, "por falta da concepção de continentes dentro do que ocorra a projeção" (Bion, 1970, p. 22), se realiza, para o analista, como um espaço bidimensional, mas seria experimentada pelo indivíduo como ausência de espaço mental. Ou seja, o espaço mental é um espaço continente. A ausência de uma estrutura continente representa a não constituição de um espaço mental. De acordo com Bion (1970): "[...] sem imagens visuais que preencham funções de sistema de coordenadas [...] Sente-se aí a realização mental de espaço como imensidade tão ampla que não se representa mesmo pelo espaço astronômico que, em verdade, é não representável" (p. 22).

Desse modo, em termos de Bion, se adotarmos a perspectiva da experiência do indivíduo, seria uma imprecisão falar em espaço psíquico bidimensional visto que não há ainda espaço psíquico. No entanto, em termos teóricos e dada a diversidade dos fenômenos clínicos, essa nomenclatura é pertinente. Além do que, isso confere maior evidência ao tema do continente psíquico como elemento psicanalítico.

Se retornarmos rapidamente ao "mito de referência", vemos que o Eu de origem ainda não possui uma concepção de continentes, de espaços com configuração tridimensional onde possa projetar suas emoções insuportáveis e seus objetos maus. A descoberta de Bion em relação à proposição de Melanie Klein é que a identificação projetiva é um mecanismo específico desse estado psíquico e não implica a concepção de continente. Cabe à mãe acolher essas projeções dispersas e sem forma, transformá-las e devolvê-las como coordenadas para uma reorganização do espaço psíquico em tridimensional, além do que, oferecendo à criança a experiência de um espaço continente. É a introjeção do processo de *rêverie* o que constrói o espaço mental como um corpo com volume.

As proposições de Bion a respeito da representação de um espaço psíquico tridimensional realizam as intuições de Freud (1941[1938]): "O espaço pode ser a projeção da extensão do aparelho psíquico. Nenhuma outra derivação é possível" (p. 335). Isso é o mesmo que dizer que o processo de construção do espaço como estrutura cognitiva é solidário ao processo de constituição do Eu e à possibilidade da abstração simbólica (Mano, 2004).

Desse modo, descobre Bion – e essa foi uma de suas grandes contribuições à clínica psicanalítica – que na constituição do psiquismo torna-se indispensável a compreensão do espaço mental como tridimensional, como espaço continente. No entanto, ele se interessa pela gênese da capacidade de pensar, mas não pelo Eu; pela função continente, mas não pela estrutura continente. Não é apropriado, no que diz respeito à sua teoria, falarmos de envoltório psíquico, como dissemos a partir da segunda tópica freudiana. A meu ver, quando Bion aborda a questão das dimensionalidades do espaço psíquico, ele mais chama a atenção para a natureza de um problema do que oferece respostas, dando a seus herdeiros, em suas palavras "uma chance de preencher a lacuna deixada por [ele]" (Francesca Bion citada em Grotstein, 2007, p. 24).

Meltzer, Anzieu e Frances Tustin seguem nesse sentido, e a perspectiva que adotam complementa a de Bion ao criarem elos de ligação que integram, cada um à sua maneira, as dimensionalidades do espaço psíquico como parâmetro do funcionamento mental, a organização narcísica, a perspectiva estrutural e a experiência subjetiva. As elaborações desses autores, aos quais agregamos Esther Bick, revelam a pertinência clínica do tema em relação à constituição narcísica e aos processos de separação Eu/Não Eu.

O trabalho com crianças autistas (ou sua consideração), que nos remete aos primórdios da constituição psíquica, sensibiliza esses autores para a dimensão espacial da existência: angústias de esvaziamento, de cair em um espaço sem fim, de turbilhonamento, se apresentam como manifestações clínicas diferentes de outras, também de cunho narcísico, como a angústia de fragmentação.

Do mesmo modo, a valorização clínica dos estágios primários do processo de separação Eu/Não Eu, posta em cena pela própria situação da utilização dos mecanismos de identificação projetiva, mas também, e de modo relevante, por demais autores – como Winnicott e Anzieu –, revelou outros aspectos vinculados ao processo de separação. Eles ampliaram a abordagem de Bion a respeito das dimensões do espaço psíquico ao considerarem o lugar que o próprio corpo ocupa na construção do espaço psíquico. Esses desdobramentos foram colocando em relevo os aspectos estruturais da construção do espaço psíquico.

A ideia de Clínica do Continente tem como pressuposto de base essa estreita relação entre o modo de funcionamento mental e a configuração do espaço psíquico, tal como nos ensina Bion, mas também os aspectos estruturais dos processos de constituição do espaço psíquico e do Eu. No Capítulo III, à medida que trabalharmos os processos de constituição do Eu, vamos, inevitavelmente, nos dedicar ao tema da construção do espaço psíquico. Dada a relevância da questão, quero adiantar algumas elaborações de Anzieu (1990) acerca das configurações espaciais, que possuem extrema clareza.

Anzieu baseia-se na física para um rápido estudo comparativo das superfícies abertas e fechadas que constituem, respectivamente, o espaço bidimensional e o espaço tridimensional. Segundo ele, uma superfície fechada é, em geometria, entendida como envelopamento e continência de um volume. Esse tipo de superfície divide o espaço em dois – interior e exterior –, que se tornam, pelo menos relativamente, independentes, podendo, portanto, funcionar segundo regimes diferentes. Além dessa relação de continência, o espaço tridimensional caracteriza-se também pela inclusão da dimensão de profundidade. Essa terceira dimensão é o que possibilita falar de um "aqui" e um "lá", delimitando uma extensão com uma direção privilegiada em que o "lá" constitui o polo absoluto da posição espacial (Sami-Ali, 1974, p. 42). Desse modo, uma forma fechada apenas irá configurar um espaço tridimensional se nela incluímos a terceira dimensão. Essa configuração espacial implica a possibilidade de polaridade e simetria – por exemplo, um aqui / um lá, um estar dentro / um estar fora – e a noção de volume; logo, também a possibilidade de armazenamento de conteúdos.

Vale ressaltar a diferença entre uma forma fechada com profundidade e a representação de uma superfície fechada, que pode ser, por exemplo, o desenho de um círculo no papel, que só será representação de volume se já houver uma concepção de volume.

Se a superfície é aberta, o espaço é bidimensional e sua configuração se altera completamente. Perde-se a possibilidade de continência (não há mais um dentro e um fora), de volume, de relevo, e ocorre um enorme empobrecimento das possibilidades de simetria. Há um achatamento, um nivelamento de tudo que nela se apresenta, provocando deformações. Podemos entender que uma superfície, tal como configurada pela bidimensionalidade espacial, implica ainda o limite, um limite que divide o espaço em dois. Talvez possamos imaginar que seja um limite sem demarcações, que se estende ao infinito.

Vemos que em geometria a configuração espacial é determinante das configurações e das relações dos objetos que nela se apresentam. Devemos então considerar que a configuração da espacialidade psíquica e a experiência de Eu como forma aberta ou espaço continente são igualmente determinantes das configurações dos elementos psíquicos e organizadoras do modo de experimentação das sensações e emoções; do jogo pulsional e afetivo do indivíduo, das relações objetais e do próprio Eu.

Desse modo, Meltzer (1975) afirma que a experiência em um mundo bidimensional é reduzida a objetos finos como uma folha de papel, carentes de interior. Ele exemplifica com o caso de uma criança que um dia desenha de um lado da folha de papel uma casa toda ornamentada vista de frente e, do outro lado, a parte de trás de uma taberna. Conclui: "Assim a criança demonstrou sua vivência de um objeto bidimensional: quando se entra pela porta da frente, simultaneamente sai pela porta de trás de um objeto diferente. É, em realidade, um objeto sem interior" (Meltzer, 1975, p. 31).

Em um mundo sem continência, a mãe, por exemplo, é experimentada como aberta, resistente à penetração, sem substância nem possibilidade de conter os conteúdos que nela seu filho projeta; como se fosse uma folha de papel em que as aflições que o bebê lhe comunica "entram por um ouvido e saem por outro" (Meltzer, 1975, p. 40). Daí a intensificação da identificação projetiva, com um movimento insistente de intrusão.

Além disso, acrescenta Meltzer (1975): "[...] o self que está vivendo em um mundo bidimensional vai ficar empobrecido tanto em memória como em desejo ou em previsão. Suas experiências não poderão resultar na introjeção de objetos ou na modificação introjetiva dos objetos já existentes" (p. 99).

Em termos de separação Eu/Não Eu, Meltzer, diferentemente de Bion, propõe que a bidimensionalidade psíquica corresponde a um estado em que predomina a identificação adesiva, em que o objeto só "existe" aderido à superfície do corpo do indivíduo; que a identificação projetiva "é, por excelência, o mecanismo da identificação narcísica em um mundo tridimensional" (Meltzer, 1975, p. 201) e é o que permitiria levar a vida mental para fora do narcisismo. A tetradimensionalidade psíquica inscreveria o indivíduo fora das identificações narcísicas e a unidimensionalidade corresponderia ao mundo enclausurado do autista.

Uma Clínica do Continente ou uma clínica da função continente?

Segundo Green (1987), Bion, diferentemente de Freud, teria construído seu "mito de referência" a partir da experiência clínica, da relação transferencial na qual a função continente o instigava em sua forma de negativo: o que ele observa é o não pensar e faz a hipótese da função continente materna a partir da experiência onde ela teria falhado. Isto é, a relação transferencial pressionava no sentido de uma experiência que deveria, potencialmente, ter sido vivida nos primórdios da vida, como constitutiva do psiquismo e do desenvolvimento emocional do indivíduo. Daí sua teoria sobre a gênese da capacidade de pensar ser, além de uma teoria do funcionamento mental, uma proposta de metapsicologia clínica.

> Bion parte da situação analítica entre um psicótico e um analista. Por isso, *sua rêverie* o impulsiona a procurar um modelo de relação mãe-criança (em outro lugar e em outro tempo) suscetível de explicar o que se passa na sessão (aqui e agora) (Green, 1987, p. 1301).

Green (1987) propõe que, para Bion, "o modelo da situação analítica reproduz a situação da relação mãe-criança" (p. 1300), ao que nos parece pertinente acrescentar que desde que considerado em termos funcionais. Isto é, a *rêverie* como função do analista na transferência, lá onde ela se faz necessária. A presença perturbadora de elementos não digeridos, que permanecem em estado bruto, pré-representacionais e pré-subjetivos, denotam, ao olhar de Bion, a incapacidade funcional de transformação em elementos mentalizados. Isso sugere como direção clínica o sentido de reativar ou capacitar à aquisição de autonomia nos processos de transformação. Diferente de Freud e de Melanie Klein, o cerne da questão clínica para Bion não é o desvelamento do inconsciente, mas sua produção.

Considerando a *rêverie* materna, anteriormente analisada, vemos que Bion formula e nos oferece como elemento clínico um aspecto ativo da função continente que implica uma relação continente↔conteúdo e um processo de transformação: acolher, conter, transformar, adequar, refletir, reconhecer, devolver, aspectos componentes da função do continente implícitos em sua proposta clínica, a serviço – parafraseando Grotstein – de um modelo clínico transformativo.

Figueiredo (2012a) nos ajuda ao nomear, trabalhando a partir dos desdobramentos elaborativos de Bion do "período epistemológico", uma clínica da continência como um dos vértices da clínica psicanalítica[4]. Em suas palavras:

> Esta [a clínica da continência] comporta a sustentação e a contenção, o acolhimento, a elaboração, a simbolização,

---

[4] Figueiredo concebe três vértices da clínica psicanalítica que se articulam e se integram em uma dinâmica de justa medida: a clínica da continência, a clínica do confronto e a clínica da ausência.

a compreensão, o reconhecimento, e o espelhamento. A partir da "devolução" do projetado, após todo este trabalho psíquico do analista, o processo se completa quando este material é introjetado pelo paciente (Figueiredo, 2012a, p. 15).

A clínica da continência, como modelo clínico que reflete as proposições de Bion, é sustentada pela transferência da função de continência ativa do cuidado maternante ao par analítico. Ela tem como proposição a mediação entre as experiências emocionais e suas representações.

Nesse contexto, o que proponho como Clínica do Continente?

A Clínica do Continente tem no continente, considerado estrutura psíquica, seu objeto de escuta e intervenção terapêutica. Na introjeção da relação continente↔conteúdo, na construção de um espaço psíquico continente, elementos que capacitam a mente a operar como continente de si mesma, quais características, qual aspecto, vem a adquirir o continente intrapsiquicamente constituído? Como pensar o conter, o reter, sem supor o continente? Como pensar espaços psíquicos abertos e fechados sem considerar a estrutura que lhes dá forma?

Atendo-nos ao momento bioniano de elaboração teórico-clínica ao qual estamos nos referindo, sabemos que ele trabalhava na alternância entre parte não psicótica e parte psicótica da personalidade. Em termos estruturais, isso equivalia à presença e à ausência de continente, de um espaço psíquico continente. No entanto, as repercussões de suas contribuições, ao mesmo tempo que revelavam seu valor e sua potencialidade, também deixavam à mostra os desdobramentos que precisavam ser desenvolvidos. Gosto de pensar que Didier Anzieu teria acrescentado à atenção clínica em relação à presença e à ausência do continente, o *modo*, isto é: de que maneira a função continente é exercida? Tal questionamento que põe em evidência seus aspectos estruturais.

Antes de passarmos à contribuição de Anzieu ao tema do continente psíquico, interessa destacar que as contribuições de Bion conferiram à função continente um lugar definitivo no escopo teórico-clínico psicanalítico. Elas inauguram toda uma tradição clínica que considera as mudanças que ele efetua: Grotstein (2007), por exemplo, põe em relevo a mudança da "hegemonia das pulsões instintuais para emoções e comunicação emocional" (p. 164). Meltzer (1992) destaca que o cerne da questão clínica, para Bion, não se refere a um problema de amor *versus* ódio, como frequentemente encontramos em Freud e Melanie Klein, mas de emoção *versus* antiemoção, e que os ataques destrutivos não se dirigem tanto ao ventre materno e seus conteúdos fantasísticos, mas ao Eu e às operações do pensar, rompendo os elos da relação estrutural continente↔conteúdo que condiciona a capacidade de pensar e o acesso à realidade.

Além disso, ele amplia e elabora, com maior riqueza do que o fizera Klein, a importância primária das relações intersubjetivas para a constituição e o desenvolvimento funcional do aparelho psíquico. Em acréscimo, enfatiza a importância primária do continente materno e define a relação continente↔conteúdo como importante referência clínica: sua presença e sua ausência se refletem na configuração do aparelho psíquico, no funcionamento mental, nos diferentes níveis simbólicos que intermediam a relação com a realidade, interna e externa, e na qualidade das angústias experimentadas.

Ele ainda inclui no contexto clínico a comunicação de elementos rudimentares, não verbais, pré-verbais e impensados e até mesmo impensáveis, para os estados mentais dos pacientes em questão.

No conjunto da obra freudiana, costuma-se referir ao ano 1920 como o período da grande virada, quando as formulações teóricas que giram em torno na segunda tópica se abriram para acolher, na clínica psicanalítica, novos sofrimentos da alma. Ruptura ou continuidade?

Melanie Klein prioritariamente se referia à segunda tópica, que confere maior propriedade à psicanálise para pensar a psicose. A teoria do pensar de Bion tem como questionamento clínico seus pacientes psicóticos. Referindo-se a Melanie Klein, Bion dialoga, no entanto, com a primeira tópica freudiana para construir uma teoria do pensar e da continência psíquica. Anzieu, que, por sua vez, também se debruça sobre as mudanças nos sofrimentos dos pacientes, sobre o tema do pensar e do continente psíquico, mesmo aprendendo com Bion, faz da segunda tópica seu campo de pesquisa e aborda o tema do pensar e do continente psíquico por uma perspectiva estrutural.

Nesse ir e vir entre a primeira e a segunda tópicas, entre pensamentos e teorias que se aproximam e se diferenciam, se encaixam e se separam, o que se visualiza é uma ruptura e uma continuidade, ou ainda, uma continuidade rítmica, como acredito própria aos processos vitais.

Anzieu: a estrutura continente do Eu

> *"Ta peau*
>
> *Ma peau*
>
> *Peau-Moi*
>
> *PO*
>
> *Moi-peau."*
>
> (Charles Breuil como citado em Anzieu,1984a, p. 109)

"Uma pele para os pensamentos"[5]

Quando, em 1980, por ocasião da morte de Bion, a ele rende homenagem, Anzieu (1980) o reconhece como "um dos psicanalistas que, depois de Freud, mais [lhe] ensinou [...]" (p. 181). Quando de sua publicação, como introdução a esse texto de homenagem, Kaës acrescenta que Anzieu tinha grande admiração por Bion e que este foi "uma referência constante na maior parte de seus trabalhos,

---

[5] Título do livro de Anzieu que corresponde à transcrição de uma entrevista com Gilbert Tarrab.

notadamente quando ele lança as bases de uma psicanálise dos limites e da continência" (Kaës como citado em Anzieu, 1980, p. 181). O comentário de Kaës nos faz supor que o tema do pensar esteve no horizonte de Anzieu em sua formulação do conceito de Eu-pele: a partir de Pascal, o vazio, o vazio de pensamento; e, se não a partir de Bion, mas com certeza incluindo Bion, o pensar como uma pele continente para o pensamento.

O tema do pensar ocupou de diversas maneiras a atenção de Anzieu: o pensar criador de Freud e "os movimentos interiores que estão ligados à sua grande descoberta" (Anzieu como citado em Kaës, 2000, p. 33), isto é, sua atividade de pensar em sua tese de *Doctorat d'Etat*; os processos de transformação do pensamento que enraízam no corpo o trabalho criador; a renovação da metapsicologia do pensar com a problematização dos continentes do pensamento (Green, 2007) e a formulação de uma origem corporal para todo processo de pensar.

Tal como Bion, Anzieu associa a capacidade funcional do Eu em termos da atividade de pensar às relações de cuidado primárias e à constituição do continente psíquico. Contudo, as consequências da formulação da noção de Eu-pele levam-no a abordar a questão sob dois aspectos deixados em segundo plano por Bion: a estrutura do continente e o Eu.

Anzieu não desconsidera a proposição bioniana que gira em torno do processo de *rêverie* materno como inscrito no "mito de referência"; porém, de suas elaborações concluímos que, para ele, essa é apenas uma das entradas que participam dos processos de constituição do Eu e capacitam para o pensar. Veremos, no Capítulo III, que Anzieu relaciona a *rêverie* materna a um Eu-pele já constituído.

Anzieu (1994) também considera a anterioridade dos pensamentos em relação ao pensar: "Os pensamentos aqui e lá nascem, brilham, se atraem, se equilibram, explodem, se fragmentam, se aglutinam. O pensar os contém, os transforma, lhes dá forma de palavras" (p. 13). Porém, em seguida acrescenta que seu interesse não é "esses pensamentos inomináveis, proteiformes, flutuantes [...]" (Anzieu, 1994, p. 18), mas a atividade de pensar, seu processo.

De forma alegórica, se Bion se interessa pelo curso do funcionamento do aparelho para pensar, isto é, o curso progressivo no sentido de produção de elementos pensáveis, de simbolização, de crescente nível de abstração, ou na inversão do curso de seu funcionamento até sua destruição e a produção de objetos bizarros, a questão de Anzieu é de que maneira a estrutura do aparelho interfere em seu funcionamento e o qualifica. Se Bion vincula a capacidade de pensar à constituição de um espaço continente, Anzieu vai além e quer saber das características estruturais do espaço psíquico. Se em termos clínicos Bion se interessa pela atividade de pensar como sendo o que dá aos processos de representação a capacidade e a possibilidade de conhecimento das realidades e de sua perturbação, o interesse de Anzieu é complementar essa abordagem. Green (2007) esclarece que tal interesse é o observar o outro pensando e observar a si mesmo pensando o outro. É o processo em si, sua qualidade, o como: O que nos ensina o processo do pensamento do paciente e do terapeuta? – pergunta Anzieu (1993).

No que diz respeito ao tema do pensar, o interesse de Anzieu pousa na questão do continente, indispensável, nos revela Bion, para que haja atividade de pensar e pensamento encarnado. Mas suas elaborações remodelam a teoria do continente bioniana e enriquecem a abordagem clínica do tema do pensar. Vimos que, segundo Bion, o bebê aprende a pensar com a mãe; a isto Anzieu acrescenta que ele também "aprende" a pensar a partir do corpo, e que a construção do continente psíquico implica também as experiências de corpo, de um corpo cuidado, tocado, sensível: "[...] e se o pensamento fosse uma questão tanto de pele quanto de cérebro?", instiga Anzieu (1985a, p. 24).

Lemos em seu texto:

> Eu preparei um quadro sinóptico, é minha grade para fazer concorrência a Bion! Uma grade na qual coloco em evidência as origens corporais do pensar [...] É então a especificidade das experiências corporais que vai ser traduzida pela especificidade dos processos de pensar e pelas angústias e inibições correspondentes (Anzieu como citado em Kaës, 2000, p. 35).

Ele estabelece uma relação analógica entre a pele, o Eu e o pensar – uma analogia em termos funcionais, em termos figurativos e em termos "do registro dos códigos" (Anzieu, 1994, p. 15), das normas e das regras (Green, 2007) – não uma figura de linguagem nem produção de sentido, mas uma analogia constitutiva, com função estruturante.

> A pele envolve o corpo; por analogia com a pele, o eu envolve o psiquismo; por analogia com o eu, o pensamento envolve os pensamentos. A analogia é aqui não uma mera semelhança, senão uma correspondência ponto a ponto dos elementos de cada conjunto (Anzieu, 1993, p. 51).

Green (2007) comenta essa abordagem "corajosa", revelando sua fecundidade:

> [...] os estruturalistas, os linguistas, os antropólogos tinham apenas essa palavra na boca e escondiam completamente o papel estruturante da analogia, isto é, as formas se engendravam elas mesmas, se refletiam e anunciavam outras que possuíam certas propriedades comuns ou certos aspectos que era preciso considerar na relação entre elas [...] Anzieu nos mostra o interesse de considerar o sistema de correspondência entre metáforas, entre metáfora e conceito e entre conceitos. Isto é, tem aí níveis ao mesmo tempo de concretização e de abstração

– abstrações que podem ser ou ter qualidades de propriedades englobantes, mas que vão chamar a noção de organizador (p. 152).

O pensar como uma propriedade englobante, organizadora dos pensamentos; uma propriedade gerada pela propriedade englobante e organizadora do espaço psíquico, que por sua vez é engendrada pela experiência da pele como envoltório do corpo. Desse modo, Anzieu vai distinguir um Eu-pensante de um Eu-psíquico e de um Eu-corporal ao mesmo tempo que estabelece entre eles uma relação de identidade e genética a ser sustentada na estrutura e na qualidade funcional da propriedade englobante. As experiências primárias de corpo, no nível do Eu-corporal, e a capacidade e/ou qualidade funcional do Eu-psíquico e do Eu-pensante mantêm entre si uma relação "analógica" na qual o Eu-pele é o mediador, isto é, nas palavras de Anzieu (1993), "[...] ele opera as transposições recíprocas entre estes sistemas" (p. 30).

Deste modo, na sessão, observar o outro a pensar e, ao mesmo tempo, se observar pensando é observar a estrutura englobante, é observar o continente em sua particularidade e – o que me parece ser a importante contribuição de Anzieu a uma teoria sobre o pensar – em sua pessoalidade. Diz ele na introdução de seu livro *El pensar*:

Assim, terei a esperança de escapar ao engodo de um pensar puro, análogo à ilusão denunciada por Kant

(1781-1787), da pomba que imagina que voaria mais rápido se não se encontrasse com a resistência do ar que, justamente, a sustenta (Anzieu, 1994, p. 13).

Não podemos pensar o conteúdo sem o continente, é este o contexto da frase de Anzieu; mas proponho também o pensar puro como o pensar que não traz as marcas de sua origem, as quais se inscrevem não apenas nos conteúdos do pensamento, mas na própria estrutura do pensar. Quero entender que é essa pessoalidade do pensar, a qual de outro modo o sustenta, que se faz evidente sob a noção de Eu-pensante. Isto é, Anzieu colore a estrutura do pensar com a pessoalidade do Eu ao fazer do Eu-psíquico um análogo do corpo, e do Eu-pensante um análogo do Eu-psíquico: "Cada uma das funções do Eu-pensante transpõe os esquemas sensório-motores do Eu-pele em esquemas de pensamento" (Anzieu, 1994, p. 55).

Anzieu considera o Eu-corporal estado primário do Eu, em que a existência é sensorial; nele não há representação da ausência, nem da ausência do objeto, nem da presença do indivíduo na mente do objeto ausente. No estado de Eu-corporal, a comunicação, a continuidade, a continência e o espaço estão atrelados à sensação despertada, no corpo, pelo objeto. Do Eu-corporal ao Eu-psíquico e ao Eu-pensante, o Eu se reorganiza em níveis crescentes de complexidade, transpondo os esquemas e as estruturas ao estado seguinte, mas enriquecido de recursos psíquicos, capacidade simbólica e níveis de maior capacidade abstrativa. Da dependência marcada por essa existência aderida ao corpo do objeto cuidador à possibilidade de uma comunicação simbólica e uma atividade do pensar: neste movimento Anzieu nos apresenta um dos eixos de constituição do Eu, o que nos orienta em relação à aquisição de graus crescentes de autonomia.

> [...] o desenvolvimento do aparelho psíquico se efetua através de sucessivas etapas de ruptura com sua base biológica, rupturas que, por um lado, lhe tornam possível escapar das leis biológicas e, por outro, lhe tornam necessário buscar uma sustentação de todas as funções psíquicas sobre as funções do corpo (Anzieu, 1985a, p. 127).

Anzieu (1990) propõe uma diferenciação entre independência e autonomia: a autonomia, diz ele, "repousa sobre o que os biólogos descreveram como uma auto-organização interna e autorreferente", isto é, "concerne à relação do sujeito ao dentro"; por outro lado, "ser independente, é não depender das condições externas, principalmente sociais" (p. 19), ou seja, concerne à relação com o mundo exterior. Em Anzieu, veremos que os processos de constituição da estrutura continente do Eu se faz no entrelaçamento de três eixos: este, do Eu-corporal ao Eu-pensante, a constituição do Eu-pele como representando o envoltório e a região de fronteira. Nesse sentido, proponho de modo esquemático, e apenas na expectativa de enriquecer a clínica, que a constituição de um Eu-pensante estaria mais relacionada ao ganho de autonomia, aos aspectos narcísicos da relação continente↔conteúdo. No que diz respeito à estrutura do Eu de fronteira, ela concentraria, em grande medida, a relação com o ambiente e as vicissitudes dos processos de diferenciação Eu/Não Eu. É claro que esses dois aspectos estão relacionados.

Escolhi a aproximação da obra de Anzieu pela via do Eu-pensante principalmente porque, a meu ver, ele coloca em perspectiva o campo clínico que Anzieu confere ao tema do continente. Sabemos que nas patologias narcísicas e nos limites as distorções e falhas do funcionamento do Eu e do pensar estão particularmente postas em evidência. Anzieu (como citado em Green, 2007), no entanto, busca ampliar essa abordagem: "Todo humano pensa com a pele, a questão é saber se é com a própria pele ou se é com a pele do outro" (p. 155).

Vale notar que a formulação de Anzieu se dirige a qualquer humano, e leio nela, para além de uma teoria, uma orientação clínica: quando observamos um paciente pensar, saber de que pele se trata é saber da independência conquistada nas vicissitudes de seu processo de constituição narcísica; é pesquisar a respeito das marcas deixadas na pele pelo processo de separação Eu/Não Eu; é observar as características da estrutura da região de fronteira e as particularidades da configuração do continente psíquico.

Segundo Kaës (2007), toda a obra psicanalítica de Anzieu é construída sobre a questão dos limites; de modo semelhante sugere Roussillon (2007): "[...] a problemática central é a da diferenciação eu/não eu" (p. 94). Não discordo desses autores, mas tomo como relevante o fato de ele ter formulado um Eu-pensante além do Eu-psíquico, ainda que a diferenciação dos dois não seja evidente. Acredito que a proposta de Anzieu leva a considerar, quando necessário, a qualidade e as características dos processos de pensamento do paciente como consequentes a deformações precoces da estrutura continente do Eu.

> Meu trabalho de pesquisa concentra-se em dois pontos: por um lado, estudar as diversas configurações que adquire o Eu-pele. [...] Por outro lado, relacionar cada déficit de uma função psíquica a um tipo particular de invasão precoce patógena exercida pelo ambiente sobre o Eu-pele em via de constituição, e precisar o tipo de trabalho psicanalítico a realizar face a tal déficit (Anzieu, 1984a, p. 65).

Como Clínica do Continente, consideramos essas deformações "memórias" da emoção-sensação primária.

A espiral interativa dos processos constitutivos do Eu e os envoltórios[6] psíquicos

Quando apresenta à comunidade psicanalítica a noção de Eu-pele, Anzieu é sincero ao citar Freud como um de seus precursores. Ele resgata na obra freudiana a teoria dos modelos topológico e estruturais do Eu. Vê na noção de barreira de contato, elaborada no *Projeto*, uma antecipação da noção de Eu-pele; na descrição do bloco mágico, sua estrutura de fronteira; e na proposição de um Eu-corporal tal como consta no texto *O "Eu e o id"* (Freud, 1923), a exigência de uma "sustentação implícita e talvez originária do Eu sobre as experiências e funções da pele" (Anzieu, 1985a, p. 97).

Outro autor que Anzieu considera precursor da noção de Eu-pele é Federn, de cujas contribuições serão apresentados no Capítulo II alguns elementos relevantes para uma clínica do continente. Contemporâneo de Freud, Federn se interessa pelo Eu em uma perspectiva mais clínica do que aquela adotada por Freud. O que direciona sua atenção são as flutuações dos estados de Eu, os estados de passagem, por exemplo, entre o estado de sono e o estado de vigília, que ele faz acompanhar de interessante abordagem metapsicológica.

---

[6] Em sua língua de origem, Anzieu se refere a *enveloppes*. Esse termo tem sido frequentemente traduzido por "envelope". Pedro Henrique Rondon ressalta que "envelope" é uma palavra francesa que a língua portuguesa incorporou. Como em português, o termo frequentemente se refere a um objeto no qual coisas são colocadas. Essa é uma das categorias de continente trabalhada por Anzieu, a de bolsa que, no entanto, não contempla a ideia de envolvimento, a continência ativa. Por isso, preferi utilizar uma tradução pessoal e me referir a "envoltórios".

Ele foca a região de fronteira como limite e envoltório do sentimento de Eu. Diz Anzieu (1985a):

> Paul Federn é um pensador dos limites. Ele pensa o limite não como obstáculo, uma barreira, mas como a condição que permite ao aparelho psíquico estabelecer diferenciações no interior de si mesmo, assim como entre o psíquico e o que não o é, entre o que decorre do Self e o que provém dos outros. Federn antecipou a noção físico--matemática de interface (p. 119).

A aproximação entre a obra de Federn e as elaborações de Anzieu nos permite ver que dele Anzieu resgata vários elementos que participam de seu pensamento criador: a noção de interface, uma relação não linear entre o Eu--corporal e o Eu-psíquico, a concepção de uma plasticidade estrutural do Eu, a relação entre a estrutura do Eu e o sentimento de existência, uma valorização clínica do investimento narcísico como condição de existência, para citar apenas alguns.

No entanto, como bem define Roussillon (2007), Anzieu era um criador, e, fazendo suas as palavras de Winnicott, acrescenta: "[...] todo criador deve tratar por conta própria o paradoxo que consiste no fato de inovar se apoiando ao mesmo tempo sobre a tradição de pensamento do campo no qual opera" (p. 90).

Nesse movimento, Anzieu renova, amplia e enriquece a noção de continente psíquico no escopo psicanalítico, expandindo e dando não só corpo, mas também identidade às elaborações bionianas que configuram a clínica da continência: nele encontramos uma análise da estrutura do Eu.

Anzieu trabalha o tema do continente psíquico por uma perspectiva estrutural conferindo maior rigor à descoberta freudiana de que, em relação ao psíquico, o Eu é a instância continente. Sua teoria do continente é também uma teoria do Eu. Se podemos, a partir dele, falar de uma "psicanálise do continente", como encontramos recentemente em uma homenagem que lhe fez Green ([s.d.]), devemos também nele considerar uma aposta, original e criativa, em uma psicanálise do Eu.

A ideia de Clínica do Continente se inscreve nesse contexto, de uma psicanálise do continente e de uma psicanálise do Eu: o Eu como continente do psíquico. Nesse sentido, como Clínica do Continente, temos em Anzieu importante referência e suas contribuições, fecundas, alimentam esse modo de pensar clínico.

Como teoria do psíquico, a proposta de Anzieu é inovadora, pelo menos em solo francês. Diz ele:

> [...] para mim, [...] à fórmula: "o inconsciente é estruturado como uma linguagem", eu oporia uma fórmula implícita em Freud: "o inconsciente, é o corpo". O inconsciente me parece estruturado como o corpo, não

o corpo tal como os anatomo-fisiologistas estudam e o representam, mas o corpo da anatomia fantástica da histérica, o das teorias sexuais infantis (Freud bem o mostrou); mais fundamentalmente ainda, de modo mais primário, mais arcaico, o corpo fonte das primeiras experiências sensório-motoras, das primeiras comunicações, das oposições pertinentes na base da percepção e do pensamento (Anzieu, 1984a, p. 47).

Ele atribui grande importância ao fato de que, no início de sua vida, o ser humano utiliza o corpo como mediador para intervir no mundo e com ele se comunicar, o corpo como lugar de trocas e domínio do sentimento de existência. Citemos:

Eu postulo, pois, [...] uma dupla sustentação para o psiquismo: sobre o corpo biológico e sobre o corpo social; por outro lado, uma sustentação mútua: a vida orgânica e a vida social, pelo menos em relação ao homem, têm ambas tanta necessidade de um apoio quase constante sobre o psiquismo individual [...] como este último tem necessidade de um apoio recíproco sobre o corpo vivo e sobre um grupo social vivo (Anzieu, 1985a, p. 8).

Considerando indissociáveis na constituição do psíquico o corpo biológico, o corpo social e o corpo psíquico, Anzieu se posiciona sob uma perspectiva de orientação epigenética na concepção de um processo de constituição do Eu como espaço psíquico continente – nem estruturalista, nem empirista psicogenética, polos antagônicos na tradição psicanalítica como abordagens do processo de constituição do psíquico e organização da experiência. A esse respeito, diz Green (2007):

> Quanto a sua [de Anzieu] orientação, ela é bem sustentada; é uma orientação que me permitiria chamar de um modo aproximativo: estrutural-genética. Ela não ignora as estruturas, não ignora o ponto de vista genético, mas evita cuidadosamente afogar uma na outra. Os dois processos caminham de mãos dadas e permitem chegar a enunciados que, frequentemente, parecerão enunciados paradoxais que não encontramos em nenhum outro autor da psicanálise contemporânea (p. 149).

Ou seja, nem a organização da experiência está subordinada a uma estrutura prévia, nem a construção da estrutura está subordinada à experiência. Na leitura de seus textos, vemos que Anzieu concebe um jogo em duplo *feedback* entre as dinâmicas estruturais e as experiências de interação com o meio. O corpo físico como estrutura primeira e primária ao mesmo tempo que potencial; corpo social e suas outras estruturas, agentes de cuidado e berço das sensações, e um corpo psíquico, fruto de uma "tópica de interseções, de entrelaçamentos, de interiorização e de diferenciação que operam sob o modo de uma espiral interativa" (Green, 2007, p. 151).

Segundo Anzieu (1985a): "Sem a experiência adequada no momento oportuno, a estrutura não é adquirida ou, com maior frequência, encontra-se alterada" (p. 19). Nesse sentido, a perspectiva estrutural que o orienta não é a-histórica, reiterando a suposição de que para ele não é apenas questão da presença ou ausência da estrutura continente, mas o como; em termos clínicos, como ela foi construída nas relações de cuidado? Dessa forma, o que proponho é que as características estruturais do Eu continente contam a história, ou trazem a marca, de seus processos constitutivos.

Como Clínica do Continente, ao fazermos da estrutura continente do Eu um objeto de escuta e intervenção clínica, é essa história afetiva, inscrita nas relações de objeto primárias, que vemos revelada na "situação analisante" (tomando de empréstimo uma expressão utilizada por Donnet).

Anzieu (1985a) oferece à psicanálise um modelo de integração psicossoma que tem, em suas palavras, "um fundamento biológico assegurado" (p. 17). O corpo, o próprio corpo, considerado em sua realidade biológica, oferece o modelo, o apoio e o solo onde se enraíza o psíquico: "[...] em um primeiro nível, todas nossas ideias são ideias, afetos e movimentos do corpo; [...] A experiência do próprio corpo é, a partir daí, generalizada a todos os 'corpos' [...]" (Anzieu, 1993, p. 13).

As características que ele vai conferir ao continente psíquico encontram no corpo sua sustentação: "O modelo originário de toda ideia de corpo é ternário (e não diádico): a tríade 'a pele, a carne e os ossos' permite descobrir [e, acrescentamos, construir] o objeto" (Anzieu, 1993, p. 18).

Isto é, a estrutura de um corpo, corpo físico ou corpo psíquico, deve possuir um fora, um dentro e um meio, o meio podendo ser "o fundo comum das duas noções ou realidades opostas" (Anzieu, 1993, p. 19); nos termos de Bion, associa Anzieu, continente, conteúdo e relação continente↔conteúdo. Anzieu nos descreve um corpo com volume, tridimensional, mas também faz visível uma proposta de "topologia subjetiva" ternária "[...] onde são constantemente opostos, por um lado, uma problemática do limite, por outro uma problemática da interioridade e, por fim, de alguma coisa que serve de andaime nesse esqueleto que forma o núcleo duro" (Green, 2007, p. 150).

Quando falamos da estrutura continente do Eu, pensamos que os três níveis devem ser considerados – a pele, o meio e o esqueleto –, embora um ou outro possa, em determinado momento, se tornar preponderante, com a condição de conservar em latência ou em estado potencial o conjunto deles, a concepção de corpo.

Imaginemos um espaço delimitado como continente, por exemplo, uma bolsa: podemos observar se ela está cheia, vazia, se está furada, se permite a entrada de novos elementos ou se está fechada; mas, além disso, de acordo com Anzieu, devemos observar se ela se mantém em pé ou se, ao contrário, é molenga e disforme como um saco de batatas tal como descreveu Bick (1968) a respeito da sensação que lhe dava sua paciente; nesse caso, é preciso que algo, ou alguém, a ela aderida, a mantenha em pé.

Mais conhecidas pela noção de Eu-pele como envoltório do psíquico, as elaborações de Anzieu ficam, aos olhos do leitor, muitas vezes a ela reduzidas, o que pode nos levar, erradamente, a supor que ele reduz a construção do espaço psíquico às experiências táteis: "A formação do esquema corporal apoiada apenas em sensações táteis é impossível [...]", diz Tamar Pollak (2011, p. 136) em uma consideração implícita às proposições de Anzieu, ao que ela acrescenta suas contribuições, de outro modo, interessantes, de "continente corporal" e de "coluna vertebral frontal".

Anzieu (1981) não desconsidera a sensação de volume experimentada no corpo:

> [...] o conjunto estômago-pulmões preenchidos de líquido, de ar e de amor constituem o centro de gravidade do Self. [...] O banho de odores, de sonoridade, de melodias vocais, de calor, esboça outro sentimento de si, o de um volume em expansão e com fronteiras difusas e porosas (p. 70).

A concepção do espaço psíquico como um corpo com volume é condição necessária, mas não suficiente, para a estruturação do Eu: é preciso que ele se sustente em pé. A formulação de uma "topologia subjetiva" ternária leva-o a considerar a ereção do corpo.

A concepção de espiral interativa permite visualizar múltiplas entradas na realização da estrutura do Eu-corpo: Pollak (2011), por exemplo, vai falar da solidificação das experiências – em seus termos, "apreender os elementos das experiências como suficientemente sólidos" (p. 135) – notadamente as da "coluna vertebral frontal" imaginariamente erguida. Propõe a autora que a sensorialidade proprioceptiva e enteroceptiva despertada pela ação das cadeias musculares dos sistemas dos orifícios superiores, do trato digestivo e respiratório e dos orifícios inferiores organizaria as percepções e as experiências de troca com o ambiente, como um eixo vertical frontal, vivenciado inicialmente de forma "líquida", e até "gasosa".

Anzieu, próximo a Winnicott, considera a importância da interiorização do *holding* materno, isto é, o apoio físico sobre o corpo materno que oferece à criança um suporte e propicia a possibilidade de apoio sobre a coluna vertebral. Contudo, no que diz respeito à ereção do corpo psíquico, ele é bastante bioniano ao afirmar que é a interiorização da relação continente↔conteúdo, experimentada no corpo (no Capítulo III, falaremos de uma *rêverie* corporal) e na mente, que vai, efetivamente, propiciar a ereção psíquica. Ele supõe, em estado de origem, uma continência psíquica corporalmente vivida e inscrita no corpo, e concebe o processo de constituição psíquica como um vir a ter uma função continente mental. É interessante ressaltar que Geneviève Haag, ao trabalhar com crianças autistas, encontra nos desenhos pré-figurativos de seus pequenos pacientes a representação dessa interiorização do campo intersubjetivo como o que permite a gênese da capacidade de pensar. De outro modo, a questão da ereção do corpo psíquico nos parece implícita quando Anzieu (1993) diferencia três categorias de continência: a continência ativa, de transformação dos elementos psíquicos e de realização da relação continente↔conteúdo; a continência como puro objeto contentor, "depositário passivo, mas não nocivo", como uma bolsa onde os conteúdos podem ser colocados; e a continência como limite. Ele nos faz crer que a sustentação do continente psíquico requer a experiência de continência ativa, isto é, do continente que é modificado pela forma do conteúdo.

> O continente-pele reforçado pelo continente-mão se amolda às formas dos conteúdos na exploração mútua do corpo da mãe e do filho. O continente é modificado pela forma dos conteúdos (diferente do contentor, puro espaço vazio indiferente aos objetos contidos) (Anzieu, 1993, p. 53).

Anzieu parece descrever um processo de *rêverie* corporal, de uma experiência intersubjetiva corporalmente vivida. Consideremos, por exemplo, o pequeno infante inserido na relação de cuidado, nesse estado primário de continuidade que o vincula ao ambiente. O corpo ternário tem, de um lado, o bebê-conteúdo; de outro, a mãe-continente e, no meio, uma região de interface, campo das trocas intersubjetivas, da relação continente↔conteúdo e suporte da fantasia de possuir com o ambiente uma pele em comum. Anzieu propõe que é o deslizamento metonímico desse Eu de superfície (porque, se é interface, é superfície, além do que no estado primário o Eu é um Eu-corporal, experimentado e construído como superfície) para o interior, em seu processo de individuação, o que constitui seu cerne, seu esqueleto, o que o sustenta em pé: a capacidade de pensar.

Acrescenta Anzieu (como citado em Green, 2007):

> O pensar se situa ao fim de um percurso feito de entrelaçamentos sucessivos, o corpo projetado na superfície, pele projetada no eu, eu projetando no mundo suas interfaces, pensamentos recapitulando seus próprios estratos reenviados pelo mundo e que retornam sobre ele. A pele fornece um envoltório ao corpo, o eu fornece uma pele ao pensar, o sistema é uma pele que o pensar fornece ao mundo (p. 154).

Na espiral interativa que anima a construção do corpo psíquico, no que diz respeito ao continente e ao conteúdo – à problemática do limite e da interioridade –, Anzieu vai supor uma transposição metafórica das experiências de pele fazendo do Eu uma superfície e a projeção de uma superfície. Neste caso, é a pele que oferecerá à estrutura continente seu "fundamento biológico assegurado". Nesse sentido, a metáfora do Eu-pele vai enriquecer a análise da estrutura continente do Eu, uma vez que representa o aspecto envolvente do Eu, o qual, no entanto, a ela não se restringe.

Os envoltórios psíquicos

A noção de Eu-pele instala a metáfora da pele psíquica e permite que Anzieu analise sua estrutura potencial e suas distorções. Sobre ela falaremos a seguir. Entretanto, em seu desenvolvimento teórico, Anzieu se distancia desse substrato biológico – a pele – e propõe uma abordagem mais abstrata dos continentes psíquicos. Isto é: suas características estruturais e funcionais, desmetaforizadas, é que serão valorizadas sob o conceito de envoltórios psíquicos. A esse respeito, esclarece Kaës (como citado em Anzieu, 1986a):

> Propondo alguns anos mais tarde o conceito de envoltório psíquico Anzieu generaliza uma estrutura e as funções que tornam possível pensar uma maior diversidade de formações intrapsíquicas e interpsíquicas: envoltório do sonho, sonoro, grupais etc. A ideia de envoltório se aplica

ao próprio Eu, em uma reversão da proposição inicial: a
função dos envoltórios psíquicos é necessária à formação
do pré-Eu corporal (p. 361).

Se lembramos que, para Bion, só podemos falar em
espaço psíquico quando referido a um espaço continente, são as características estruturais e funcionais desse
espaço que Anzieu releva sob o conceito de envoltório psíquico. É nesse sentido que ele vai falar das configurações dos
envoltórios psíquicos: envoltórios sonoros, olfativos, de sofrimento, dentre outros que exemplifica em seu livro O *Eu-pele*
(Anzieu, 1985a). Anzieu põe em destaque uma diversidade
de recursos que podem cumprir as funções que conferem ao
espaço psíquico as características estruturais suficientes para
que ele se configure como espaço psíquico. O *Eu-pele* é um
envoltório psíquico, mas não o único possível.

Vale notar a qualidade sensorial que Anzieu atribui aos
envoltórios psíquicos. Essa característica deixa mais evidente que a constituição do continente psíquico acontece ao
nível do Eu-corporal e confere relevância às experiências
sensoriais primárias, ambientadas nas relações de cuidado,
como elemento constitutivo da estrutura do continente
psíquico.

O que, em acréscimo, em seu esclarecimento, Kaës chama atenção, é que a própria constituição do Eu-pele requer
uma organização do espaço psíquico como estrutura continente, e veremos que o conceito de Eu-pele traz implícita

a noção de envoltório psíquico "como envoltório psíquico cutâneo, limite e interface do Eu" (Kaës como citado em Anzieu, 1986a, p. 36).

Além disso, ainda segundo Kaës, nesse movimento de passagem entre a noção de Eu-pele e o conceito de envoltório psíquico, ao buscar visualizar de modo mais abstrato o continente psíquico, Anzieu descobre que o espaço psíquico não possui um envoltório, mas vários, que se entrelaçam, se diferenciam, se interiorizam, o que faz dele, e do Eu, uma estrutura complexa, porém rica. Essa concepção potencializa a compreensão de Green (2007) a respeito da abordagem de Anzieu:

> É uma causalidade que exige da gente uma ginástica nova, a que não estamos habituados, isto quer dizer que é uma tópica de interseções, de entrelaçamentos, de interiorização e de diferenciação que operam sob o modo de uma espiral interativa (p. 151).

Na constituição do Eu-pele como envoltório psíquico, Anzieu descreve sua estrutura de fronteira em dupla camada, camadas de envoltórios que tendem a se diferenciar e a se separar no processo do desenvolvimento, mantendo, entretanto, entre elas, um jogo interativo, um encaixe.

Nesse sentido, as referências de Anzieu são o folheto de para-excitação e o sensorial que Freud já havia reconhecido como estrutura de fronteira do Eu: o folheto mais externo, de para-excitação, se oferece em sacrifício aos excessos intensivos preservando a capacidade sensível do folheto mais interno.

Anzieu enriquece a descrição freudiana e a complementa à medida que valoriza as diferenças funcionais e a relação estrutural que existe entre esses folhetos no processo de constituição do Eu: eles respondem a estímulos diferentes e se orientam por princípios diferentes. A camada de para-excitação é regida pelo princípio de constância e é sensível ao prazer e à dor. A segunda camada é uma membrana sensível no sentido da percepção de estímulos, e não do prazer e da dor; é uma tela de impressão regida por um princípio de diferenciação, tal como necessário a qualquer produção de sentido. Segundo Anzieu (1986b): "[...] ela [essa tela de impressão] classifica as sensações de mesma natureza em pares de opostos; enfim, ela atribui a um mesmo objeto externo a fonte de sensações fornecidas por diferentes órgãos dos sentidos e motricidade (consensualidade)" (p. 382).

Freud havia valorizado a função de para-excitação na constituição da estrutura continente do aparelho psíquico. Anzieu confere igual valor à tela sensorial por sua função de significação e de comunicação primária, corporal. Conforme Anzieu (1985a): "A massagem se faz mensagem" (p. 61).

Tela protetora e tela projetiva; filtro quantitativo e filtro qualitativo, envoltório sensível à excitação e envoltório sensível à comunicação – Anzieu os visualiza como envoltórios sensoriais que vão se entrelaçar na estrutura do envoltório tátil.

Esse complemento que Anzieu faz à concepção freudiana tem grandes desdobramentos clínicos, em termos tanto da concepção do aparelho psíquico, como da compreensão das patologias e também da técnica.

Houzel (1987), talvez não tão à vontade com a abordagem analógica que Anzieu confere à constituição do Eu, diz que: "[...] o vínculo psicanalítico ao corpo é metafórico e não analógico" (p. 62) – busca desenvolver o conceito de envoltório psíquico "de uma maneira tão formal quanto possível" (p. 62), o que expande as elaborações de Anzieu e nos ajuda a concebê-lo em sua generalidade. Houzel põe em relevo a abordagem topológica do continente psíquico[7].

A noção de estabilidade estrutural dinâmica é evocada por ele nesse contexto. Um envoltório psíquico configuraria um campo de força estável que definiria "a pertinência dos elementos psíquicos a um espaço psíquico dado" (Houzel,

---

[7] A topologia é um ramo da matemática, mais especificamente da geometria, interessado, puramente, nos aspectos qualitativos dos objetos, dos fenômenos, dos processos, enfim, da transformação do espaço. A ela dizem respeito noções como vizinhança, aberto/fechado, interior/exterior, contínuo/descontínuo, separado/unido, para citar algumas. Nesse sentido, o círculo, o quadrado, o triângulo, por exemplo, são topologicamente equivalentes na medida em que possuem a mesma propriedade topológica de dividir o espaço em interior e exterior. Do mesmo modo, uma bola completamente fechada e uma bola furada são, topologicamente, objetos diferentes na medida em que não possuem a mesma propriedade topológica contínuo/ descontínuo.

Vale ainda diferenciar as noções de topologia e de tópica. Uma tópica, segundo Laplanche, são lugares, comportando uma exterioridade de um em relação ao outro. Uma tópica "implica uma teoria da ordem dos lugares cuja forma, por si mesma, não tem importância" (Laplanche, 1980/1987, p. 163). Quando Freud se refere à primeira e segunda tópica, o que ele descreve são lugares psíquicos.

1987, p. 62). O envoltório psíquico teria conexidade, isto é, "poderíamos ligar quaisquer dois de seus pontos por um trajeto inteiramente incluído nele mesmo" (p. 62); e compacidade, nos termos de Houzel (1987): "A ideia essencial é a possibilidade de recobrir o espaço considerado 'compacto' por um número finito do que a gente poderia representar como peças da constituição do dito espaço" (p. 62).

Por compacidade, Houzel quer distinguir o conceito de envoltório psíquico da noção de rede de significantes infinita descrita por Lacan (Houzel, 1987). No entanto, ele se mantém fiel às configurações estruturais apontadas por Anzieu a partir da noção de Eu-pele: essa estrutura contínua deve possuir, em sua fronteira, qualidades de interface; separar e comunicar espaços diferentes, e ser permeável. Lembramos que sua estabilidade estrutural é dinâmica.

A contribuição de Houzel põe em evidência que a questão da síntese do Eu, da manutenção estável de sua integração, permeia o tema dos envoltórios psíquicos. O conceito de envoltório psíquico como estrutura narcísica de estabilidade dinâmica permite, segundo Houzel (1987),

> [...] fazer a síntese dos pontos de vista dinâmico e tópico, isto é, dos conceitos de força e de forma. Não há uma força psíquica que não espose uma forma dada; não existe forma que não seja sustentada por uma dinâmica (p. 63).

O espaço psíquico se configura como um campo de forças e o envoltório representa seu limite, mas também aquilo que o organiza; ele permite descrever os estados de estabilidade dinâmica e os movimentos de transformação do espaço psíquico; mas também os estados instáveis que ameaçam a síntese narcísica. Em sua abstração entendo que o conceito de envoltório psíquico faz evidente a plasticidade do Eu à medida que, em suas configurações, se inscreve a pessoalidade do ambiente cuidador e do jogo interativo dos processos constitutivos do Eu.

O Eu-pele

Posicionando-nos sob a perspectiva da organização da experiência como envoltório de um espaço psíquico continente, a tese de Anzieu é que a sensorialidade é primeiro organizada pelo modelo tátil e da pele e em torno desse modelo (Roussillon, 2007).

Sabemos que o lugar da pele, considerada em sua realidade física elemento determinante da constituição do Eu, já havia sido revelado por Freud. Anzieu se debruça, certamente em sua clínica, sobre essa intuição freudiana, ampliando-a.

Em suas considerações, Anzieu destaca a função social da pele como objeto de cuidados, instrumento e palco das trocas afetivas e comunicação com o ambiente cuidador. A sensibilidade epidérmica é múltipla: sensações térmicas, táteis, dolorosas, percebidas nos estados primários ainda que de modo difuso e indiferenciado, imergem o pequeno ser em um ambiente de sensações que circunda seu corpo inteiro. Os estudos etológicos e a formulação de uma pulsão de apego (Bowlby, 1984) primária e relativamente independente da pulsão oral em sentido estrito também atribuem à pele um lugar significativo a serviço da proteção da vida: a busca de contato (no duplo sentido do termo, corporal e social), como de homeostase entre dependência e proteção/segurança.

Todos esses aspectos, e mais tantos outros que Anzieu apresenta no livro *O Eu-pele* (1985a), não parecem ter sido os mais relevantes para que ele viesse a propor a noção de Eu-pele como primeira representação do Eu como continente do psíquico. Quero crer que a estrutura da pele e suas funções é que fizeram dela apoio para o desenvolvimento teórico de Anzieu, do mesmo modo que apoio para a estrutura e as funções do Eu.

Nesse sentido, acrescenta Anzieu, a pele é o órgão que liga entre si as sensações de diversas naturezas: os olhos, a boca, o nariz, os ouvidos, as extremidades do corpo e os buracos têm, na continuidade da pele, a possibilidade de integração fisicamente experimentada. A pele é ainda um órgão de dupla face, constituído de várias camadas, que comunica e separa o interior do exterior. A sensibilidade tátil é reflexiva; Freud já havia destacado que ela antecipa e prepara a reflexividade visual e, depois, a reflexividade do Eu. A pele envolve todo o corpo e o delimita; mas também é flexível e plástica, podendo guardar as marcas de suas cicatrizes.

A pele é sensual, isto é, sexual e sensorialmente estimulada. As sensações cutâneas, muito mais ricas e complexas do que as outras provindas dos outros órgãos sensoriais, introduzem o infante em um universo igualmente rico e complexo que, propõe o autor, antecipa "no plano do organismo a complexidade do Eu no plano psíquico" (Anzieu, 1985a, p. 29). A pele, como superfície de contato, é o órgão do sentido que "ensina", "informa" e permite experimentar "na pele" – como se diz popularmente a respeito da experiência de ser intensamente afetado – a proximidade e a intimidade do contato. Essa experiência pode ser redobrada e vivida, tanto por sua qualidade emocional como sensorial, por diversas maneiras.

A pele, como fundamento biológico, com suas características estruturais e funcionais, oferece ao Eu uma estrutura potencial, que, no entanto, será construída, inserida na espiral interativa, momento a momento, nas vicissitudes das relações de cuidado.

Tendo considerado o modelo tátil e a pele primeiro organizador da sensorialidade, Anzieu (1987), "considerando o Eu como lugar de elaboração das sensações", tece um "paralelo sistemático" (1985a) entre a estrutura da pele e suas funções e a estrutura do Eu e suas funções; a "grade" (referência reproduzida na primeira parte deste tópico), que elaborará estabelecendo as origens corporais do pensar, encontra no Eu-pele seu primeiro movimento de elaboração. Ele vai distinguir oito funções do Eu-pele por apoio nas funções da pele e uma antifunção: continência, para-excitação, superfície de inscrição, são, por exemplo, funções sustentadas pela estrutura do Eu-pele.

Quando cria a noção de Eu-pele, Anzieu a situa em lugar intermediário, entre metáfora e conceito. Como conceito, o Eu-pele postula um momento narcísico em que o espaço psíquico adquire certa estabilidade e uma estrutura suficiente que lhe permite conter seus conteúdos psíquicos e ser representado como um Eu. Um Eu ainda em processo de diferenciação, pré-simbólico, logo, sem recursos suficientes para se representar como um Eu-psíquico. Isto é, ainda sem ter adquirido um aparelho para pensar que o capacite a um pensar simbólico. As experiências de pele, nas quais o sentimento de unidade é primeiro construído, oferecem os termos que, metaforicamente, sustentam a representação. O Eu-pele possui a natureza de fantasia e metaforiza o sentimento de unidade construído ao nível do Eu-corporal. Nas palavras de Anzieu (1985a):

> Por Eu-pele designo uma representação de que se serve o Eu da criança durante as fases precoces de seu desenvolvimento para se representar a si mesma como um Eu que contém os conteúdos psíquicos, a partir de sua experiência da superfície do corpo. Isto corresponde ao momento que o Eu psíquico se diferencia do Eu corporal no plano operativo e permanece confundido com ele no plano figurativo (p. 61).

Ou seja, o Eu-pele é uma representação do Eu como continente psíquico, uma representação mediadora entre os estados de Eu-corporal e de Eu-psíquico. Equivale ao momento narcísico freudiano de integração do Eu e implica uma "nova ação psíquica" (Freud, 1914a). Contudo, enquanto para Freud a "nova ação psíquica" representa a própria integração, para Anzieu a integração e construção do espaço psíquico é vivida no nível do Eu-corporal, e a "nova ação psíquica" implica a possibilidade de representação, ainda que primária e figurativa, e um funcionamento ao nível do Eu psíquico: um pé no Eu-corporal e outro no Eu-psíquico em um processo de complexificação do Eu. Nesse sentido, o Eu-pele é um envoltório psíquico e, metaforicamente, uma primeira representação de envoltório psíquico. Como envoltório, constituindo um campo de estabilidade narcísica, o Eu-pele também representa o sentimento de ser e de integração. Certamente na herança de Federn, Anzieu entrelaça sob o conceito de Eu-pele a estrutura continente do Eu, sua capacidade de síntese e suas disfunções, e o sentimento de Eu.

Como representação do Eu ainda em estado primário, uma representação figurativa muito próxima de sua base corporal, o Eu-pele revela em suas formas, em sua configuração estrutural, as marcas de seus processos de origem. É essa característica representativa e figurativa que confere ao Eu-pele uma potencialidade clínica, além, claro, da função de mediador, operando as passagens entre os estados analógicos do Eu e de suporte narcísico.

Ainda que paradoxal, acredito que Anzieu confere ao Eu-pele um "peso de realidade" (Carvalho, 1996); ele é uma representação que tem "peso de realidade", muito próximo ao "peso de realidade" que Freud confere ao Eu em sua funcionalidade. Quando se refere, por exemplo, a um Eu-pele escorredor, a imagem de uma bolsa com furos pelos quais alguns conteúdos escapam representa a disfunção da memória de uma menina que esquecia o que havia aprendido na escola no dia anterior e seu sentimento narcísico, confesso (Anzieu, 1985a), de ser um escorredor e se escorrer pelos buracos. Isto é, as deformações estruturais podendo implicar distorções funcionais. A figuração do Eu-pele revela as deformações estruturais e oferece suporte para as fantasias que acompanham as angústias narcísicas.

Na correspondência que faz entre o orgânico e o psíquico, Anzieu busca precisar as angústias ligadas a cada função e as representações de distúrbio do Eu-pele que a clínica lhe apresenta, enriquecendo, por consequência, a gama de intervenções clínicas. Seu quadro – ressalva – fica em aberto, sua proposta sendo apenas a de oferecer instrumentos que instiguem uma maior liberdade de pensamento clínico. Apenas dessa maneira podemos entender a concepção estruturante da analogia, e que Anzieu se dedique, com tanto afinco, à análise da estrutura do Eu e suas deformações: "O Eu-pele 'normal' não envolve a totalidade do aparelho psíquico e apresenta uma dupla face, externa e interna, com uma separação entre essas duas faces que deixa lugar livre para certo jogo" (Anzieu, 1985a, p.160).

Em princípio, uma descrição estritamente freudiana que, no entanto, Anzieu analisa com competência: vimos que para ele a representação diagramática do aparelho psíquico que Freud apresenta na *Conferência XXXI* são pictogramas, como se fosse a representação da estrutura continente do aparelho psíquico freudiano. O que vem agora em acréscimo é que ele também se refere à estrutura da fronteira que Freud também descreve no texto "Uma nota sobre o 'bloco mágico'" (Freud, 1925[1924]). Nesse sentido, Anzieu, em entrevista a Kaës (2000), é bastante modesto:

> Acredito que minha teoria do Eu-pele não traz muita coisa de novo do ponto de vista do pensamento, mas a palavra faz tilt, ela impulsiona a ter pensamentos novos, ou a repensar de um modo vívido os pensamentos que estavam apagados (p. 45).

A noção de Eu-pele nos ajuda a discriminar os dois aspectos da estrutura continente do Eu já presentes em Freud, aos quais Anzieu confere potencialidade clínica: o de estrutura envolvente e o de região de fronteira. Embora sejam aspectos de uma mesma estrutura, suas deformações implicam consequências diferentes.

As deformações que atingem o aspecto estrutura envolvente infligem danos às funções de contenção, de síntese e, até mesmo, à configuração tridimensional do espaço psíquico. Podem acarretar, como proteção contra as angústias de esvaziamento, de se perder em um espaço infinito – como se pode imaginar pertinentes às angústias agorafóbicas (Mano, 2004) – deformações estruturais ou recursos comportamentais que possuem função de contenção psíquica. Como recursos comportamentais com função de contenção psíquica, nos referimos, por exemplo, à observação clínica da formação de uma segunda pele (Bick, 1968), seja pele muscular, seja pele de dor, como dirá Anzieu a respeito dos envoltórios masoquistas.

No outro aspecto, são consideradas a característica de fronteira e a estrutura de interface. Isso marca o *status* de união, mas também de separação do ambiente circundante em um movimento homeostático entre dependência e segurança/proteção: quanto mais bem estruturado o Eu-pele, maior a segurança narcísica de base e maior a possibilidade de independência, de vir a ser dono da própria pele. Deformações estruturais do Eu-pele que comprometam sua segurança narcísica podem impedir o desenvolvimento do estado de independência, mantendo o indivíduo preso à pele do outro. Não dá é para viver sem pele. Nesse aspecto, a função do Eu-pele é propor uma primeira delimitação entre o Eu e o ambiente. Suas transformações e deformações revelam aspectos do processo de diferenciação Eu/Não Eu.

Os significantes formais e sua interpretação

Segundo Green ([s.d.]), todo o desenvolvimento teórico de Anzieu foi elaborado a partir da clínica, e retorna a esta; ele era um clínico de seu tempo (Green, 2007), tocado pela "mudança na natureza do sofrimento dos pacientes" (p. 12):

> Na verdade, estes doentes sofrem de uma falta de limites: incertezas entre as fronteiras, entre o Eu psíquico e o Eu corporal, entre o Eu realidade e o eu ideal, entre o que depende do Self e o que depende do outro, bruscas flutuações destas fronteiras, confusão, acompanhadas de quedas da depressão, indiferenciação das zonas erógenas, confusão das experiências agradáveis e dolorosas, não distinção funcional que faz sentir a emergência de uma pulsão como violência e não como desejo, [...] vulnerabilidade à ferida narcísica [...] (Anzieu, 1985a, p. 22).

Anzieu apresenta um amplo quadro de doentes das fronteiras, de situações clínicas que implicam sofrimento das fronteiras; fronteira como limite, fronteira como aspecto de uma estrutura continente. Essas dores, ao mesmo tempo localizadas e difusas, uma vez que atingem o ambiente narcísico, sede do sentimento de existência, dizem respeito à Clínica do Continente.

Para acolher esses sofrimentos que se fazem vivos nos encontros clínicos e seguir os movimentos de seus pacientes na expressão das carências de suas deformações narcísicas, Anzieu sentiu necessidade de complementar o pensamento metapsicológico psicanalítico, elementos de sua teoria que viemos pondo em destaque. Resume Roussillon (2007) que suas contribuições, sobretudo clínicas, desenvolveram o pensamento psicanalítico em torno das "problemáticas narcísico-identitárias" e da capacidade de síntese do Eu. Sua preocupação expressa a respeito da questão dos limites amplia sua abrangência além dos processos de diferenciação Eu/ Não Eu para incluir os limites intrapsíquicos, não só entre as instâncias, mas também interior ao próprio Eu, entre seus envoltórios. Questões caras a qualquer clínica que se atente aos continentes psíquicos.

No texto "A medicina como modelo", Bion (1970) afirma:

> O tema do pré-verbal que o psicanalista investiga sem dúvida elucida a dificuldade de comunicação que experimenta. Sua aptidão para o uso de pontos, linhas e espaço importa na compreensão do "espaço emocional", no continuar o trabalho e evitar a condição de duas personalidades desarticuladas incapazes de libertar-se dos grilhões do mutismo (p. 25).

É essa mesma sensibilização que encontramos em Anzieu. Quando ele, hipoteticamente, se pergunta como a função continente é exercida, seu pensamento se faz figurativo na busca das marcas deixadas pelos processos constitutivos e de um afinamento da escuta analítica às transformações do espaço psíquico. Para ele, diante do material clínico, o psicanalista deve considerar três coisas: o discurso, o afeto e as sensações primitivas, e as formas elementares do espaço psíquico. Colocando de outro modo, o representante-coisa, o representante-palavra, estes, já distinguidos por Freud, mas também o "representante de forma" (Golse, 2007). Nesse contexto, nasce o conceito de significante formal como mais um dos elementos de seu pensamento criativo.

A atenção aos "significantes arcaicos" (Golse, 2007) como protorrepresentação de experiências extremamente primitivas, de origem, mobiliza vários autores na psicanálise (e Golse apresenta uma lista de nove). Por perspectivas mais ou menos diferentes, esses autores, em seus conceitos, buscam formular a expressão mais genuína e arcaica que o psiquismo faz de si. Ainda segundo Golse, Piera Aulagnier teria insistido que desde o início o psiquismo tem por tarefa dar a si mesmo uma representação de seu próprio funcionamento.

O significante formal, de acordo com Anzieu (1987a), "se inscreve nesse contexto de uma exigência fantasmática originária" (p. 32) e constitui uma primeira etapa da simbolização dos pictogramas. Ou seja, os significantes formais não possuem apenas valor clínico; eles são constitutivos do espaço psíquico, isto é, dão forma, constituem e representam o espaço psíquico: "Os significantes formais se relacionam a modificações do espaço e possuem um papel fundamental na constituição dos envoltórios psíquicos" (Anzieu como citado em Golse, 2007, p. 111).

Uma concepção semelhante encontramos sob a noção de forma-sensação elaborada por Tustin para se referir a uma primeira experiência de organização como rudimentos de uma plástica pessoal (como veremos no Capítulo III).

Diferentemente da representação-coisa e da representação-palavra, o significante formal tem a dimensão espacial como essencial. O espaço será o continente de todas as coisas, mas no estado de origem o espaço é indissociável dos objetos que o ocupam. Poder representar, por exemplo, a ausência do objeto, implica poder representar o espaço vazio; o objeto se afasta e o espaço permanece em sua estrutura continente. A indiscriminação entre objeto e o lugar ocupado por ele no espaço pode ser causa de uma das angústias mais arcaicas, exemplifica Anzieu (1987a): "[...] a angústia de ver o objeto que se mexe arrancar o lugar do espaço no qual ele se encontra, carregá-lo com ele, atravessar outros objetos aos quais ele se bate destruindo seu lugar" (p. 25).

Nesse sentido, "buraco negro", expressão de um dos pequenos autistas tratados por Frances Tustin para se referir ao vazio de espaço experimentado quando do afastamento de seu objeto primário, é um significante formal.

Os significantes formais são principalmente representações do continente psíquico, de seus esquemas e transformações. Não são figuras que se destacam sobre um fundo; são representantes psíquicos das formas de organização do Eu.

Os significantes formais são ilimitados em sua variedade, mas restritos no que diz respeito a determinada pessoa e, conforme propõe Anzieu, quando se fazem presentes na cena clínica, devem constituir objeto de investigação, uma vez que muito representam da constituição narcísica.

Acompanharemos, por exemplo, a partir de recortes que apresentarei do processo terapêutico da paciente Eurídice (Capítulo IV), a transformação de seus significantes formais: torrentes de água, enchente, casas que desabam e esmagam, significantes formais frequentes em sonhos no início de seu tratamento, com os quais expressava seu sentimento de existência e a extrema precariedade de seu continente psíquico: matéria e espaço indissociados. Eurídice não se sentia como em uma torrente d'água; ela era a torrente, ela era a casa que desabava. Posteriormente, ela sonha com casas onde pode se abrigar, embora com portas caídas, madeiras presas à porta para fechar os buracos. Estas representam uma estrutura continente mais bem constituída, embora ainda deformada e frágil.

Anzieu (como citado em Golse, 2007) diferencia os significantes formais das fantasias:

> O cenário fantasmático é construído sobre o modelo da frase, que ele coloca em imagens essencialmente visuais, logo – no sentido freudiano do termo – ele é posterior

à aquisição da linguagem, pois consiste de um sujeito, um verbo e um complemento de objeto [...] Geralmente a isso se junta um espectador da ação que representa o sujeito da enunciação enquanto distinto do sujeito do enunciado (p. 112).

Os significantes formais se limitam a um sintagma verbal, isto é, sujeito e verbo sem complemento; eles são geralmente constituídos de imagens proprioceptivas, táteis, cinestésicas, posturais, de equilíbrio, sensações que não se referem aos órgãos do sentido a distância, como a visão e a audição. Geralmente não são cenas, no sentido teatral do termo; antes representam transformação de uma característica geométrica, ou física, de um corpo ou pedaço do espaço. Resume Kaës (como citado em Anzieu, 1980):

[...] se os significantes verbais são úteis para trabalhar em termos econômicos, os significantes formais são necessários para trabalhar em termos topográficos. E especialmente para poder descrever o Eu, seus níveis de organizações, e as falhas de suas funções (p. 391).

Anzieu, em seu artigo "Les signifiants formels et Le Moi-peau" (1987a), apresenta algumas classificações dos significantes formais e o que nos chama atenção nelas é a abstração com que ele é interpretado, isto é, esvaziado do conteúdo do objeto que lhe dá suporte; o que importa a Anzieu é a lógica formal, transformacional do espaço continente.

> Entendo "forma" no primeiro sentido do termo: "um conjunto de contornos de um objeto, resultado da organização de suas partes", isto é, configuração, figura. O adjetivo "formal" se relaciona à forma assim definida, por exemplo, no sentido da lógica formal que estuda as formas dos raciocínios sem considerar a matéria sobre a qual eles se efetuam (Anzieu, 1987a, p. 20).

Por exemplo, se a paciente sonha com casa que a esmaga, Anzieu talvez o interpretasse como volume que se achata; torrentes de água, como corpo líquido que escorre; outros exemplos: um eixo vertical se inverte, um corpo gasoso explode, um orifício abre e fecha, um objeto que se afasta me abandona (este, já esboçando uma passagem para os cenários fantasísticos que se apoiam sobre a linguagem).

A interpretação dos significantes formais se integra no movimento interpretativo da clínica psicanalítica e, neste sentido, o objeto que lhe serve de suporte deve ser integrado. Porém, o que parece relevante na proposição de Anzieu é que nos remete à interpretação dos envoltórios psíquicos – à relação entre força e forma – e suas deformações e más-formações, à perspectiva predominantemente topológica, ao "uso de pontos, linhas e espaços", a que se referiu Bion (1977) a propósito do acolhimento na clínica do "espaço emocional". Por exemplo, em movimento reflexivo, ele se pergunta a respeito de uma paciente que traz em cena o significante formal de uma pele que encolhe: "[...] qual distorção do Eu se traduz por esta deformação subjetiva da pele?" (Anzieu, 1987a, p. 21).

Entende também que as distorções do enquadre clínico, propiciado pelo paciente, são também reveladoras da organização dos envoltórios psíquicos. Ele segue Bleger, o qual primeiro sugere, embora em outros termos, que o enquadre clínico é suporte para a transferência dos continentes psíquicos primariamente constituídos.

A concepção do Eu como estrutura continente já estava elaborada por Freud, embora sem consequências clínicas. Bion introduz o tema do continente no universo clínico da psicanálise, sob a perspectiva de uma continência ativa: uma continência psíquica mental, isto é, pela função transformadora do pensar. Anzieu inclui o corpo como estrutura para falar da estrutura continente; mas também o corpo como fundamento; em termos de origem, a continência psíquica corporalmente vivida. Ele se interessa pela constituição e sustentação narcísica e, sobretudo, pela pessoalidade da estrutura continente.

A meu ver, esta é a grande intuição de Anzieu; talvez sua maior contribuição a uma clínica que se interesse pelas estruturas continentes. Questões que se colocam no aqui e agora da transferência e na "consideração do corpo do paciente e de sua representação do espaço analítico no interior do dispositivo analítico" (Anzieu, 1985a, p. 27).

Anzieu (1985a) compartilha com o leitor reiteradas vezes sua motivação clínica: pacientes em processo de reanálise que apresentavam o "paradoxo" de estar cientes do que agia em profundidade (a pulsão) e inconscientes do que agia na superfície (o continente psíquico). A respeito de um de seus pacientes que já estava havia algum tempo em processo de análise, comenta: "Sua situação profissional melhorava. Seu relacionamento com uma francesa se consolidava. Eles tiveram um filho desejado (do qual só me falara quando nasceu). Mas estes eram efeitos mais terapêuticos que psicanalíticos [...]" (Anzieu, 1985a, p. 226)

Para Anzieu, um processo psicanalítico precisa estar disponível para acolher os fenômenos de superfície.

2.

VICISSITUDES DO CONCEITO DE EU PELOS PASSOS DA HISTÓRIA

"Era como se a psicanálise não pudesse explicar nenhum aspecto do presente sem se referir a algo do passado [...]."
(Freud, 1914b, p. 18)

Ao centrar o foco deste trabalho na ideia de continência psíquica, deve-se então repensar a problemática do Eu, ou melhor, as diversas concepções que o termo *das Ich* adquire na obra de Freud e seus desdobramentos no decorrer da história da psicanálise.

Quando se propõe a pensar o Eu como estrutura continente, insere-se inevitavelmente em uma interlocução que, embora algumas vezes assuma a aparência de controvérsia, espero aqui concebê-la de outra maneira. A hipótese que me orienta é de que as diferenças e mesmo divergências entre as diversas acepções do Eu – ou deveríamos dizer: os múltiplos recortes que a noção de Eu permite – refletem a própria complexidade do objeto.

Sabemos que o termo *das Ich* já era de uso comum na língua alemã. Seguindo a proposição de Laplanche (1985a), parto do pressuposto de que ao ser tomado de empréstimo, adquirindo especificidade psicanalítica, o termo não perde seu caráter de derivativo e percorre a obra de Freud se aproximando ora de uma, ora da outra acepção.

Na *Conferência XXXI*, na qual Freud (1933) apresenta o conceito de *das Ich* a uma "multidão de pessoas instruídas", o vemos dialogar com as consequências desse processo de derivação. Segundo Freud (1933):

> [...] e em nenhum instante esqueçamos essa instância que resiste, rechaça, reprime, que imaginamos dotada de suas forças particulares, os instintos de *das Ich*, e que coincide justamente com *das Ich* da psicologia popular [...] e acha-mo-nos diante desse *das Ich*, que parecia ser tão evidente, com a segura expectativa de também ali achar coisas para as quais não podíamos estar preparados (p. 193)[1].

Mais adiante, contra-argumentando um interlocutor imaginário que o critica por essa aproximação à psicologia popular, Freud declara (1933):

---

[1] De modo a manter a coerência de minha proposta para o desenvolvimento deste capítulo, tomo a liberdade de interferir nas citações utilizando o termo *das Ich* no lugar do Eu.

E respondo que na psicologia de *das Ich*, é difícil evitar o que é geralmente conhecido; trata-se, antes, de concepções e arrumações novas, que de novas descobertas. Logo, não lhes peço que abandonem sua atitude crítica, mas que aguardem os desenvolvimentos seguintes (p. 197).

Para Freud, parece estar claro que está se utilizando de um termo do senso comum não só para lhe conferir um sentido técnico, psicanalítico, mas que tal confluência terminológica é inevitável, em decorrência das características do próprio objeto de estudo – *das Ich*. Podemos supor que, por sua aproximação ao fenômeno da consciência, ou por ser uma instância psíquica de característica bastante fenomenológica, ou ainda por seu caráter de representante da pessoa como um todo, da individualidade, do que é pessoal, suas expressas expectativas quanto a essa aproximação entre o senso comum e o olhar psicanalítico parecem ter sido de um enriquecimento de sentido.

Recorreremos aos *Estudos sobre a histeria* (Breuer & Freud, 1893-1895)[2] – texto em que é possível ver o arcabouço psicanalítico sendo gestado – na expectativa de flagrarmos esse movimento inicial em que Freud faz derivar uma entidade psicanalítica de *das Ich* da psicologia popular. A pertinência de nos reportarmos a esse texto, que nada agrega ao conceito de *das Ich* tal como será elaborado posteriormente, consiste

---

[2] Texto referido, daqui por diante, como *Estudos*.

em seu valor histórico de origem ao se considerar o processo de criação freudiano. No prefácio à segunda edição do referido texto, datado de 1908, Freud sustenta sua reimpressão sem alterações apesar dos desenvolvimentos e mudanças ocorridos em seu pensamento dizendo:

> Ainda hoje não os considero como erros, mas como valiosas primeiras aproximações de um conhecimento que só poderia ser adquirido após longos e continuados esforços. O leitor atento será capaz de descobrir neste livro os germes de tudo aquilo que desde então foi acrescentado à teoria da catarse (Breuer & Freud, 1893-1895, p. 37).

Entre os exemplos que Freud (1910) enumera como presentes em germe nesse texto pré-psicanalítico, a noção de *das Ich* não é encontrada. Ele se refere especificamente ao "papel desempenhado pelos fatores psicossexuais e pelo infantilismo, e a importância dos sonhos e do simbolismo inconsciente" (p. 139). Não podemos deixar de notar presente aí o momento da produção freudiana então – em 1908; Freud vivia o calor da metapsicologia dos sonhos, modelo *princeps* na elaboração de uma concepção e dinâmica do aparelho psíquico, e da publicação de sua teoria sobre a sexualidade infantil, em que a questão do desenvolvimento pulsional é apresentada em primeiro plano. No entanto, a proximidade temporal com que ele escreve os *Estudos* e o

Projeto (1895), texto de importância capital, como sugere Laplanche (1985b), para a concepção psicanalítica de *das Ich*, permite supor que, se no texto clínico não é explorada, a noção de *das Ich* começava a se apresentar como central aos olhos freudianos, o que fica comprovado na metapsicologia desenvolvida no *Projeto*. Sabemos que, no entanto, foi preciso esperar duas décadas até que pudesse ser resgatada, quando da passagem para a segunda tópica.

Freud parecia ter intuído que falar de "território estrangeiro" talvez fosse mais facilmente aceito do que desconstruir o que já era de "conhecimento geral": de sujeito a objeto, do consciente ao inconsciente, da tendência sintética à possibilidade de cisão. Da linguagem comum ao conceito psicanalítico, a psicanálise, que já havia descentrado o homem de sua própria consciência, precisava agora desvelar as entrelinhas do último reduto em que ele acreditava ser realmente conhecedor: seu *das Ich*.

Em uma leitura dos *Estudos* que se atenha antes aos movimentos de descobrimento e criação freudianos do que aos detalhes de suas elaborações teóricas, vemos Freud partir da noção de *das Ich* tal como utilizada pela psicologia popular – identificada à consciência, ao fenomênico e à autorreferência – para aos poucos ir desvelando "concepções e arrumações novas".

Tomemos como exemplo duas passagens dos *Estudos*, a primeira retirada do relato do caso da Sra. Emmy von N. e a segunda do caso da Miss Lucy R., em que Freud discute o processo de formação sintomática tendo como centro a noção de conflito.

No primeiro exemplo, Freud e Breuer (1893-1895) buscam explicar determinados sintomas desenvolvidos pela Sra. Emmy, como o estalar de língua e a gagueira, como decorrentes do "acionamento de ideias antitéticas": "Parece ter havido um conflito entre a intenção *dela* [da paciente] e a ideia antitética (contravontade), o que deu ao ataque seu caráter descontínuo [...]" (p. 115, grifo nosso).

No caso da Miss Lucy, lemos:

> Para a aquisição da histeria, vem a ser um *sine qua non* o desenvolvimento de uma incompatibilidade entre *das Ich* e alguma ideia a ele apresentada [...] Essa ideia [incompatível] não é aniquilada por tal repúdio, mas apenas recalcada para o inconsciente [...] A divisão da consciência nesses casos de histeria adquirida é, portanto, deliberada e intencional. Pelo menos, é muitas vezes *introduzida* por um ato de volição; pois o resultado real é um pouco diferente do que o indivíduo pretendia (Freud & Breuer, 1893-1895, pp. 140-141).

Percebe-se que as dinâmicas psíquicas que Freud descreve nesses dois momentos são bastante semelhantes – a incompatibilidade entre uma representação isolada e um todo a que, no caso da Sra. Emmy, ele se refere como a pessoa da paciente (dela), e no caso de Miss Lucy, a *das Ich* – "massa dominante de representações".

É importante notar ainda que na citação anterior não é possível saber quem delibera ou de quem é a intencionalidade que leva à divisão da consciência, embora no texto Freud tivesse acabado de atribuir o recalque e a conversão a *das Ich*. O que é então o indivíduo em questão e o que é *das Ich*? Que relação Freud estabelece intuitivamente entre os dois?

Questões como essas orientam a elaboração deste capítulo, cuja intenção não é calar uma suposta ambiguidade que estaria presente na obra de Freud, mas antes fazê-la falar. Nesse sentido, pontuarei na história do desenvolvimento conceitual da psicanálise as "revisões" (Roudinesco, 1986) antagônicas que autores como Hartmann e Lacan fazem da segunda tópica freudiana com a intenção de se posicionar quanto ao lugar e à função do Eu no processo de constituição psíquica – logo, tanto na teoria quanto na clínica psicanalítica. Antagônicas quanto a seus conteúdos, mas surpreendentemente iguais em seus fins: os dois autores se valem das particularidades de seus próprios idiomas para cindir o conceito freudiano de *das Ich*. Hartmann se vale da língua inglesa para falar de ego e *self*; Lacan, "dos esplendores da língua francesa" (Roudinesco, 1986, p. 14) para designar um *moi* (ego e Eu) e um *je* (Eu-sujeito). Alinho-me a Laplanche e Pontalis (1967), para os quais a ambiguidade terminológica do conceito de *das Ich*, que se pretendia ver dissipada, encobre, de fato, "um problema de fundo". Tomaremos de empréstimo a posição de Anzieu (1985a), que muitas vezes enxerga posturas complementares nesses antagonismos internos ao pensamento psicanalítico – antagonismos que devem ser preservados "enquanto alimentarem a pesquisa psicanalítica" (p. 19).

A Psicologia do Ego de Heinz Hartmann e o Eu operacional

Como primeiro exemplo, vamos considerar as elaborações de Heinz Hartmann, o primeiro a objetivamente propor e a fazer uso teórico e clínico da cisão de *das Ich* em dois conceitos e duas entidades psíquicas diferentes – o *self* e o ego. Questões teóricas e clínicas o moveram nesse sentido: para Hartmann, uma abordagem de *das Ich* que o inserisse na teoria das pulsões, conferindo-lhe origem narcísica e um alimento pulsional, o que o manteria atrelado à teoria dos conflitos como um "satélite" em detrimento de uma abordagem que considerasse suas características funcionais e um processo de constituição e funcionamento mais independente das vicissitudes pulsionais. Segundo pensa, ao fazer de *das Ich* um critério secundário em relação ao tema das pulsões, do inconsciente e dos conflitos pulsionais, a psicanálise terminava por limitar sua abordagem clínica, desconsiderando a infinita variedade de características e diferenças pessoais que diziam respeito à capacidade funcional de *das Ich*, fosse ela de defesa ou de adaptação à realidade.

Sua visão clínica compreende que a direção da cura não poderia considerar *das Ich* unicamente sob a perspectiva do conflito intersistêmico, com o id e com o supereu. O conflito com a realidade, posto em destaque por Anna Freud, implicava um desenvolvimento técnico que considerasse *das Ich* em si mesmo e sua dinâmica intrassistêmica, tendo em vista, justamente, sua maior autonomia para o exercício das funções adaptativas. Na aproximação que faz do tema da esquizofrenia, por exemplo, a questão que o orienta é a de saber por que algumas pessoas reagem ao conflito retirando seu investimento do mundo externo e regredindo. A resposta está justamente na falência das funções de *das Ich*, ou mais precisamente, na autonomia e integridade de *das Ich* para exercer as funções que garantem o desenvolvimento e uma relação "normal" com a realidade. Importante acrescentar que para ele essa questão não se coloca apenas no caso das psicoses, cuja etiologia Freud já havia situado no conflito que se torna intolerável entre *das Ich* e a realidade. Segundo Hartmann: "[...] nós não achamos que podemos manejar a neurose de um paciente sem lidar com a interação desta com o funcionamento normal" (Hartmann, 1951, p. 145).

Tendo em seu horizonte a questão da adaptação à realidade, tanto na patologia como nos indivíduos ditos normais, Hartmann debruça-se, teórica e clinicamente, sobre o tema da psicologia de *das Ich* ampliando e até modificando abordagens freudianas. Todo o desenvolvimento metapsicológico que propõe tem o sentido de fundamentar sua suposição de um funcionamento autônomo do ego – autônomo em relação às vicissitudes pulsionais – deixando-o livre para o exercício de suas funções. A ideia clínica de um "fortalecimento do ego", marca de sua clínica, encontra aqui sua razão de ser.

Em outras palavras, para ele o ego tanto poderia ser alimentado por energia pulsional, libidinal ou agressiva, como por uma energia neutralizada, o que permitiria que se mantivesse fora dos conflitos e livre para o exercício de funções. Fortalecer o ego implicaria incrementar a neutralização das energias pulsionais, ampliando deste modo a esfera do ego livre de conflitos e sua capacidade de exercer suas funções adaptativas sem se comprometer com os movimentos pulsionais. Isto é, não se trata apenas de uma redistribuição intersistêmica da energia pulsional – entre as instâncias psíquicas, o ego, o id e o supereu –, mas também de uma redistribuição dentro do próprio ego, entre energia pulsional e neutralizada.

Nesse sentido Hartmann encontra na teoria freudiana um grande obstáculo: o conceito de narcisismo. Ele entende haver inconsistência na obra freudiana, evidenciada na noção de narcisismo quando da passagem para a segunda tópica, que ele lê como se Freud nos apresentasse uma "nova teoria" da mente, que teria em relação à primeira apenas algumas "afinidades" (Hartmann, 1956, p. 290): contradição teórica na sustentação do conceito de narcisismo e na concepção de *das Ich* como instância funcional; e incompatibilidade clínica entre capacidade saudável de ajustamento à realidade, e dependência de *das Ich* às vicissitudes pulsionais. E mais ainda: como supor um processo de constituição narcísica ao mesmo tempo que um desenvolvimento livre do pulsional?

Em seu conceito de ego, Hartmann lhe confere autonomia primaria, isto é, enraizamento biológico inato (mecanismos e funções inatas), que seria, por assim dizer, matriz da esfera do ego livre de conflito. Diferenciando-se de Freud, para ele o id não teria antecedência nem prevalência sobre o ego; muito pelo contrário, id e ego teriam uma raiz biológica comum e se constituiriam concomitantemente, por meio de processos de diferenciação. Desse modo, Hartmann estaria desvinculando o processo de constituição do ego de uma origem pulsional e (desconsiderando completamente o Capítulo II de *O Eu e o id* [Freud, 1923]) dos mecanismos que pressupõem a ação da libido, como a identificação.

Contudo, era preciso ir além: Freud, no texto de 1914, define metapsicologicamente o narcisismo como sendo o investimento da libido em *das Ich*. Se para Hartmann *das Ich* era considerado apenas um sistema da mente, e não um objeto ou uma representação, ele se pergunta como a pulsão que investe objetos poderia investir um sistema ou uma estrutura de característica "impessoal". Deste modo, no arcabouço conceitual que orienta a Psicologia do Ego desenvolvida por Hartmann, nem a noção de narcisismo primário nem a de narcisismo secundário se sustentavam, uma vez que eram incompatíveis com a concepção de *das*

Ich que ele preconizava. Qual seria, então, a entidade psíquica investida no narcisismo? Talvez não sejamos muito fiéis aos fatos ao dizer que, como saída para o paradoxo teórico em que se encontrava, Hartmann tenha achado necessário justamente fragmentar o conceito de *das Ich,* diferenciando o ego como sistema psíquico – uma das três subestruturas da mente – da noção de *self* como se referindo ao si mesmo, à pessoa como um todo em oposição a objeto. Diz Hartmann (1950):

> Na análise uma clara distinção entre os termos ego, self e personalidade nem sempre é feita. Mas uma diferenciação desses conceitos é fundamental se tentarmos olhar de forma coerente os problemas envolvidos, à luz da psicologia estrutural de Freud (p. 127).

Hartmann entende que Freud teria atribuído ao termo narcisismo dois conjuntos de referência opostos e contraditórios, criando confusão entre eles, por estarem inapropriadamente fundidos os conceitos de ego e *self:* o investimento do ego como sistema, cuja contraposição é o investimento de outras partes da personalidade; e o investimento da pessoa como um todo, do *self* como objeto em contraposição ao investimento de outros objetos (Hartmann, 1950). Desse modo, falar de libido do ego ou de investimento libidinal do ego seria uma imprecisão, e acrescenta: "Isso, portanto, será esclarecedor se definirmos o narcisismo como investimento libidinal não do ego, mas do *self*. Também poderia ser útil aplicar o termo representação de *self* como oposta a representação objetal" (Hartmann, 1950, p. 127).

Assim, ao cindir o conceito de *das Ich* em ego e *self* de modo a melhor adequá-lo às suas propostas teórico-clínicas, Hartmann propõe que ao termo ego corresponda o que ele entende ser a tradução mais fidedigna do conceito freudiano de *das Ich*, isto é, sua acepção como subestrutura da personalidade, devendo ser definido por suas funções, e que ao termo *self* corresponda o sentimento de si mesmo, uma acepção mais próxima da linguagem popular. Porém, não hesita em afirmar que o sentimento de si mesmo, tal como a percepção e o pensamento, são funções de *das Ich* e não se confundem com ele: dizem respeito ao *self* e não ao ego, uma vez que não fazem parte do que ele entende ser a Psicologia do Ego proposta por Freud a partir da elaboração da teoria estrutural, ou seja, o ego como sistema psíquico.

Clinicamente, o que Hartmann propõe é uma mudança na concepção de saúde e consequentemente da proposta terapêutica: não interessavam tanto as relações de conflito do ego, mas antes seu fortalecimento fora da área de conflito, fazendo uso de suas funções em prol de uma adaptação saudável à realidade. Segundo Hartmann (1939): "Quanto mais entendemos o ego e suas manobras e realizações em lidar com o mundo externo, mais tendemos a fazer destas funções, adaptações etc. uma pedra de toque do conceito de saúde" (p. 4).

Em termos históricos, a divisão do conceito de *das Ich* efetuada por Hartmann parece ter se constituído, por um lado, como terreno fértil para o desenvolvimento das teorias que priorizaram a atenção ao *self* e penso que ela se inscreveu na cultura psicanalítica de tal modo que muitas vezes a encontramos implícita no pensamento mesmo daqueles que não tinham a Psicologia do Ego de Hartmann como referência, fosse em concordância ou em oposição, para o desenvolvimento de suas teorias. Por outro lado, a abordagem clínica por ele proposta gerou reações e polêmicas tanto em sua própria casa como também em território europeu.

Assim, a "era das escolas" (Figueiredo, 2009a) prolifera atravessada por disputas e preconceitos que sustentaram a divisão do conceito de *das Ich*. "As disputas, e mesmo um certo fechamento potencialmente dogmático, propiciaram elaborações extraordinariamente fecundas dentro de cada uma de todas as correntes" (Figueiredo, 2009a, p. 16).

Nos Estados Unidos, por exemplo, e do interior da Psicologia do Ego (Carvalho, 1991), partindo da consideração da divisão da instância psíquica *das Ich* em ego e *self*, Heinz Kohut vai desenvolver a Psicologia do *Self* tendo como centro justamente a então relegada noção de narcisismo e, consequentemente, de *self* (uma vez que ele considera, a partir de Hartmann, que a questão do narcisismo diz respeito ao *self* e não ao ego). Kohut propõe mudanças na concepção do desenvolvimento, mudanças metapsicológicas e metodológicas (Socor, 1997), desenvolvendo importantes recursos clínicos e fazendo da Psicologia do *Self* um dos opositores à Psicologia do Ego. Sua tese permite diferenciar a identificação ao objeto da identificação às funções, concepção que se revela de extrema importância para o tema que neste trabalho abordamos.

Lacan, o estádio do espelho e a re(s)cisão do Eu

Na Europa, Lacan centraliza a reação intensa à Psicologia do Ego, provocando a impressão de um ambiente de batalha (Roudinesco, 1986). Para ele, a centralidade que o ego vinha adquirindo no campo psicanalítico, notadamente a partir das contribuições de Anna Freud, punha em risco o futuro da psicanálise.

Lacan considerava um erro a concepção de uma clínica psicanalítica que compreendesse que "tudo deve passar pelo [ego][3]" e que fazia do ego um aliado do analista, apoiada na ideia de que em toda e qualquer relação, inclusive na relação analítica, nos endereçamos ao eu, e é com ele que nos comunicamos (Lacan, 1953-1954, p. 25). É possível dizer que, para Lacan, a distância que experimentamos entre o que

---

[3] Neste texto, em uma tentativa de estabelecer alguma coerência, empregarei o termo "Eu" quando entender que se refere ao *das Ich* freudiano, sem considerar a cisão entre *self* e ego proposta por Hartmann, "sujeito" quando a referência disser respeito ao sujeito do inconsciente tal como postulado por Lacan. Respeitarei, no entanto, a terminologia "ego" na estrita referência ao pensamento de Hartmann, quando então a colocarei entre colchetes caso divirja do texto traduzido para o português.

o paciente nos diz e o que escutamos coloca em questão justamente a centralidade do eu na clínica psicanalítica: quem fala e a quem escutamos? *"Qual é o sujeito do discurso?"* (Lacan, 1953-1954, p. 49, grifos do autor).

Além disso, para Lacan, não apenas a centralidade clínica do ego representava um erro técnico psicanalítico, como também ele acusava de infiel a interpretação que alguns faziam da segunda tópica freudiana, na "tentativa de elaborar uma Psicologia do Ego" (Lacan, 1953-1954, p. 35).

Lacan acreditava paradoxal o movimento efetuado pela Psicologia do Ego que, ao mesmo tempo que diz reconhecer "uma novidade sem precedente" na teoria do eu elaborada por Freud, dela se utiliza fazendo a "Psicanálise entrar na Psicologia Geral". Mais próximo da filosofia, Lacan situa o Eu em campo diverso do apresentado pela Psicologia do Ego:

- Primeiro, desconsidera a cisão proposta por Hartmann entre ego e *self*. Em suas palavras, a aparente contradição entre a teoria narcísica e a teoria topológica desaparece "quando nos libertamos de uma concepção ingênua do princípio de realidade e observamos o fato [...] [de que a realidade] toma diferentes formas de acordo com as relações que o sujeito mantém com ela" (Lacan, 1951, p. 6).
- Segundo, insere o Eu na dinâmica pulsional ao fazer da identificação seu mecanismo de estruturação por excelência.

- Terceiro, ele entende como motor da estruturação do Eu não a funcionalidade, muito menos a capacidade de adaptação à realidade: antes é seu apoio na precariedade orgânica que caracteriza o estado de *infant* e a insuficiência psíquica funcional que causa o movimento que culmina com sua estruturação.

- E quarto, se a Psicologia do Ego orienta a psicanálise em direção à psicologia, a Lacan o que interessa, em seu retorno a Freud, é o afastamento definitivo da psicanálise de todo psicologismo, todo finalismo e todo antropomorfismo (Ogilvie, 1987).

Todos esses elementos que compõem uma primeira abordagem lacaniana a uma teoria do eu estão articulados sob a noção de estádio do espelho – "primeiro pivô de (sua) intervenção na teoria psicanalítica" (Lacan como citado em Ogilvie, 1987, p. 102) –, apresentada por ele em 1936 no Congresso de Marienbad e tardiamente publicada, em 1949, sob o título "O estádio do espelho como formador da função do eu tal como nos é revelada na experiência psicanalítica" (Lacan, 1949).

No referido artigo, Lacan indica estar retomando uma observação antiga da psicologia sobre o comportamento da criança quando se confronta com sua imagem no espelho, para dela fazer derivar uma nova significação que alterará completamente a importância atribuída ao fenômeno ao transformar radicalmente, segundo entendimento de

Roudinesco (1986), "uma experiência psicológica numa teoria da organização imaginária do sujeito humano" (p. 161).

O que o interessa em seu olhar psicanalítico não é a "apropriação positiva, de uma tomada de consciência, mediante um reflexo adequado" (Ogilvie, 1987, p. 197), muito menos a capacidade de discriminação entre imagem e realidade, ou então a função adaptativa. Sua interpretação do fenômeno o revela como o mais inicial estádio do processo constitutivo do Eu, momento fundamental que "marca uma virada decisiva do desenvolvimento mental da criança" (Lacan, 1951, p. 150). Com a conceituação de estádio do espelho Lacan desdobra o momento designado por Freud de narcisismo primário quando, partindo da fragmentação do corpo, vivido através da parcialidade pulsional, "uma nova ação psíquica" (Freud, 1914a) o integra em uma unidade que é designada "Eu" *pelo sujeito* – esta é a novidade que Lacan introduz então na psicanálise.

Se para Hartmann o ego se constitui em um processo de adaptação à realidade, para Lacan sua origem – é o que lhe revela o estádio de espelho – é identificatória. De acordo com Lacan (1949): "Basta entender o estádio do espelho *como uma identificação*, no sentido pleno que a análise atribui a esse termo, ou seja, a transformação produzida no sujeito quando ele assume uma imagem" (p. 90).

Na abordagem de Lacan (1949), o que importa à psicanálise nessa relação da criança em frente ao espelho é que ela se relaciona e se identifica consigo mesma como se fosse um outro; um outro que se apresenta como uma *Gestalt*, uma forma total e integrada do corpo próprio que contrasta com a experiência de descoordenação e despedaçamento que a criança tem de si mesma; um outro que antecipa numa miragem a maturação de uma potência que ainda não se possui.

A atividade de brincar com a imagem refletida no espelho, forma exterior "mais constituinte do que constituída" (Lacan, 1949, p. 190), se desdobra, de acordo com Lacan (1951), em júbilo e alegria justamente devido "ao triunfo imaginário ao antecipar o grau de coordenação muscular que ainda não alcançou verdadeiramente" (p. 10).

Lacan considera fundamentais dois aspectos da relação da criança com a imagem de seu corpo no espelho: a noção de *Gestalt* e a exterioridade da imagem. O primeiro diz respeito ao descompasso entre o experimentado e a imagem percebida. A imagem do corpo refletida no espelho apresenta uma *Gestalt*, modelo com o qual a criança se identifica atribuindo-se uma forma e uma espacialidade, o que confere ao eu uma "permanência mental", mas também um estatuto exclusivamente imaginário, de pura ilusão.

Daí Lacan designar a instância do Eu como um "escudo narcisista" de estabilidade e integridade; uma estrutura puramente imaginária de defesa e recusa de "tomar conhecimento da realidade" (Lacan, 1951, p. 7) que de fato é a sua – a realidade do sujeito do inconsciente. É nesse sentido que considera essa forma de totalidade que o eu representa como ortopédica, uma "armadura" que seria assumida como identidade, marcando, "com sua estrutura rígida, todo o desenvolvimento mental" (Lacan, 1949, p. 100). Nessa intenção, Lacan (1951) critica, em suas palavras, "a noção de que é psicologicamente vantajoso ter um [eu] forte" (p. 11).

Para Lacan, embora nem toda resistência proceda do Eu, este sempre se manifesta na análise como resistência, e que o movimento da análise deve implicar a desconstrução permanente do Eu para descobrir por trás dele, em um "plano mais profundo", no inconsciente, as marcas de outra estrutura, a estrutura simbólica. Segundo Roudinesco (1986), a teoria de Lacan se opõe diametralmente à versão adaptativa da psicanálise proposta pela Psicologia do Ego, ao preconizar uma adaptação, não ao mundo externo, mas à realidade do desejo inconsciente, adaptação que "não provoca nenhuma tomada de consciência, nenhuma recuperação do inconsciente pela consciência ou do id pelo ego" (Roudinesco, 1986). Uma adaptação que implica um processo de descentramento.

O segundo aspecto diz respeito à característica de exterioridade da imagem com a qual a criança se identifica, uma imagem que Lacan designa como sendo *do* corpo, separada dele, e não uma imagem *no* corpo (com isso quero dizer que o Eu se constituiria também a partir das imagens que decorrem das experiências corporais). Aliás, para Lacan, é justamente essa separação entre o vivido corporal e o reflexo da imagem que confere ao estádio do espelho um lugar no arcabouço teórico psicanalítico.

Continuemos seguindo Ogilvie (1987):

> O espelho, isto é, este momento da primeira relação con-
> sigo mesmo que é irremediavelmente, e para sempre, uma
> relação com um outro, só representa uma fase privilegiada
> na medida em que tem um valor exemplar para toda a
> sequência de um desenvolvimento; não é um estádio a
> ser superado, mas uma configuração insuperável (p. 112).

O que Ogilvie põe em destaque é que no deslocamento efetuado por Lacan sobre a noção psicológica de estádio do espelho para incorporá-la ao campo psicanalítico, ao mesmo tempo que se configura, em uma perspectiva genética, como a "mais precoce formação do [Eu]" (Lacan, 1951, p. 9), esse estádio também representa a estrutura definitiva do ser humano, marcada pela separação. "O primado da estrutura sobre as aventuras" (Ogilvie, 1987, p. 112) – perspectiva estruturalista que iluminará seu retorno a Freud – insere sua teoria do eu em um sistema de referências que divergirá da do próprio Freud. Termina por propor uma divisão do conceito de *das Ich* que não estava presente em Freud e trará consequências para a teoria da técnica psicanalítica: entre o Eu imaginário, alienado à imagem do outro, e um Eu, por assim dizer, simbólico, isto é, "restituído pela linguagem a sua matriz simbólica" (Roudinesco, 1986, p. 162), que Lacan designa como sujeito do inconsciente. De fato, Lacan refere-se à instância do eu para dizer que o que interessa em psicanálise se situa em outro lugar – o sujeito do inconsciente.

A interpretação que Lacan oferece de um fenômeno tão banal como o da criança em frente ao espelho revela perspicácia clínica semelhante à que encontramos em Freud quando observa seu neto brincando com o carretel. Ele põe em relevo o processo de identificação, não aos conteúdos, mas a uma forma, a uma estrutura (e segundo Ogilvie, a virada teórica em direção ao conceito de sujeito que ele não cessa de aprofundar).

Sem nos estendermos mais nos desdobramentos da teoria lacaniana, podemos dizer, talvez de modo um tanto precipitado, que aí reside a pedra fundamental de toda a discórdia que vai polarizar, em solo francês, Lacan aos teóricos da Psicologia do Ego. Segundo Roudinesco (1986, p. 292), em seu retorno a Freud, tal como os teóricos da Psicologia do Ego, Lacan "revisa" a segunda tópica e, neste sentido, ela acrescenta, sua visão não é mais "freudiana" do que a deles. Se eles cindem o conceito freudiano de *das Ich* e a própria instância psíquica, operando com ele em sua parcialidade adaptativa, Lacan o re(s)cinde, invalidando sua pertinência clínica em sua parcialidade imaginária. Ele enxerga na unidade narcísica do eu uma recusa do inconsciente que viria ameaçar seu domínio.

Segundo Roudinesco, Lacan teria preferido confrontar Hartmann a operar com a ambiguidade do conceito freudiano. Assim, na rivalidade que o une a Hartmann, Lacan descentra os conceitos de ego e *self* para focar a psicanálise no sujeito do inconsciente.

Mas a história prega lá suas peças. Lemos em Roudinesco (1986):

> Hoje em dia, sabe-se por uma carta de Loewenstein a Marie Bonaparte, datada de 22 de fevereiro de 1953 [...], que a eleição de Lacan para a categoria de efetivo fora objeto de um violento conflito no seio da SPP. Contrariando a opinião de seu analista e graças à pressão de Pichon, Lacan recebe sua designação como compensação pela de Heinz Hartmann (p. 140).

A proposição de Laplanche: a reintegração do Eu

Alguns autores psicanalíticos elaboraram suas teorias sobre *das Ich* tendo em seus horizontes a intuição freudiana de interdependência entre as duas acepções de *das Ich*. Acredito ser esse o caso de Federn e, consequentemente, o de Anzieu, que o toma como referência. No entanto, tal como Freud, nenhum dos dois fez dessa problemática o foco de suas atenções.

No conciso e denso artigo de Laplanche (1985a) intitulado "Derivação das entidades psicanalíticas", encontram-se interessantes contribuições ao tema, as quais de fato nos oferecem instrumentos que enriquecem sobremaneira o estudo sobre o conceito de *das Ich*.

Em linhas gerais, suponho que esse artigo tenha sido concebido por Laplanche em continuidade com o projeto de elaboração do *Vocabulário da psicanálise*. Na introdução desse livro, Laplanche e Pontalis (1967) esclarecem a intenção de fazer uma análise crítica do "aparelho nocional da psicanálise". Além do esforço de estabelecer definições condensadas para cada conceito, a investigação histórica destes revelou-lhes a riqueza implícita na problemática das origens:

> [...] é impressionante ver os conceitos fundamentais esclarecerem-se, reencontrarem suas arestas vivas, os seus contornos, as suas recíprocas articulações, quando os confrontamos de novo com as experiências que lhes deram origem, com os problemas que demarcaram e infletiram a sua evolução (Laplanche & Pontalis, 1967).

Eles entendem que as oposições, as correspondências, as relações entre noções que encontramos frequentemente na obra de Freud muitas vezes têm suas raízes em suas origens. Por isso, acreditam na importância de uma análise crítica da história que remeta ao momento de origem: origem terminológica, origem do conceito, origem da própria entidade psicanalítica.

Em termos gerais, é essa a orientação que parece seguir Laplanche na elaboração de seu artigo de 1985, considerando não mais cada conceito isoladamente, mas a terminologia psicanalítica em seu conjunto. Nele, parte da consideração de que, embora tenha uma acepção original, ligada de modo preciso ao corpo da doutrina, a terminologia psicanalítica possui sua origem em domínios diversos, de onde seus termos foram tomados de empréstimo e transpostos para o campo psicanalítico.

De sua origem estrangeira ao corpo da psicanálise, por que processos, segundo que princípios, a terminologia psicanalítica se constituiu? Que marcas guarda de suas origens? E mais ainda: nessa transposição de um termo de um campo a outro, trata-se apenas de uma "evolução de léxico", de uma "gênese simplesmente nominal"?

Laplanche fala da gênese das entidades psicanalíticas. De acordo com o *Dicionário Michaelis da Língua Portuguesa*, uma entidade é uma existência independente, separada, ou autônoma; uma realidade; aquilo que constitui a natureza fundamental ou a essência de uma coisa; o que existe ou imaginamos que existe; um ser. Então, ao se referir às entidades psicanalíticas, Laplanche parece ter encontrado algo além de pura produção discursiva: não se trata apenas de estabelecer e nomear conceitos. Qual a relação entre a elaboração de um conceito e a coisa que este designa? Em nosso contexto, podemos dizer: o duplo movimento freudiano de produção de sentido que originou a dupla acepção de *das Ich* possui alguma ressonância na constituição de *das Ich* como entidade psíquica?

Segundo os autores do *Vocabulário*, só se pode efetivamente apreender a riqueza dos conceitos elaborados, reelaborados, transformados e algumas vezes até mesmo abandonados no curso da história da psicanálise se considerar na análise (ao menos no que diz respeito à psicanálise) que a ideia, o termo e o ser são realidades intrinsecamente vinculadas em seu processo genético. Em outras palavras, podemos dizer que o modo como as entidades psíquicas aparecem e se desenvolvem na teoria tem relação íntima com sua realização no ser humano (Laplanche, 1985a, p. 199).

Isto posto, segue-se aqui, em um primeiro momento, a análise que faz Laplanche da noção freudiana de *das Ich* em seu artigo. Compete a ressalva que a noção de *das Ich* é uma das que ele utiliza como exemplo no exercício de sua proposição, e a ela dedica não mais que uns poucos parágrafos. Sua intenção explícita não é tanto o aprofundamento do conceito, mas apenas demonstrar como, na conceituação psicanalítica, a questão da derivação atinge o "estatuto científico das realidades", e que metáfora e metonímia estão sempre presentes e entrecruzadas, embora em graus variados.

O caráter derivativo do conceito de das Ich

Nos exemplos anteriormente extraídos dos *Estudos sobre a histeria* (Breuer & Freud, 1893-1895), Freud toma de empréstimo da psicologia popular o termo *das Ich* e a noção de que este é um representante do todo e que dessa raiz comum ele faz derivar no campo psicanalítico. São duas acepções diferentes para *das Ich*: uma em que é identificado com o indivíduo como um todo, e outra em que é identificado com uma parte do todo, uma instância psíquica. O que Laplanche propõe é que esse duplo movimento de derivação se faz acompanhar de um terceiro de igual medida e tamanho: a constituição de *das Ich* como ser psíquico. Partindo desse princípio e das considerações anteriores, segue Laplanche, a título de exemplificação, com uma rápida análise da noção freudiana de *das Ich*, destacando as linhas metonímicas e metafóricas de derivação para, em seguida, propor que é na articulação das duas que podemos encontrar a riqueza e a complexidade do conceito de *das Ich* elaborado por Freud.

Vale ressaltar que o esforço de delimitá-las justifica-se apenas por questões didáticas. Em nossas leituras, muitas vezes deparamos com o atravessamento dos processos metafóricos e metonímicos. Trata-se de pontos de nodulação que serão, em um primeiro momento, apenas indicados de modo a seguirmos o mais de perto possível o texto de Laplanche.

Linha metonímica

Em termos conceituais, Laplanche identifica o processo de derivação metonímica no movimento freudiano, em que ele parte da noção popular de *das Ich* para designá-lo como uma instância psíquica. Da noção não técnica de *das Ich* como pessoa a *das Ich* como instância psíquica há, segundo a referência que ele faz a Roman Jakobson, uma relação de contiguidade e de diferenciação.

No Capítulo II de *O Eu e o id* de 1923, Freud concebe com maior clareza as linhas da derivação metonímica, ao descrever um aparelho psíquico composto por três instâncias com funções e estruturas diferentes, embora geneticamente interligadas: o id, *das Ich* e o supereu. Como estrutura, fazendo parte de uma estrutura mais complexa, *das Ich* é concebido por Freud como um órgão especializado que deve cumprir funções específicas, tomando a seu cargo a tarefa de representar e defender a totalidade: do aparelho psíquico, do organismo, da vida e do indivíduo como um todo.

Considerando o desenvolvimento que nos propõe Laplanche (1985a), o que deve primeiro ser ressaltado a partir dessa perspectiva é a relação de contiguidade e representatividade entre o derivado e o todo: uma relação de continuidade que o inscreve no que é da ordem do vital, da conservação da vida e do adiamento da morte. Nesse sentido, a função de conservação da vida é localizada por Freud na estrutura do psíquico como função de *das Ich*.

Representar o todo e defendê-lo: em termos pulsionais, a pulsão de autoconservação que, "em certa medida, pode justificavelmente ser atribuída a toda criatura viva" (Freud, 1914a, p. 90) passa a ser designada como pulsão de *das Ich* que, de modo similar, "tem por objetivo a autopreservação do indivíduo" (Freud, 1910, p. 199). Em movimento semelhante, na segunda tópica, Freud insere a pulsão de *das Ich* na pulsão de vida como um contexto pulsional mais complexo. Seria aqui um movimento puramente terminológico?

Em uma perspectiva genética, Freud situa *das Ich* na superfície do aparelho psíquico, "na fronteira entre o interior e o exterior" (Freud, 1920, p. 185) e argumenta, curiosamente, que sua localização é um fator determinante de sua própria gênese e da relação que estabelece com seus vizinhos: o id, o supereu e o mundo exterior. Ele sugere um estado originário de pura pulsionalidade, anterior ao domínio do princípio de prazer, a partir do qual se desenvolve em sua superfície, por influência do sistema perceptivo, *das Ich*. Laplanche reconhece como movimento de derivação metonímica o processo de gênese de *das Ich* em que Freud o concebe como derivado do id, matriz da qual se diferencia em decorrência da relação primordial que mantém com o mundo externo através dos órgãos dos sentidos. Proponho que a famosa frase com que Freud (1933) conclui a *Conferência XXXI* – "Onde era id, há de ser Eu" – deve antes refletir a linhagem metonímica do que o propósito de "assenhorear-se de novas partes do id".

Dessa origem genética decorrem duas características de *das Ich* importantes para este trabalho: a característica estrutural e a funcional. Quanto às características estruturais, já foi referido no capítulo anterior: *das Ich* é uma entidade psíquica de superfície, que delimita o continente do psíquico, logo, se constitui como um ser de fronteira. Isto é: marca a fronteira entre o mundo interno e o externo, mas também possui fronteiras, com o id, o supereu e o mundo externo. Como fronteira, *das Ich* é um lugar de passagem e de comunicação entre territórios diferentes, daí possuir dupla face.

Pela via metonímica, *das Ich* é função de vida do mesmo modo que a manutenção da vida é função de *das Ich* como representante do todo e com a função de defendê-lo, isto é, *das Ich* é concebido como estrutura funcional do psiquismo em defesa da vida. No texto de 1923, em que busca definir as linhas mestras do conceito de *das Ich*, Freud se refere às funções de adaptação, de mediação, de síntese e de proteção sem extrair maiores consequências de suas intuições, tendo predominantemente como referência as relações que ele estabelece com seus três senhores – o id, o supereu e o mundo externo.

Sem grandes reflexões, vemos que duas dessas funções, a adaptação e a mediação, estão a serviço da relação do Eu com o que lhe é estrangeiro. Nesse sentido, elas nos parecem mais estreitamente vinculadas à estrutura de fronteira de *das Ich*, embora nenhuma consideração Freud teça a esse respeito.

As outras duas funções, a de síntese e de proteção, possuem natureza mais narcísica, isto é, estão a serviço da preservação narcísica de *das Ich*. Nesse sentido, Anzieu (1985a) faz importante contribuição ao pensar reflexivamente a funcionalidade de *das Ich*, isto é, a relação a seu processo de constituição e sustentação narcísica; entre as funções que ele confere ao Eu-pele várias possuem essa característica.

Como Clínica do Continente, valorizamos esta característica de *das Ich*: em defesa da ordem vital, é preciso que ele se mantenha vivo, se sustente narcisicamente; nesse sentido, entende-se que *das Ich*, em seu processo de constituição, se deforma, cria próteses, em defesa de sua própria vida. Essa questão será abordada no Capítulo III.

Linha metafórica

Freud (1923) introduz o terceiro capítulo do livro *O Eu e o id* com o seguinte comentário: "Se *das Ich* fosse apenas a parte do id modificada por influência do sistema perceptivo, o representante do mundo externo real na psique, estaríamos diante de algo simples" (p. 34).

Para ele, restringir *das Ich* à linha metonímica seria uma redução de sua complexidade. Os processos de identificação, anuncia logo a seguir, também determinariam em grande medida "a forma tomada por *das Ich*" (Freud, 1923). A complicação a que se refere parece derivar da constatação de uma transposição de aspectos de objetos externos para o corpo de *das Ich*, tal como é evidenciado nos quadros de melancolia e na constituição do supereu. Esse processo caracterizaria, segundo Laplanche, a linha metafórica de derivação na produção do conceito e na própria gênese de *das Ich*.

Lembramos que o processo metafórico é, em última instância, um processo de transferência, de transposição de um modelo, de uma estrutura, de um lugar para outro. Em termos psíquicos representa, essencialmente, "*a constituição no sujeito de verdadeiros objetos internos*, ou até, indo mais longe, *constituição do sujeito a partir do modelo desses objetos*" (Laplanche, 1985a, p. 140, grifos do autor). Essas duas fórmulas devem ser pensadas separadamente.

No Capítulo VII de *Psicologia de grupo e análise do ego*, datado de 1921, pensando a configuração do complexo de Édipo, Freud o descreve como decorrente de um "avanço irresistível no sentido de uma unificação da vida mental" de "dois laços psicologicamente distintos" (Freud, 1921): uma catexia objetal e uma identificação. No que diz respeito à catexia objetal, sabe-se que se trata de um movimento da libido objetal em busca da satisfação pulsional.

Contudo, o que seria, metapsicologicamente, o processo de identificação, tão essencial à "forma tomada por *das Ich*"?

Freud (1921) adianta a dificuldade de responder a essa pergunta e informa apenas que na identificação "esforça-se por moldar o próprio *das Ich* de uma pessoa segundo o aspecto daquele que foi tomado como modelo" (p. 134). Isto é, você passa a ser o que o outro é ou o que o outro tem, perpetuando em si o vínculo afetivo que mantinha com o objeto.

Esse processo de identificação – quer se apresente como relação de objeto primária, independente de investimento objetal prévio, quer se apresente em sua forma secundária, como substituição a um investimento objetal perdido – tem como modelo a própria ingestão de alimentos e remete à fase oral da organização da libido: o trazer para dentro de mim algo de que eu necessito e/ou que eu amo, mesmo que para tanto seja preciso aniquilá-lo. Haveria aqui uma transposição do modelo corporal de ingestão para o psíquico de identificação, o que permite a Freud falar do canibalismo como exemplo desse tipo de identificação.

Nesse sentido, entende-se quando Laplanche (1980) se refere à identificação como a "constituição no sujeito de verdadeiros objetos internos". Isto é, a constituição no seio de *das Ich* de suas instâncias ideais e do supereu, e que o destacamento do supereu como parte independente de *das Ich* faz parte do processo de constituição deste por identificação às imagos parentais.

Sabe-se, no entanto, que não se pode resumir os processos identificatórios a sedimentações de marcas de outras pessoas, a introjeções de imagens exteriores. O processo de constituição do supereu também ensina sobre a internalização de relações estruturais para além da introjeção das imagos parentais. Proponho ser nesse sentido que Laplanche também destaca em seu texto a identificação ao outro em sua abstração, a "constituição a partir do modelo do objeto"(1980). Nesta fórmula o movimento metafórico nos parece mais evidente, e talvez tenha sido o que encontrou mais desdobramentos na psicanálise: a constituição de *das Ich* se daria por analogia, a partir de modelos de experiências ou relações estruturais. Reconhecemos aqui alguns aspectos do conceito de estágio do espelho a que me referi anteriormente: a identificação a um outro corpo apreendido em sua totalidade – puro invólucro – separando um dentro e um fora.

Por essa perspectiva identificatória, reencontramos a noção de *das Ich* como estrutura psíquica, o que é relegado ao segundo plano na fórmula anterior, a da "constituição no sujeito de verdadeiros objetos internos" (Laplanche, 1980), quando o que é priorizado é a constituição de objetos internos como conteúdos psíquicos.

Se anteriormente foi dada voz ao processo de identificação como ser o que o outro é ou o que o outro tem, nesse processo de constituição por analogia a um modelo sugere-se outra legenda: o que ele faz agora eu sou. Minha proposta é a possibilidade de pensar um deslizamento metafórico entre a função e o ser, ou então que a função é determinante da qualidade de existência. Estaríamos supondo um fazer na anterioridade do ser. Um fazer que, no desamparo inicial do infante, inclui o ambiente cuidador, mas também o corpo. Dito de outro modo, penso que a qualidade com que *das Ich* pode cumprir suas funções narcísicas é inerente ao ser, e participa do sentimento de existência

Ao tomar um pouco de distância de Laplanche, mas mantendo sua linha de raciocínio, é importante acrescentar que reconheço na teoria do Eu-pele de Anzieu (1985a) outra linha metafórica de constituição de *das Ich* como estrutura psíquica. Conforme foi visto, em sua elaboração da noção de Eu-pele, o movimento metafórico se dá do corpo para o psíquico, e não apenas do objeto para *das Ich*.

O caráter paradoxal de das Ich

Todo o trabalho de análise que se faz aqui a partir do texto de Laplanche muito ajuda no estudo de *das Ich* e prepara o terreno para o que mais nos interessa nele: *das Ich* possui um caráter duplamente derivativo e, tal como na linguagem o apagamento de um de seus eixos constitutivos leva a um quadro de afasia; também no campo psicanalítico, se uma das vias constitutivas de seus conceitos e suas entidades não for considerada, haverá mutilação do pensamento psicanalítico. Isto é, ter que optar por uma das linhas derivativas de *das Ich* por uma de suas acepções seria mutilá-lo. Considerar verdadeiramente psicanalítico apenas o seu aspecto funcional, reduzindo-o a uma simples função – por exemplo, função de realidade ou função de adaptação –, ou então aprisioná-lo em um nível puramente imaginário, subestimando "a eficácia de peso de realidade que essa imagem adquiriu" (Laplanche, 1985a, p. 140), seria reduzi-lo a uma parcialidade.

Em seus seminários Laplanche (1985a, 1985b) desenvolve essa dupla derivação partindo das formulações no texto "Além do princípio do prazer" (Freud, 1920), em que Freud parte da referência ao processo genético de um organismo vivo protoplasmático para incluir em um único contexto dos "organismos vivos", em seus diversos níveis de organização, da vesícula protoplasmática ao aparelho psíquico e deste a *das Ich*, uma mesma constituição do ser a partir de uma massa indiferenciada, em decorrência de sua imersão em um meio "carregado de fortes energias com as mais poderosas energias" (Freud, 1920, p. 188), o que a leva à diferenciação de uma superfície protetora formada de várias camadas que, constituindo-se, funciona como envoltório continente, diferenciando um dentro e um fora.

No contexto dos organismos vivos, corpo biológico, corpo psíquico e *das Ich* como um corpo intrapsíquico se revezam sob a pena de Freud na elaboração de algo que estaria, pode-se dizer, para além da palavra: "Corpo, sistema psíquico e *das Ich* estão numa relação complexa que não poderia ser destrinçada por um 'ou isso, ou aquilo'", diz Laplanche (1985a, p. 210). O que ele indica é que, por um lado, podemos reconhecer uma derivação metafórica entre os diferentes níveis de organismo, em que há transposição da relação entre este e as forças que o afetam, de uma mesma estrutura e de um mesmo modo de funcionamento, ou seja, níveis diferentes de semelhantes. No que diz respeito a *das Ich*, essa mesma relação é descrita entre ele e as forças pulsionais. Porém, por outro lado, há também um deslizamento lateral, por contiguidade, metonímico, em que o corpo e o psíquico estão inseridos em uma mesma estrutura genética – é o que Freud parece "especular" ao recorrer à origem embriológica ectodérmica do sistema nervoso central para situar aí, na superfície tanto do sistema nervoso como do aparelho psíquico, a sede do sistema Pcpt-Cs. É nesse sentido que quero supor que a pele, órgão biológico de superfície, pode se apresentar, segundo terminologia proposta por Laplanche, como "zona de tangência" em que o psíquico não só se apoia no biológico para dele se diferenciar, mas em vez disso também o metaforiza.

Metáfora e metonímia estão aqui entrelaçadas – é nesse nó que o conceito de *das Ich* está inscrito, pois *das Ich* é concebido por Freud não apenas como metáfora do aparelho psíquico ou do corpo, mas também como uma parte dele. Laplanche destaca isso no texto, em que Freud, sem nenhuma preocupação de contradição, faz coexistir duas gêneses e duas essências de *das Ich*: "O eu é sobretudo corporal, não apenas uma entidade superficial, mas ele mesmo a projeção de uma superfície" (Freud, 1923, p. 32).

Essa frase é comentada, com a aprovação de Freud (1923), da seguinte maneira: "Ou seja, o eu deriva, em última instância, das sensações corporais, principalmente daquelas oriundas da superfície do corpo. Pode ser visto, assim, como projeção mental de uma superfície, além de representar, como vimos acima, as superfícies do aparelho psíquico" (p. 32).

Como superfície diferenciada do corpo, Laplanche reconhece o processo de derivação metonímica; por projeção da superfície do corpo, o processo de derivação é metafórico. Metonímia e metáfora, contiguidade e identificação, sendo movimentos concomitantemente constitutivos de *das Ich*, asseguram, por um lado, o "compromisso" da metáfora com a realidade e, por outro, o colorido pulsional da funcionalidade.

Ao se lembrar das discordâncias entre Hartmann e Lacan, concebendo o primeiro como o que teria considerado apenas o processo de constituição metonímica de *das Ich* e, consequentemente, sua essência de representante do todo que (com eficácia que não podemos subestimar) deve defender, como que por procuração, e o segundo como quem reconhece unicamente como psicanalítico o processo de constituição metafórica de *das Ich*, pondo em relevo sua essência imaginária, talvez tivéssemos que concluir com Pontalis (1977) que não há comunicação possível entre as duas acepções de *das Ich*. Seria então um paradoxo a concepção de uma entidade psicanalítica que fosse concomitantemente uma estrutura funcional e como tal possuísse "compromisso" com a realidade, e um ser psíquico imaginário, pura ficção; como pode *das Ich* ser uma ficção e, ao mesmo tempo, ter peso de realidade?

Figueiredo (2009a), em seu livro *As diversas faces do cuidar*, aborda com mestria o tema da "dispersão dos discursos e das práticas psicanalíticas" (p. 14), desde sua fragmentação na "era das escolas" até o esforço feito por alguns para estabelecer "um terreno comum" que oferecesse "uma base comum que contemplasse de forma equânime todas as correntes" (p. 17) para propor como alternativa o "atravessamento dos paradigmas". Segundo Figueiredo (2009a):

> Ao falarmos de *atravessamento de paradigmas*, estamos
> assinalando que algumas velhas separações e oposições,

vigentes no plano das teorias, são vigorosamente desfeitas e transpostas nas novas perspectivas. Por exemplo, criam-se pensamentos e estilos clínicos que fazem justiça às *pulsões*, e às *relações de objeto*; que levam em conta, de um lado, *desamparo e dependência original*, e, de outro, *desejo*; que pensam em termos de *conflito, e* de déficit; que investigam as dimensões da *fantasia, e* do *trauma*, vale dizer, dão atenção ao *intrapsíquico* e ao *intersubjetivo*. A partícula *e* no lugar do *ou* aponta para o caráter complexo e paradoxal assumido pelas teorizações e estilos que então se forjam, desconstruindo as velhas oposições paradigmáticas (p. 18).

Concluindo logo a seguir:

Trata-se de acolher o desproporcional, o atemporal, o irredutível, o trágico e o *paradoxal* como aspectos decisivos dos nossos 'objetos', para assim pensá-los e elaborá-los. Deste modo, o caráter paradoxal dos objetos se transfere para nossas teorias e para nossas práticas (p. 18).

Tomemos essa lógica de empréstimo de Figueiredo como ampliação da proposta de Laplanche: concebemos *das Ich* como ser psíquico paradoxal em sua essência. Parafraseando Figueiredo, não só metáfora, como também, em vez disso, metonímia; não só imaginário, como também, em vez disso, um ser de ação; não só sujeito, como também, em vez disso, objeto. Se por um lado *das Ich* se desenvolve numa tendência à independência, por outro ele é originário e duplamente dependente: do funcionamento do organismo vivo, do corpo que lhe serve de suporte e das estimulações, representações, crenças e investimentos que emanam do ambiente familiar e cultural (isto é, do corpo social). Uma relação de sustentação que é, paradoxalmente, mútua, visto que se *das Ich* tem sua matriz no corpo biológico e social, estes, por sua vez, também encontram seu apoio no psíquico (Anzieu,1985a).

Falar de ego, *self* e sujeito seriam aspectos de uma mesma entidade psíquica. Talvez devêssemos falar de Eu-*self*, Eu-ego e Eu-sujeito. Dessa forma, gostaria de pensar as propostas dos autores quando, confrontados com questões nascidas no divã, foram levados a abordar determinados aspectos de *das Ich* em detrimento de outros. Suponho que a radicalidade que congelou sua fragmentação transcende a clínica, talvez encontrando sua sustentação nos narcisismos das pequenas diferenças, ou na política beligerante que animou a cena psicanalítica no século passado (Roudinesco, 1986).

Na epígrafe, Freud foi citado: em psicanálise, como explicar algum aspecto do presente sem se referir ao passado? Retornando ao passado do conceito de *das Ich*, o encontramos com um duplo processo de constituição – metáforo-metonímico – e talvez, por isso mesmo, complexo e paradoxal em sua essência. É nesse sentido que adoto o termo "Eu" como tradução do termo freudiano *das Ich*.

A Psicologia do Eu de Federn[4]

A aproximação das elaborações de Federn se deu por causa da referência de diferentes autores. Um deles foi Laplanche, que sugere que toda psicologia do Eu que pretenda se inscrever no campo psicanalítico deveria considerar ponto de partida as elaborações de Federn. Uma vez que a proposta de Clínica do Continente nos insere nesse campo, foi essencial conhecer o pensamento de Federn. No contexto deste capítulo, em que pelos passos da história encontramos cisões e re-cisões do conceito de Eu, suas elaborações se destacam por sua abordagem original que nos permite ultrapassar a fragmentação das diferentes acepções e visualizar uma integração. Essa integração é não apenas teórica. Na própria concepção do Eu como ser psíquico: a relação, inevitável e intrínseca, entre o sentimento de Eu e a estrutura do Eu, é potencializada pela própria origem derivativa do conceito. Nesse sentido, é proposto um "retorno" a Freud por meio de Federn.

O outro autor é Anzieu, como já visto, referido como um dos precursores, ao lado de Freud, da noção de Eu-pele. Federn talvez tenha sido o primeiro a fazer das regiões de fronteiras do Eu, de seus limites, um tema de investigação clínica. Ele ainda valoriza de forma clínica a função sintética

---

[4] Meu estudo do pensamento de Federn teve como interlocução as elaborações de Maria Teresa de Carvalho, tanto por meio de seu livro *Paul Federn. Une autre voie pour la théorie du moi*, como pessoalmente, por trocas por e-mail. A ela agradeço tal generosidade.

do Eu, uma síntese que deve incluir não apenas os eventos sincrônicos como também os diacrônicos (Carvalho, 1996), isto é, os que se inscrevem na história particular de cada Eu.

Suas elaborações interessaram particularmente ao reposicionar a questão do narcisismo na clínica psicanalítica, despatologizando o investimento libidinal do Eu.

A concepção de Eu como entidade psicanalítica integrada, formulações que dizem respeito à continência psíquica, e os temas clínicos que ele põe em destaque nortearão o desenvolvimento deste texto.

Paul Federn foi um dos primeiros discípulos de Freud, por quem nutria grande admiração. A seriedade com que o jovem médico vienense se envolveu com a psicanálise levou-o a ter participação ativa nas reuniões da Sociedade de Viena. Foi dos poucos pioneiros da psicanálise a participar desde as reuniões da Sociedade Psicanalítica de Quarta-Feira até a dissolução da Sociedade de Viena. Substituiu Freud na presidência; a ele Freud, quando de sua partida para o exílio, confiou a guarda das minutas das reuniões da Sociedade. Embora não fizesse parte do círculo mais íntimo de amigos de Freud, era frequente que discutisse com ele seus casos clínicos (Carvalho, 1996). É possível imaginar intensa troca de ideias em seus encontros clínicos, pois encontra-se em suas elaborações uma concepção de Eu que, em alguns aspectos, muito se assemelha ao que Freud propôs no *Projeto*.

As elaborações de Federn tiveram como foco dois temas entrelaçados, mas marcados principalmente por uma separação geográfica: em Viena, na companhia de Freud, ele desenvolveu uma psicologia do Eu por vias bastante diferentes da que, a partir de 1938, veio sendo gestada por Hartmann; no exílio nos Estados Unidos, cercado de novos interlocutores, ele conferiu nova vertente às suas elaborações, interessando-se vivamente pela clínica psicanalítica das psicoses (Carvalho, 1996).

O sentimento de ser Um

Em termos clínicos, Federn não deixa dúvidas quanto à sua proposta: apresenta, de imediato, a perspectiva por meio da qual o tema do continente psíquico pode ser abordado:

> O psiquismo foi dividido analiticamente apenas para permitir melhor compreensão intelectual. Os fenômenos em si mesmos não podem ser divididos em seções e etiquetados em função das divisões. Por isto, por exemplo, quem compreendeu mal a análise tem necessidade da síntese complementar. O mal-entendido consistiu em considerar erradamente o termo "psicanálise" como uma dissecção do psiquismo do analisante em partes constituintes, enquanto na verdade o termo representa esse trabalho intelectual no qual estão implicados ao mesmo tempo analisante e analista (Federn, 1952, p. 337)[5].

---

[5] Todas as citações dos textos de Federn (1952) e de Carvalho (1996) são traduções da autora.

Segundo Federn, a clínica não pode perder de vista a capacidade de síntese do Eu, o que, em seus termos, possui uma especificidade: o Eu é sempre, e desde sempre, uma unidade sintética, e a questão clínica se coloca no que é incluído e no que fica de fora dessa síntese. Ele reconsidera a teoria do narcisismo, valorizando-a como expressão do estado de integração do Eu, do sentimento de ser Um, como sentimento de Eu.

Por exemplo, no artigo "O mal-estar na civilização", Freud (1930), não sem hesitação e dificuldades, em busca de "uma explicação psicanalítica – isto é, genética" para o que ficou conhecido como "sentimento oceânico", o "sentimento de um vínculo indissolúvel, de ser uno com o mundo externo como um todo" (p. 20), comenta:

> A patologia nos apresenta um grande número de estados em que a delimitação do Eu ante o mundo externo se torna problemática, ou os limites são traçados incorretamente; casos em que partes do próprio corpo e componentes da própria vida psíquica, percepções, pensamentos, afetos, nos surgem como alheios e não pertencentes ao Eu; outros, em que se atribui ao mundo externo o que evidentemente surgiu no Eu e deveria ser reconhecido por ele. Logo, também o sentimento do Eu está sujeito a transtornos, e as fronteiras do Eu não são permanentes (p. 17).

Vemos que as considerações de Freud a respeito dos limites do Eu em relação ao mundo externo o levam a considerar uma perspectiva fenomenológica correlacionando-a a uma topologia do Eu; abordagem interessante que ele, no entanto, não explora. Sabemos que sua abordagem estrutural do Eu deixa de fora a ideia de sentimento e de mobilidade das fronteiras do Eu.

Esse é justamente o ponto de partida de Federn: quando Freud diz que há casos em que partes do próprio corpo de uma pessoa, inclusive partes de sua própria vida mental, lhe parecem estranhas e como não pertencentes ao seu Eu, Federn diria que a capacidade de síntese do Eu está comprometida. Entende que o que sentimos como fazendo parte de nosso Eu e o que sentimos como Não Eu é questão da realidade psíquica das fronteiras do Eu.

Diferente dos "conceitos habituais" (Federn, 1952, p. 194), em sua visão, o Eu é mais do que as soma de suas funções, de suas atividades, do fenômeno da consciência, tudo isso pertence ao Eu; mas o Eu "é mais vasto". Ele inclui as experiências psíquicas subjetivas dessas funções: "não é uma abstração, mas uma realidade" (Federn, 1952, p. 67); não é uma ilusão, mas uma sensação; não é uma simples teoria, mas uma experiência real (Weiss como citado em Federn 1952, p. 12).

Para ele, o sentimento de Eu, o sentimento de existir como um Eu, é o sentimento da unidade na continuidade do tempo, do espaço e da causalidade; é uma experiência mental primária, constante e variável, que persiste ou é restabelecida apesar das interrupções, por exemplo, em situações de adormecimento ou desmaio. Em termos fenomenológicos, ele entende que, do ponto de vista do indivíduo, se há um sentimento de Eu é porque há um Eu, uma vez que o sentimento de Eu é o que "demonstra" a existência do Eu. Pode-se dizer: "Sinto, logo existo".

Federn diferencia consciência de senso afetivo de Eu e faz desse sentimento a via de acesso ao Eu. Em sua teoria o sentimento de Eu é a experiência subjetiva de seu investimento libidinal e de sua estrutura, é a medida do próprio Eu. Desse modo, se o sentimento de Eu se altera, é porque o próprio Eu foi alterado, o que, a seu ver, justifica fazer das variações do sentimento de Eu a via de estudo do próprio Eu. "Cada vez que há uma mudança de investimento do sentimento de eu, temos o sentimento das 'fronteiras' de nosso eu" (Federn, 1952, p. 70).

No momento o que quero destacar é a propriedade clínica que Federn confere ao sentimento de Eu: o sentimento de estranheza é expressão de brusca alteração no investimento em determinada região da fronteira do Eu, fazendo que o objeto em questão seja apenas apreendido, e não mais sentido como fazendo parte do Eu (Anzieu, 1985a, p. 125).

Ao fazer das variações desse sentimento fenômenos privilegiados na construção de sua psicologia do Eu, Federn é alvo de críticas do meio psicanalítico, inclusive de Freud. Kohut, por exemplo, que via convergências entre suas proposições e as de Federn, procura dele se diferenciar entendendo que estas estavam próximas demais da fenomenologia, difíceis de integrar ao corpo teórico da psicanálise (Kohut como citado em Carvalho, 1996).

Segundo Maria Teresa de Carvalho (1996), Federn era questionado quanto à pertinência de se usar, em psicanálise, manifestações que seriam exclusivamente da ordem dos sentimentos, isto é, sem nenhuma conexão com as ideias. Para Freud, seguindo a apresentação que Carvalho faz das discussões entre os dois autores, o sentimento possui uma natureza evasiva, o que nos obriga a reportá-lo às representações. Federn, por sua vez, não concordava com a atribuição de conteúdo representativo definido ao sentimento de Eu. Para ele "a essência do Eu é da ordem do sentimento, é da ordem do afetivo puro" (Carvalho, 1996, p. 113), e o sentimento de Eu é "a experiência residual que permanece após a subtração de todos os conteúdos ideais" (Federn, 1952, p. 68).

Suponho que, ao insistir nessa abordagem, Federn pretendia introduzir um algo a mais na psicanálise, afastando o Eu de uma abordagem puramente "intelectual" como pura abstração conceitual entre sujeito e objeto. Nesse sentido, Anzieu é bastante enfático em sua referência a Federn: "O Eu, do qual Freud fez uma entidade, existe: o ser humano tem dele uma sensação subjetiva, sensação e não ilusão, pois corresponde a uma realidade que é, ela mesma, subjetiva" (Anzieu, 1985a, p. 121).

Aqui, propõe adotar esta perspectiva: o Eu como ser psíquico, uma entidade subjetiva que é sentida, que cumpre funções e garante a manutenção da vida. Além disso, em termos clínicos, penso que a ideia de que o sentimento de Eu possa expressar sua realidade estrutural amplia as possibilidades de escuta clínica, embora os recursos que Federn oferece não sejam suficientes nesse aspecto. Nesse sentido, Anzieu agrega recursos: ele reconhece no pensamento de Federn, mais enfaticamente do que este, a perspectiva topológica. Ele vai reconhecer nas manifestações dos estados narcísicos de seus pacientes – que para Federn se expressam como sentimento de Eu – uma forma de representação pictogramática: as noções de significante formal e de Eu-pele respondem por níveis diferentes do desenvolvimento do Eu concebidos por Federn.

Federn (1952) declara o seguinte, causando no leitor certa estranheza a respeito de nossas próprias convicções quanto ao que sabemos da onipresença como ilusão: "No seio de uma multidão de atividades cotidianas, 'Sua Majestade o Eu' esconde seu poder onipresente e único" (p. 254). Em nota de rodapé, faz o esclarecimento de que a onipresença, sendo um atributo divino, foi atribuída a Ele pelo homem à sua imagem e semelhança. E conclui: "Como em seu próprio corpo sentia seu eu, ele [o homem] presumiu a existência no cosmo de um eu cósmico [...]" (Federn, 1952, p. 254).

Poder encontrar, por trás das atividades funcionais, o próprio Eu é o caminho que nos ensina Federn: Quem é este

Eu que opera? Um Eu-psíquico, um Eu-corporal, um Eu-infantil? Qual seu tamanho? Qual sua força? Questões que imagino presentes no pensamento clínico de Federn e que certamente ecoaram no percurso clínico de Anzieu. Federn analisa os fenômenos clínicos pela perspectiva do Eu, abordagem que podemos também atribuir a Anzieu. No entanto, se em Anzieu supomos uma orientação predominante tendo o "como" como indagação – como o Eu exerce sua função? –, em Federn, as variações do sentimento de Eu o fazem perguntar quem é o Eu por trás das funções. Uma indagação de identidade, mas uma identidade que talvez devamos descrever como estrutural-analítica-sintética, uma vez que busca observar o Eu em seus componentes, em seus movimentos, em suas variações, mas também, e sobretudo, em sua síntese: "Para estudar a psicopatologia do Eu, consequentemente, devemos começar por extrair de nosso conhecimento clínico e teórico todos os fatos das teorias que se relacionam à unidade do Eu em si mesmo e não a suas funções" (Federn, 1952, p. 194).

A análise de situações como o processo do adormecimento e do despertar, desmaios, experiência de anestesia, momentos críticos de sentimento de estranheza, ou despersonalização, situações vividas por ele ou auto-observações relatadas por seus pacientes ofereceram a Federn rico material em que a variação do sentimento de Eu é experimentada em seu estado de passagem.

De suas observações, ele precisava responder como o Eu pode ser, ao mesmo tempo, uma experiência de continuidade, sendo variável. Da análise de suas observações, o que ele apreende, por um lado, é a estrutura do Eu, e por outro, a existência de dois componentes do sentimento de Eu: o sentimento corporal de Eu e o sentimento psíquico de Eu.

Como uma primeira abordagem, a estrutura do Eu será por ele definida de modo semelhante ao concebido por Freud (1895) no *Projeto*:

> [...] cabe definir o eu como a totalidade das respectivas ocupações Ψ, na qual se separa uma parte permanente de uma variável. Como se compreende facilmente, as facilitações entre os neurônios Ψ, como possibilidades de indicar sua expansão em momentos sucessivos ao eu alterado, também pertencem ao patrimônio do eu (p. 37).

Tal como descrito por Freud nessa passagem do *Projeto*, para Federn o Eu possui uma estrutura de um núcleo idealmente estável e coeso e uma periferia flutuante; há continuidade em seu núcleo e flexibilidade em suas fronteiras. Além disso, como figura que se destaca em um contexto constituído, nesse ato, como fundo diferenciado, o Não Eu, para Federn – ao constituir um campo de influência, isto é, um campo de possibilidades do que pode vir a integrar a síntese do Eu –, também é patrimônio do Eu (Carvalho, 1996). Ou seja, os conteúdos psíquicos Pcs-Cs, não investidos no sentimento de Eu, fazem parte do Eu como potencialidade. Nos termos de Federn (como citado em Carvalho, 1996): "O eu se estende às fronteiras variáveis, se modifica com cada pensamento, cada moção de afeto, cada percepção; separado dele encontra-se outros múltiplos investimentos que correspondem a tudo o que é 'Não Eu' e particularmente ao mundo exterior" (p. 125).

No entanto, já foi visto que Freud, no *Projeto*, valoriza a configuração em rede do sistema psíquico: ele se interessa mais pelos conteúdos. Federn, por sua vez, está referido à configuração de bolsa conferida ao psíquico no texto do narcisismo. Nesse sentido, ele vai se interessar pelo movimento das fronteiras, o sentimento de flutuação das fronteiras do Eu sendo o que traduz as variações do sentimento de Eu. Ele vai se referir à metáfora da ameba empregada por Freud no texto de 1914, mas para dela destacar o movimento das fronteiras. As fronteiras flutuantes são continentes flexíveis que, a cada instante, delimitam a plástica do Eu. O continente flutua, o conteúdo varia. A concepção de Eu que nasce da teoria de Federn é plástica: continente e conteúdo mantêm entre si uma relação intrínseca, e nesse sentido a imagem da ameba é bem representativa. "A noção de fronteira do Eu é importante para expressar o fato de que realmente sentimos que o eu se estende tão longe quanto pode ir o sentimento de unidade dos conteúdos" (Federn, 1952, p. 234).

Federn valoriza a noção de fronteira como limite do Eu, como o que permite pensar o Eu em sua extensão e em sua espessura. No que diz respeito ao tema do continente, a noção de fronteira passa a ser, a partir de Federn, importante referência para se pensar a síntese do Eu e os processos de diferenciação entre Eu e Não Eu, uma vez que é o sentimento das fronteiras o fator que vai dar sentido a essa discriminação.

No que concerne ao sentimento corporal de Eu e ao sentimento psíquico de Eu, Federn não os concebia como entidades distintas no seio do Eu (Carvalho, 1996). Sua ideia era a de que o Eu, como unidade psicossomática, se constitui de um sentimento corporal e de um sentimento mental. Essa unidade, no entanto, podia ser interrompida, o que fez com que a diferenciação entre os dois se impusesse.

O sentimento psíquico de Eu, propõe Federn (apud Carvalho, 1996), "corresponde aos pensamentos ou mais precisamente às impressões que provêm da atividade de pensar" (p. 101). Representa o limite do Eu em relação ao território estrangeiro interior (Carvalho, 1996).

O sentimento corporal de Eu é o "a mais" que resulta do investimento unificante das experiências de corpo; pode ser "mais que o simples corpo nu da pessoa" (Federn 1952, p. 232), pois pode incluir aspectos do ambiente quando investido na unidade do Eu. Por exemplo, segundo Federn (1952), certamente com conhecimento de causa:

> [...] é evidente que uma pessoa que emigrou para outro continente tem um eu corporal modificado e expandido de modo considerável em relação a seu eu corporal precedente. Muitas dificuldades de adaptação a um novo país provêm da permanência da orientação precedente (p. 232).

O sentimento corporal de Eu representa seu limite em relação ao que se constitui como estrangeiro no mundo exterior. Nessa dissociação entre o sentimento corporal de Eu e o sentimento psíquico de Eu, o que surge como realidade para Federn é o sentimento de uma fronteira, inconsciente, que separa e permite pôr em contato esses componentes do Eu. Era sua convicção que, em termos topológicos, apenas com a suposição de uma fronteira é que as diferenças poderiam ser sentidas.

A realidade topológica das concepções de Federn permite imaginá-las em sua espacialidade. Por exemplo, de forma alegórica, poderia-se dizer que para ele o sentimento psíquico de Eu é um sentimento de interior enquanto o sentimento corporal de Eu é mais externo; seria um Eu mais de superfície, embora o corpo como lugar de superfície não seja uma realidade por ele considerada – pelo menos, não de forma temática (esta questão será uma fronteira na qual se encostam as pesquisas de Anzieu).

Para Federn, todo elemento psíquico está em relação às fronteiras do Eu. Por exemplo, se algo é sentido como atravessando a fronteira do sentimento corporal de Eu, é considerado do mundo exterior. Nesse sentido, Federn fala de um senso de realidade em acréscimo ao teste de realidade. Quando é incluído em um investimento coerente que é sentido como sentimento de Eu, o elemento é psíquico, ele é pensado. Quando está situado no exterior do sentimento psíquico e do sentimento corporal de Eu, isto é, quando não é incluído na unidade de investimento coerente de Eu, o elemento não é reconhecido como sendo próprio do pensador, ele não é sentido como conteúdo psíquico e possui realidade objetiva; segundo Federn, esse é o caso das alucinações psicóticas. Ou ainda, se um evento ocorre entre as fronteiras do sentimento psíquico e do sentimento corporal de Eu, ele é experimentado como possuindo realidade psíquica, nos termos de Federn (1952), "ele é psicologicamente real no sentido de Freud" (p. 237). Nesse caso, explica Carvalho (1996), o evento é reconhecido como sendo uma produção própria, contida pelo Eu-corporal: "Damos livre curso a nossa imaginação sem a impedir pelo julgamento ou pela razão, pois o Eu-mental está desinvestido" (p. 169).

Federn propõe que o Eu não é apenas um ser de fronteira, uma superfície, como descreveu Freud em 1923, mas que ele também possui fronteiras internas a sua própria organização. Desse modo, fala de fronteiras entre estados de Eu atuais e estados de Eu passados, fronteiras entre regiões do Eu, entre o consciente e o inconsciente, entre o sentimento corporal de Eu e o sentimento psíquico. Do mesmo modo, supõe uma fronteira, esta sentida como mais nítida, entre o Eu e o supereu.

Deve-se adiantar, porém, que para Federn a flutuação das fronteiras do Eu é sustentada por um investimento libidinal narcísico de características próprias. Mas o que ele diz é que o investimento das fronteiras do Eu traz para a síntese do Eu seus conteúdos e suas funções, dando extensão ao sentimento de Eu. Se as fronteiras variam, o sentimento de Eu, os conteúdos do Eu e a funcionalidade do Eu também podem variar. Nos estados normais, pequenas variações podem ser expressão da capacidade plástica do Eu; mas também podem estar na origem de grandes distúrbios patológicos como a despersonalização.

Para ele, as fronteiras do Eu são estruturas vivas, narcisicamente investidas, barreiras sensitivas que reagem, que são atravessadas, que mudam de lugar, e cada movimento desses provoca mudanças no sentimento, no tamanho, na capacidade funcional, e nos conteúdos do Eu, constituindo um estado de Eu particular, isto é, um certo experimentar a própria existência e a do universo Não Eu, o que implica determinadas características funcionais e determinadas competências do Eu.

A reformulação da teoria do narcisismo

Apesar das críticas de que as elaborações de Federn foram alvo como sendo da ordem de uma psicologia fenomenológica, para ele, a fenomenologia, o sentimento de Eu, era importante via de acesso, mas não o fim, o que visavam suas indagações a partir da clínica. Ele considerava que o descritivo e fenomênico não eram suficientes. Fiel a seu mestre, Freud, ele parecia se perguntar qual seria a origem das variações da experiência de existência: o que fazia com que objetos (aí incluídos pensamentos, sentimentos...), que antes eram sentidos como fazendo parte do Eu, em um momento seguinte fossem vividos como Não Eu? O que expressava as variações do sentimento de Eu? Nesse sentido, sua compreensão é estritamente metapsicológica. Ele toma como ponto de apoio para suas elaborações o texto freudiano "Sobre o narcisismo: uma introdução" – em si mesmo, um texto de passagem, uma região de fronteira entre a primeira e a segunda tópicas, entre "os problemas das neuroses e a psicologia do Eu" (Freud como citado em *Minutes*,1983, p. 222).

Para Federn, o que investe o Eu, dando-lhe o sentimento vívido de existência, é a libido narcísica. O que ele vislumbra por trás do sentimento de Eu é sua natureza libidinal: a aproximação entre o sentimento de existência e o tema do narcisismo vai levá-lo a situar a libido no cerne da questão e a propor certo ajuste na teoria freudiana sobre o narcisismo. Em sua avaliação, o termo "narcisismo" vinha sendo utilizado pela psicanálise de modo muito amplo e impreciso, o que permitia que a questão do autoerotismo eclipsasse a relevância clínica da noção de sentimento de Eu. Ele pensa que a compreensão da dinâmica pulsional requeria mais nuances do que a antítese libido do Eu e libido objetal perpetuada na psicanálise sob o tema do narcisismo. Propõe que a diferença entre a libido do Eu e a libido objetal não é dada pelo objeto, e também que estas não possuem entre si uma dinâmica de gangorra ou de vasos comunicantes.

Em suas elaborações, ele reformula as noções de libido do Eu e de narcisismo primário e cria, de forma que pensamos ser original, um ponto de interseção entre a teoria da libido e a teoria do Eu. Freud, ao inserir o tema do narcisismo na teoria libidinal, não desenvolve o que, nesse sentido, sua intuição continha em potencial; e a Psicologia do Ego de Hartmann se empenha em separá-las.

A libido do Eu, ou libido narcísica, propõe Federn, é a que colore de sentimento de Eu tudo o que investe: o investimento libidinal narcísico é reconhecível subjetivamente como sentimento de Eu (Federn, 1952). Sua suposição é que a libido do Eu é uma parte da libido sexual "particularmente dessexualizada e de natureza geral" (Federn, 1952, p. 302).

Segundo Carvalho, a noção de libido dessexualizada concebida por Federn em nada se assemelha à ideia de dessexualização da libido proposta por Hartmann. O que Federn tem em mente está mais vinculado a uma diferenciação na dinâmica libidinal na medida em que se refere à manutenção do investimento libidinal por pequenos deslocamentos por meio da fragmentação na distribuição das quantidades, que não permanecem desligadas, sendo, desse modo, estabilizadas. Mitigada pela fragmentação, a libido do Eu gera antes uma qualidade de pré-prazer agradável do que um estado de tensão e desprazer que requer uma satisfação tal como concebido por Freud para a dinâmica pulsional.

Federn concebe um tipo de narcisismo que não se caracteriza pelo investimento do Eu como um objeto, como um amor de si mesmo, mas um narcisismo que constitui e que mantém vivo o Eu, conferindo-lhe vida, dinamismo e mobilidade: "A libido é a base do eu", afirma Federn (1952, p. 47).

Para ele, a questão do narcisismo vai além do amor de si mesmo; diz respeito ao próprio sentimento de existir, de habitar seu corpo e sua vida psíquica. Diferentemente de Freud, postula que esse é o verdadeiro narcisismo primário. Não representa um momento de integração do Eu em que este pode ser investido, como objeto, pela libido. Segundo Federn (1952), o narcisismo primário é um "narcisismo sem objeto" (p. 302), uma vez que o Eu não é investido na qualidade de objeto, mas como constituição de sujeito, isto é, do Eu. Ele o diferencia do narcisismo objetal, secundário, em que, segundo propõe, o Eu é investido como objeto pela libido objetal. Nesse sentido, distingue um Eu-sujeito de um Eu-objeto, perpetuando como característica do Eu saudável ser, ao mesmo tempo, sujeito e objeto.

Ou seja, a alternância entre a libido do Eu e a libido objetal, referida por Freud, Federn realoca entre o investimento do objeto e o investimento do Eu. O investimento da libido objetal no Eu corresponde ao narcisismo secundário.

Federn pretende diferenciar libido do Eu de investimento do Eu, criando, desse modo, um espaço teórico para a concepção de um investimento libidinal primário do Eu que não fosse autoerótico. Modifica a metapsicologia freudiana, mantendo-se, no entanto, muito próximo ao que Freud (1914a) dissera: "Isso nos leva a considerar o narcisismo que surge através da indução de catexias objetais, como sendo secundário, superposto a um narcisismo primário que é obscurecido por diversas influências diferentes" (p. 91).

Em acréscimo, entende ser também necessário reforçar a distinção conceitual entre autoerotismo e narcisismo, presente no texto freudiano de 1914, "Sobre o narcisismo: uma introdução", mas que se perde em 1915 quando Freud escreve "Os instintos e suas vicissitudes".

A libido do investimento autoerótico, tal como definida por Freud no texto de 1914, não possui, segundo Federn, a característica de pré-prazer agradável. Ela é da ordem do prazer, da intensidade: possui a característica de investimento parcial, e não é totalizante, como entende ser o caso da libido narcísica. Ambas, a libido narcísica e a libido do investimento autoerótico, são partes da libido sexual presentes e atuantes desde o início; sujeitas, no entanto, a dinâmicas diferentes. Em sua visão, na dinâmica pulsional, o investimento autoerótico pode ser acrescido à libido narcísica do sentimento de Eu.

É importante ressaltar – para que possa ser mais claro que não era intenção de Federn dessexualizar o Eu – que, para ele, a variação do sentimento de Eu pode decorrer de um aumento da tensão do pré-prazer, uma vez que a natureza do investimento narcísico primário é sexual e outros fatores podem a ela se sobrepor, aumentando seu valor intensivo.

Deve-se ainda dizer que, para Federn, o investimento da libido do Eu não tende a evoluir, como propõe Freud, para um investimento objetal. O Eu precisa deste para manter-se vivo e funcional, como o oxigênio que mantém a chama da vela acesa.

Trata-se desse narcisismo vital que é experimentado como sentimento de Eu. O que é investido pela libido narcísica, é incluído na unidade englobante do Eu e "reconhecível subjetivamente como sentimento de eu", diz Federn (1952, p. 296), seja objeto, seja representação, afeto ou função.

Nesse contexto de um Eu dependente, criado e mantido pela libido, de um narcisismo primário vital e permanente, a psicologia do Eu de Federn redesenha o lugar do narcisismo na clínica psicanalítica e faz das regiões de fronteira um tema de investigação clínica.

Federn formula um narcisismo primário originário. Nesse estado de origem, o sentimento psíquico de Eu é bastante empobrecido e a existência é corporalmente experimentada. O Eu ainda rudimentar é estendido; as fronteiras abertas permitem o livre escoamento da libido narcísica, investindo de sentimento corporal de Eu o que dele se aproxima: sujeito e objeto, o que busca e o que dá prazer, o primeiro sendo o sujeito da libido e o segundo, seu objeto, são vividos como parte do próprio corpo do bebê. Sem fronteiras investidas, ainda não há diferenciação entre sentimento corporal de Eu e sentimento psíquico de Eu: "durante muito tempo a unidade do eu da criança, tanto corpo como espírito, continua a reagir como um todo" (Federn, 1952, p. 229); ainda não há diferenciação entre o Eu e o Não Eu nem tampouco separação entre as instâncias psíquicas – para o incipiente Eu do bebê, não há um mundo estrangeiro.

O processo de desenvolvimento psíquico suposto por Federn implica a combinação de dois movimentos: o fechamento das fronteiras e a expansão do Eu. O fechamento das fronteiras se dá pelo desinvestimento gradual do que causa frustração e dor, seja objeto, seja representação. Isto é, a libido narcísica se retira, deixando para a libido objetal a possibilidade de investimento. Em nossos termos, podemos dizer que uma função continente começa a ser desenvolvida: as fronteiras, instauradas, promovem a contenção de energia permitindo uma maior "administração" dos investimentos da libido narcísica e uma ação por contrainvestimento.

O investimento das regiões de fronteira demarca um território narcísico (neste momento inicial, com conteúdos que, segundo Freud, o identifica como um Eu-prazer purificado), constitui o campo do Não Eu, cria uma contenção ao escoamento livre da libido narcísica e permite diferenciação interna dos diversos componentes do Eu. É o investimento das fronteiras que permite que o Eu, então vivido em seu estado de origem como um todo indiferenciado, se diferencie em múltiplos componentes: "as fronteiras se tornam muito mais multiformes e ricamente estruturadas" (Federn, 1952, p. 316). Isto é, não se trata mais de responder como um bloco unificado, mas da possibilidade de "reagir com uma parte da unidade do Eu", de "controlar as reações parciais" (Federn, 1952, p. 229).

Em termos fenomenológicos, o fechamento das fronteiras produz avivamento do sentimento de Eu e a realidade, até então inteiramente subjetiva, começa a ganhar "realidade". Ou seja, para Federn, há um Eu de origem, e o mundo externo é o que deve ser construído.

Segundo Federn, a expansão do sentimento de Eu e do próprio Eu representa a inclusão no Eu das representações que nascem das novas experiências, isto é, o Eu se enriquece em conteúdos, expande seus domínios.

Para ele, vários investimentos podem "perturbar" o Eu placidamente investido pela libido narcísica que o mantém vivo: o investimento autoerótico, a libido objetal, pulsões do id, inclusive a pulsão de morte (que ele propõe renomear como "mortido"), os interesses e estimulações do ambiente externo. A flutuação das fronteiras e potencialidade de investimento narcísico e o sentimento de Eu dependem da dinâmica desse jogo pulsional. Assim, por exemplo, uma excitação autoerótica tanto pode tornar mais vivo o sentimento de Eu como pode, se for muito intensa e desconhecer satisfação, ofuscá-lo e perturbar sua expansão.

Vale notar que a teoria de Federn descreve os processos constitutivos do Eu como se prescindissem da intervenção do ambiente, isto é, se dando na própria sinergia do desenvolvimento. No entanto, em seu texto, ele mesmo indica a brecha para nela incluir o ambiente como cuidador: "A criança segue o mesmo desenvolvimento [do homem primitivo], mas ele é muito claramente facilitado pela poderosa proteção do pai e da mãe" (Federn, 1952, p. 310).

De sentimento de unidade indiferenciada, o desenvolvimento do Eu caminha no sentido de uma diferenciação. Nesse sentido, Federn afirma que o "Eu não se desenvolve por cristalização, mas por organização" (Federn, 1952, p. 229). A instauração de fronteiras organiza o Eu, promove diferenciações; a contenção de energia impede seu livre escoamento e possibilita sua administração. As fronteiras do Eu investidas dão a sua forma e sua medida, se constituem como contornos para o Eu, organizam o psíquico e diferenciam o Eu de todo e qualquer Não Eu.

Federn aborda a função continente, mais uma vez relacionada à questão das fronteiras. A meu ver, é a formulação da noção de fronteiras do Eu como aquilo que delimita o território narcísico e lhe dá condição de vida psíquica, o que faz que a metapsicologia de Federn articule implicitamente, sob o conceito de Eu, forma e força, economia e topologia, aspectos que interagem de forma dinâmica.

Estes são aspectos da teoria de Federn que levarão Anzieu a considerá-lo um pensador dos limites que antecipa a noção de interface:

> [...] limite não como obstáculo, uma barreira, mas como a condição que permite ao aparelho psíquico estabelecer diferenciações no interior de si mesmo, assim como entre o que é psíquico e o que não o é, entre o que decorre do Self e o que provém dos outros (Anzieu, 1985a, p. 119).

Como suporte do sentimento corporal de Eu, o corpo faz parte do Eu; como região de fronteira, o corpo possui a característica de interface; como sentimento corporal de Eu, o corpo é externo ao sentimento psíquico de Eu. Do corpo como fronteira à pele, o deslocamento que faz Anzieu nos permite inscrever a noção de Eu-pele como ponto de interseção entre a concepção de Freud do Eu, como derivado das experiências de superfície do corpo, e as de Federn, do corpo como região de interface.

Na relação complementar entre a obra desses dois autores, Anzieu enfoca predominantemente a função narcísica – como a função é exercida. Federn se orienta pela questão do investimento: em termos narcísicos, se não há investimento, não há função. Com isso, se está de acordo aqui: se as fronteiras não estão investidas, as diferenciações ficam comprometidas. Do mesmo modo, se não há investimento das fronteiras do Eu, o investimento objetal fica comprometido, uma vez que pressupõe o investimento das fronteiras como organizador no mundo objetal. "O investimento objetal pressupõe o investimento das fronteiras do eu", afirma Federn (1952, p. 53).

No "mito de referência" que Federn constrói, o que torna viva e sensível essa região de encontro com o estrangeiro, ou com o simplesmente diferente ao mesmo tempo que dá contorno ao Eu, é o investimento da libido narcísica. É na fronteira que as experiências são cunhadas, as emoções, sentidas e a realidade do mundo externo, construída. Sua abordagem é econômica, mas põe em relevo a perspectiva tópica: a região de limite do Eu. É preciso que a fronteira do sentimento corporal de Eu esteja viva, investida, para sentir que algo a afeta, como a afeta e de que lado a afeta, se atravessa sua fronteira: "Sentimos um objeto como *real, sem recorrer a nenhum teste de realidade* quando ele é não somente excluído do eu, mas quando as suas impressões tocam sobre uma fronteira do eu bem investida." (Weiss como citado em Federn, 1952, p. 18). Do mesmo modo, pelo lado interno, é o investimento das fronteiras do Eu que dá a possibilidade de contrainvestimento.

A libido narcísica é o que dá liga na constituição do sentimento unitário de Eu, mas é também, pela mobilidade inerente ao pulsional, o que faz do Eu um ser de variações, flexível e plástico. Conforme Federn (1952):

> Falar de fronteiras interiores do eu equivale a dizer que o eu
> sente a si mesmo não somente como um todo indetermina-
> do, mas como possuidor de milhares de "nuances" diferentes
> de sentimentos, segundo o aspecto ou o estado do setor do
> eu que domina os outros e os influencia (p. 267).

Na Psicologia do Eu elaborada por Federn, o que acontece nas regiões de fronteira é determinante para o bom funcionamento do Eu. O sentimento de Eu está, de fato, sujeito a toda a sorte de variações: é coerente e contínuo de forma ideal, mas, na realidade de cada um, é completamente vulnerável a flutuações, podendo se mostrar insuficiente para manter a sensação de integridade e continuidade. Isso é justamente o que nos indica sua dependência em relação ao investimento libidinal.

> [...] a manutenção do investimento do eu é necessária
> para todo funcionamento mental ativo ou passivo. Além
> disso, o investimento aumenta necessariamente a cada
> esforço funcional, com cada exigência do mundo externo
> e, em particular, a cada tarefa relacionada com a adapta-
> ção e a maturação (Federn, 1952, p. 239).

A psicologia do Eu de Federn pensa o Eu em seus limites, no investimento narcísico de suas fronteiras. Nesse sentido, a questão clínica que lhe interessa é o que acontece se o investimento das fronteiras do Eu falha.

Federn parecia saber da novidade que introduzia na clínica psicanalítica: a noção quantitativa de "força do Eu", empregada por Freud talvez de modo muito genérico, sendo traduzida por uma abordagem que integra estrutura do Eu, funcionalidade do Eu e sentimento de si mesmo. "Tanto no ato falho como na psicose, a resistência diminui e falha na manutenção do recalque [...]" (Federn como citado em Carvalho, 1996, p. 221). Até nos quadros de psicose que passam por situações de estranhamento e despersonalização, ou mesmo os processos diários de adormecimento e despertar, são múltiplas as situações em que o Eu sofre empobrecimento energético nas regiões de fronteira: flutuações muito bruscas ou muito grandes, fronteiras desinvestidas e apagadas que mal cumprem sua função de barreira são variações de investimentos narcísicos que podem ou não adquirir cunho patológico.

Por exemplo, em termos gerais, sabemos que, para Freud, na psicose haveria uma retração da libido objetal e sua concentração sobre o Eu como libido narcísica, isto é, a psicose seria uma patologia, pode-se dizer, de excesso narcísico. Federn também pensa na psicose como transtorno econômico tendo igualmente como cerne a questão do narcisismo, para concebê-la, entretanto, no outro extremo do proposto por Freud: uma grande falha do investimento da libido narcísica e logo um empobrecimento do Eu com sérias consequências tópicas, que afetam de modo considerável o investimento das funções que normalmente o Eu tem por sua conta e não podem ser mantidas de modo dinâmico (Carvalho, 1996).

Segundo Federn, na psicose não haveria uma perda, mas um "ganho de realidade" dos conteúdos inconscientes, isto é, o que se perde são aspectos da realidade do Eu atual: investimentos, contrainvestimentos, fronteiras, conteúdos, funções etc., e o que ganha realidade é o inconsciente. A psicologia do Eu elaborada por Federn (1952) já defendia, naquele tempo, que "a psicose não é uma defesa, mas uma falha" (p. 197) do Eu em defender suas fronteiras. Trata-se de uma patologia da carência narcísica, e seu tratamento deve justamente implicar sustentação narcísica, instauração de fronteiras, aquisição da função continente. Nesse sentido, o pensamento de Federn é original ao valorizar uma perspectiva centrada sobre o déficit do Eu tendo como orientação o aspecto econômico, como que querendo se inscrever – é o que lemos em Maria Teresa de Carvalho (1996, p. 85) – por oposição a uma perspectiva centrada sobre o conflito psíquico.

Entretanto, a psicologia do Eu de Federn não se caracteriza apenas pela perspectiva econômica, mas justamente por concebê-la entrelaçada e solidária a uma abordagem estrutural e topológica do Eu. Nesse sentido, imaginamos perguntar quem é o Eu que é investido: um Eu com fronteiras encolhidas e recolhidas a um órgão do corpo, como pode ser o caso da hipocondria? O Eu estendido do estado originário como no "sentimento oceânico" (Freud, 1930) dos estados místicos?

Retornando ao exemplo da psicose, segundo Federn, nesta também existe um Eu, uma vez que considera que o psicótico tem um sentimento de existir. Contudo, o Eu investido é o de um estado anterior, mais primário, que surge como possível frente a uma situação de falhas no investimento de um Eu mais desenvolvido. É esta a compreensão que nos oferece Anzieu (1985a):

> Quando há deficiências de investimento do Eu, um Eu muito desenvolvido e organizado não pode manter um investimento conveniente de todas as suas fronteiras e fica suscetível de ser invadido pelo inconsciente e suas falsas realidades. A volta para um estado anterior do Eu exigindo menor gasto de investimento do eu pode ser um meio de defesa. As fronteiras do Eu são então reconduzidas a este estado (p. 126).

Anzieu faz referência a um componente importante da teoria de Federn: a suposição de que os estados de Eu, ultrapassados, permanecem em estado inconsciente e podem ser redespertados. Ele diz que os estados mais desenvolvidos do Eu, com mais fronteiras a serem investidas de modo a sustentar uma organização mais complexa, requerem mais capacidade de investimento e, provavelmente, também de melhor distribuição dos investimentos. Nesse sentido, para a Psicologia do Eu de Federn, embora, claro, na "psicose existam sintomas que servem à defesa, a psicose em si mesma, no entanto, não é uma defesa, mas um déficit narcísico" (Carvalho, 1996, p. 229).

Independentemente da técnica, a teoria da clínica sustentada pela psicologia do Eu elaborada por Federn revigora o conceito de narcisismo; o investimento narcísico do Eu deixa de ser componente patologizante e passa a ser incluído na clínica psicanalítica como mais um elemento a compor o material clínico. As flutuações inerentes à vida pulsante do Eu devem ser consideradas em seu momento atual, isto é, uma baixa de investimento narcísico que interfira no funcionamento do Eu, por exemplo, pode ser um momento que requer modificação pontual no curso do processo terapêutico de modo a propiciar o reinvestimento necessário para que o Eu possa reconquistar sua "eficácia" (Federn). No Capítulo IV, veremos que a análise do sonho de uma paciente, Eurídice, indicava como primeiro movimento de intervenção clínica a necessidade de reinvestimento de seu Eu para que ela então pudesse "pensar uma porção de coisas sobre o sonho".

Federn, sem dúvida, é pioneiro em incluir na psicanálise a preponderância das questões narcísicas, da sustentação narcísica do Eu, ainda que de modo provisório, como estágio de passagem para que o Eu adquira sua eficácia funcional a serviço da vida.

O "retorno" a Freud por meio de Federn

Conforme visto anteriormente, Federn não se acanha diante da complexidade que Freud empresta ao Eu em sua origem. Em seu desenvolvimento teórico, ele acata tanto a característica do Eu de ser um sentimento que representa a totalidade da pessoa, como também lhe confere um "peso de realidade" como instância funcional que toma para si a tarefa de defesa da vida (Laplanche, 1985b). Na Psicologia do Eu de Federn não há como separar os aspectos fenomenológicos, os metapsicológicos e a eficácia funcional do Eu: sentimento de Eu, investimento libidinal, estrutura e funcionalidade; como ponto de nodulação desses aspectos, a dinâmica das fronteiras.

Maria Teresa de Carvalho (1996), em sua pesquisa sobre o pensamento de Federn, tendo como referência o mesmo texto de Laplanche referido anteriormente, organiza as elaborações de Federn, tanto no que diz respeito aos processos de desenvolvimento do Eu, quanto à dinâmica de flutuação das fronteiras em dois eixos, um correspondendo ao movimento metonímico de derivação, e outro ao metafórico. É como se as fronteiras do Eu perpetuassem, em suas flutuações, os mesmos movimentos que estiveram na origem dos processos de constituição do Eu.

Sob a perspectiva genética, o processo de derivação metonímica foi, a meu ver, o mais considerado pela teoria de Federn no que concerne ao desenvolvimento do Eu. Este se refere ao processo de maturação em que o Eu se separa do ambiente e expande suas fronteiras incluindo em sua unidade novas funções, novas representações e novas associações. Ou seja, como por um deslizamento metonímico, o Eu se diferencia do todo indiscriminado que nele inclui o ambiente e, nesse movimento de diferenciação, deve assumir por sua própria conta a funcionalidade psíquica. Nesse processo de independência, ele amplia seu domínio de influência, isto é, tudo aquilo que está à sua disposição no momento atual e que pode ser investido pela libido narcísica e incluído na síntese do Eu, como dito anteriormente sobre a estrutura do Eu.

Em continuidade a esse movimento de derivação metonímica, as fronteiras do Eu flutuam em uma dimensão, propõe Maria Teresa de Carvalho (1996), horizontal. A partir de uma perspectiva sincrônica, considera-se o que está incluído na síntese do Eu no momento atual e o que é "Não Eu" – o que não está incluído na síntese do Eu, mas que faz parte de seu domínio de influência e que, desse modo, pode vir a fazer parte do Eu nas pequenas flutuações das fronteiras, isto é, o sistema Pcs-Cs, explica.

No eixo sincrônico, observa-se o Eu em sua horizontalidade, como um corte na verticalidade diacrônica; a cada momento, os movimentos laterais das fronteiras. Nesse eixo, o processo de rememoração se dá pelas vias de condução pelas cadeias associativas, tal como concebido por Freud.

Lembrando-se do desenvolvimento teórico de Anzieu, a derivação metonímica o faz focar também a região de fronteira que sustenta, em seus termos, a ilusão de uma pele comum a unir o Eu e o ambiente, e a separação das peles.

No que diz respeito ao eixo metafórico, no "mito de referência" de Federn, ele está relacionado ao fechamento das fronteiras, que promove uma reorganização em toda a economia libidinal. Nesse eixo são consideradas as diferenças estruturais, organizacionais, dos diversos estados de Eu: fronteiras abertas permitindo o livre escoamento da libido, fronteiras fechadas, a discriminação interna ao Eu em seus componentes (sentimento corporal e sentimento psíquico de Eu) etc. Nesse sentido, falar em estados de Eu implica que cada estado de Eu representa uma mudança geral na economia dos investimentos psíquicos.

A meu ver, a abordagem de Anzieu é mais comprometida com o eixo metafórico do que podemos reconhecer na de Federn. Vimos que ele propõe a constituição do Eu também por um processo de estruturação metafórica em níveis crescentes de complexidade: o corpo, o Eu-corporal, o Eu--psíquico e o Eu-pensante.

Em termos de processo de constituição do Eu, não se observa com muita clareza no desenvolvimento teórico de Federn a descrição do desenvolvimento desse eixo metafórico. No que diz respeito às flutuações das fronteiras, não há dúvidas de que a visão de Federn inclui, em um eixo vertical, os diversos estados de Eu. Ele vai sustentar que os estados de Eu, uma vez que existiram, não desaparecem. Eles permanecem, recalcados, no inconsciente, até serem redespertados por novos investimentos. O redespertar de estados de Eu passados, implica, segundo Carvalho (1996), um processo de associação a distância, o que não se faz por cadeias associativas como vias de condução. Segundo a autora, uma representação ou um vínculo afetivo com o objeto pode promover um desinvestimento das fronteiras atuais do Eu, mudando a estrutura e a economia dos investimentos psíquicos.

São esses estados de Eu recalcados que compõem o eixo vertical, a que Maria Teresa de Carvalho (1996) se refere como diacrônico e propõe como esquema representativo o desenho do cone: um núcleo basal "como o que constitui a essência do eu e o que o lança nos processos de expansão de suas fronteiras" (p. 127), os cortes sincrônicos representando o momento atual de cada estado de Eu. Por influência de Anzieu, prefiro a imagem da espiral, que pode representar melhor a integração dos dois eixos no processo de constituição do Eu: pequenas modificações no plano atual que se precipitam como transformação da estrutura no plano vertical.

Ao supor o recalque e o redespertar dos estados de Eu, a principal argumentação de Federn é clínica: observa que as fronteiras do Eu flutuam nos dois sentidos, isto é, não apenas no horizontal, fazendo variar o sentimento de Eu nas possibilidades do que é domínio do Eu, mas também no vertical, fazendo do Eu atual um Eu do passado.

Foi visto que ele reconhece, por exemplo, que na psicose o Eu do presente possui a organização, a estrutura e a economia do estado de Eu do passado. Isto é, sem investimento narcísico suficiente para sustentar as fronteiras multiformes e ricamente mais estruturadas dos estados mais desenvolvidos, as fronteiras de um estado passado mais rudimentar são reinvestidas.

Federn foi um pioneiro no atendimento psicanalítico da psicose, e seus recursos teóricos ainda eram escassos. Hoje, com os ganhos que se vêm acumulando no tempo, nos sentimos mais capacitados para entender melhor aquilo a que então ele se esforçava para dar sentido. Diz ele: "É provável que na primeira infância nada seja percebido como distante; tudo toca fisicamente e mentalmente a superfície sensual do eu" (Federn, 1952, p. 161).

Federn também se refere à mudança do estatuto representativo, de ordem do pré-verbal, o que, após as elaborações de Bion, é muito mais fácil de entender. Mas em sua sensibilidade nos faz entender que também em termos de representação a paciente é levada a um tempo do mais primitivo:

> Freud disse que existem dois modos de compreender a ligação entre os elementos inconscientes e sua representação consciente, a saber, a compreensão lógica e a experiência essencial. O psicótico possui pouca ou nenhuma compreensão do que é da lógica, mas muita do que é essencial (Federn, 1952, p. 162).

Federn é um autor de vanguarda em seu tempo e parecia saber quanto suas ideias causavam estranhamento entre seus pares. Comenta, após o relato do caso da paciente: "Anos mais tarde descobri que meus pacientes psicóticos compreendiam algo do que receio não viver o tempo suficiente para fazer compreenderem os psicólogos e psiquiatras" (Federn, 1952, p. 161).

Federn fala em recalque de estados de Eu; Maria Teresa de Carvalho, mais próxima de Freud, prefere se referir à superação de estados de Eu. De minha parte, proponho falar em ultrapassagem de estados de Eu, no sentido em que um carro ultrapassa o outro que, no entanto, pode até ser perdido de vista, mas não desaparece. Isto é, a ultrapassagem de um estado de Eu mais primário pode nos levar a uma reconfiguração da estrutura, a uma modificação na região das fronteiras, permitindo uma reorganização do Eu. Mas ele permanece como potencialidade a ser reinvestida sempre que se faça necessário, segundo Federn, em razão de uma falha de investimento do Eu. A meu ver, o termo ultrapassagem de estados de Eu parece melhor representar o pensamento de Federn, se não quisermos adotar o de recalque. Segundo Weiss (como citado em Federn, 1952), para Federn, "a parte inconsciente do Eu é formada por camadas estratificadas de estados recalcados do Eu" (p. 20).

De todo modo, é relevante notarmos que, sob a proposição de recalque e despertar de estados de Eu, Federn não só coloca em evidência a sobrevivência do passado ao lado de estágios mais desenvolvidos, o que em psicanálise não é uma novidade, mas, além disso, permite pensar situações em que o Eu do passado, reinvestido, é o Eu do presente. Essa é uma situação diferente de quando o Eu do passado se torna um objeto de interesse para o Eu atual. No primeiro caso, a estrutura, a economia e a dinâmica geral do Eu se altera e se vive, no presente, o estado de Eu do passado; no segundo caso, pequenas flutuações da fronteira do Eu é que "se ocupam do passado" (Carvalho, 1996, p. 119).

A concepção de Eu com que opera Federn não permite separar os dois eixos que o constituem. A psicose, por exemplo, implica uma falha do investimento libidinal e o reinvestimento das fronteiras de um Eu mais empobrecido. Se o Eu investido é o Eu do passado, seu campo de influência também é o do passado, suas representações, suas funções, suas associações, são as do estado passado. Desse modo, em termos clínicos, se acompanhamos Federn, à pergunta "quem é o Eu investido?" teríamos que acrescentar "quem é o Eu presente na relação transferencial?", "quem é o Eu que associa?".

Em que interessa a pergunta "quem é o Eu em questão?". Ora, ela remete à realidade estrutural do Eu por trás do estado de Eu. Seguiremos a referência que Federn (1952) faz à análise dos sonhos na expectativa de conseguir esclarecer esse ponto vista:

> A interpretação dos sonhos procura o inconsciente, seu material e seus mecanismos. No entanto, o sonho em si mesmo é experimentado conscientemente e não se tem nenhuma dúvida de que o próprio sonhador, isto é, seu eu, está sonhando. No entanto, durante o sono, o eu não existe, e só retorna de sua não existência porque é

> acordado pelo sonho manifesto. Quando reencontra seu investimento, o eu do sonho pode reagir ao sonho, o eu pode gozar do sonho [...] É por isso que a interpretação do sonho é uma parte da compreensão completa do sonho, e um conhecimento preciso do eu do sonho é uma outra parte. A interpretação ganha precisão e valor se as contribuições do eu ao sonho puderem ser separadas do trabalho do sonho (p. 104).

Nesse contexto, a questão de Federn não é tanto com os conteúdos do sonho, seu potencial representativo; sua principal questão não era o desejo inconsciente. Se, em Freud, a análise do sonho se movia em direção ao umbigo do sonho, àquilo que seria seu núcleo, Federn, em sua pesquisa, se mostra mais instigado em saber quem é o Eu que tem que se haver com o trabalho do sonho: o sonho, é o que ele nos propõe, trará essa marca. Ou seja, a estrutura do Eu aparece no sonho e determina o material do sonho.

Considere mais uma vez exemplo rápidas referências à paciente Eurídice, a qual voltaremos no Capítulo IV. Eurídice relata, angustiada, um sonho em que ela e a filha iam sendo levadas pela correnteza em uma situação de chuva forte. Elas carregavam roupas e anéis que se perdiam na correnteza: "era muita água que corria sem parar e a gente ia sendo levada", disse. No momento, destaco que a proposição de Federn nos permite escutar, no relato desse sonho, a organização estrutural do Eu: não é que Eurídice se sinta sendo arrastada por uma torrente, mas sim que ela é um fluxo aleatório de sensações, torrentes emocionais e pulsionais desconhecendo qualquer possibilidade de esteio, de contenção, de significação, de forma. Ou seja, um Eu em que a função continente está muito precariamente constituída, as fronteiras do Eu, abertas; uma débil possibilidade de diferenciação – ela e a filha como um todo, praticamente indiscriminadas na torrente que as carrega.

Além disso, embora o sentimento de Eu expresse sempre sua unidade, o Eu possui mais ou menos diferenciações internas e externas, mais ou menos fronteiras, mais ou menos enriquecidas. Isto é, mesmo que consideremos o Eu em sua unidade, considerá-lo uma massa homogênea seria empobrecê-lo e limitaria nossos recursos clínicos. "O Eu sempre inclui experiências totais e parciais e deve sempre ser examinado de modo analítico e de modo sintético", propõe Federn (1952, p. 69). Ou seja, é preciso considerar as diferenças internas ao próprio Eu, a interface que entre si estabelece as múltiplas regiões de fronteiras. Segundo Anzieu (1985a), Federn teria nos ensinado que o psicanalista deve estar atento não somente ao conteúdo e ao estilo das associações livres, mas também aos estados de Eu e às flutuações das fronteiras do Eu.

3.

PROCESSOS CONSTITUTIVOS DO EU:
A PLASTICIDADE DO EU E A PESSOALIDADE
DO AMBIENTE MATERNANTE

Considerações iniciais: uma origem para o Eu?

Conta a mitologia grega que, sentindo-se ameaçado pelo filho que gerava no ventre de Métis, Zeus a engole grávida. Atena, a deusa que estava sendo gerada, nasce da onipotente cabeça do pai. Nasce já pronta, armada, lançando um grito de guerra. Vale acrescentar que, apesar de estar revestida por uma armadura e de trazer na mão uma lança, na mitologia coube a Atena encarnar não uma divindade de fúria guerreira, das intensidades desmedidas, mas a divindade da guerra estratégica e defensiva, protetora dos homens, da vida política, da habilidade manual, das ciências e das artes. Atena representa, na mitologia grega, a preponderância da razão e do espírito sobre o impulso irracional.

Inspirados pelo mito de Atena, começamos a pensar: qual o momento do nascimento do Eu? O Eu nasce pronto e armado como a deusa Atena, pronto para o exercício das funções que lhe são requeridas? Ou, ao contrário, o Eu nasce prematuro e deve se desenvolver? O que seria um processo de desenvolvimento do Eu: seu fortalecimento? A aquisição de relativo grau de autonomia em relação ao mundo interno e/ou ao mundo externo? Como nos referimos ao nascimento biológico, poderíamos falar de um processo de gestação psíquica?

Segundo os estudos de Tustin (1981), a gravidez do corpo e a gravidez psíquica se entrelaçam, mas não coincidem no tempo. Biologicamente sabemos dizer do ato de concepção, do momento primeiro da existência do novo organismo e principalmente de seu nascimento, momento marcado pelo corte do cordão umbilical e pela abertura dos pulmões. Imaturo em suas habilidades físicas, o infante depende de seu meio como condição de sobrevivência. Seu crescimento e estado de maturação biológica, estritamente falando, são lineares, geralmente observáveis e podem ser avaliados e mensurados por meio das transformações qualitativas das estruturas, dos órgãos e dos tecidos dos sistemas vivos que os preparam para níveis mais elevados de organização e funcionamento.

Já no que diz respeito à concepção, ao processo de gestação e ao nascimento psíquico, frequentamos um terreno de imprecisões e hipóteses. Cada vez mais, a psicanálise se aproxima desse terreno produzindo teorias que nem sempre coincidem em suas propostas. Neste momento, desta produção, iremos nos aproximar desse terreno, os primórdios dos processos constitutivos do Eu, com intuito de enriquecer as construções e re-construções das distorções da topologia subjetiva. Teremos como baliza, por um lado, os aspectos que enfatizam predominantemente as experiências de relação continente/conteúdo e, por outro, autores que nos convidam a nos sensibilizarmos aos estágios pré-verbais dos processos constitutivos e do desenvolvimento do Eu; em comum, a suposição de que os processos de gestação psíquica possuem duplo suporte, no corpo biológico e no corpo social (Anzieu, 1985a).

Se nos permitirmos demorar um pouco nessas questões apenas introdutórias e nos reportarmos a Freud, encontraremos em seus textos referências pelo menos aparentemente paradoxais quanto ao momento e à condição do Eu em seu nascimento.

Do texto de 1914, "Sobre o narcisismo: uma introdução", pode-se inferir que para Freud existia um estado psíquico primário a ser caracterizado como pré-egoico e que o Eu tem seu nascimento marcado por uma ação psíquica específica (equivalente ao corte do cordão umbilical). Não se sabe ao certo o que Freud tinha em mente quando se expressava em termos como "uma unidade comparável ao Eu", isto é, quando confere certo estatuto de qualidade ao Eu. Contudo, se nos ativermos apenas a esse texto, ficaremos com a impressão de que o Eu, semelhante à deusa Atena, já nasce qualificado para as funções que lhe são requeridas.

Por outro lado, se recorremos ao texto pouco anterior ao do narcisismo, "Formulações sobre os dois princípios do funcionamento mental" (1911), ou ao posterior, "Além do princípio do prazer" (1920), veremos, respectivamente, sob a metáfora do ovo ou da vesícula protoplasmática, a referência a unidades primárias, formas simplificadas, a partir das quais estruturas mais complexas podem vir a existir. De fato, a partir desses textos não se pode falar, em sentido estrito, de nascimento do Eu, uma vez que o Eu está presente desde o início, e que o que Freud concebe neles são estágios de desenvolvimento do Eu. Encontramos no referido texto de 1911, no de 1915 ("Os instintos e suas vicissitudes") e no de 1925 ("A negativa") as noções de Eu-realidade original (que caracterizaria o estado de origem), de Eu-prazer purificado, e de Eu-realidade definitivo, por meio das quais Freud busca elaborar não só a evolução das pulsões sob o predomínio dos princípios de prazer e de realidade e sua consequência nas relações do sujeito com a realidade, mas também uma metapsicologia de estágios do Eu. Aqui não podemos falar em "unidade comparável ao Eu", uma vez que toda unidade, em seus variados graus de complexidade, é denominada "Eu". Poderíamos nos perguntar: quais características são essenciais para configurar um Eu – o mínimo Eu?

A abordagem genética do Eu que ele então apresenta (e que pouco espaço possui na totalidade de sua obra) remete a um processo de complexificação do Eu: do Eu-corporal aos níveis diferentes de um Eu-psíquico, transformações e diferenciações sucessivas que o capacitam ao exercício de funções igualmente mais complexas.

Inspirados por essa abordagem genética, poderíamos inferir uma característica plástica ao Eu, isto é, um Eu plástico, suscetível a transformações estruturais?

Segundo o *Dicionário Michaelis de Língua Portuguesa*, em biologia, a característica plástica diz da capacidade de ser moldado, do que facilmente se adapta às condições do meio, do que tende a formar tecido ou restaurar uma parte perdida. De acordo com Candiotto (2008, p. 110), em neurociência, a plasticidade das células do sistema nervoso permite que os neurônios transformem, de modo prolongado ou até permanente, suas funções ou suas formas em resposta à ação do ambiente externo, podendo mesmo, de modo compensatório, restaurar funções perdidas ou produzir funções mal adaptativas ou patológicas. Ele acrescenta que a plasticidade será tanto maior durante o período de desenvolvimento do indivíduo, tendendo a declinar, sem se extinguir, na vida adulta. Para a filosofia, ainda segundo o dicionário referido, "plástico" é o que tem o poder ou a virtude de formar.

Na psicanálise, a potencialidade do conceito de plasticidade permanece em estado latente. Em uma primeira abordagem, talvez pudéssemos falar, parafraseando Tustin (1986, p. 99), de uma disposição para tomar formas. No entanto, acredito que todas essas características referidas à plasticidade são pertinentes ao Eu e justificam a aposta em uma plasticidade do Eu: com Freud poderíamos dizer que, do Eu-realidade original ao Eu-realidade definitivo, o Eu se trans-forma, se molda, se adapta, se re-estrutura em função do ambiente, das exigências internas, mas, sobretudo – é o que quero sustentar –, em defesa da ordem vital ou de sua sustentação narcísica.

No capítulo anterior, na intenção de ter um posicionamento em relação às múltiplas acepções do conceito de Eu, deparamos com o paradoxo de uma concepção de Eu que tanto era um ser imaginário, pura ficção, como também uma estrutura funcional com peso de realidade. Vimos essa característica paradoxal se desenhar como consequente ao duplo movimento de constituição tanto do conceito como do próprio Eu: o metafórico e o metonímico entrelaçados. Deparamos agora com um novo quadro de formulações igualmente paradoxais – a constituição do Eu de algum modo já constituído. Essas formulações ecoam em novos questionamentos que vão norteando nossas construções: se pensarmos retrospectivamente nos processos constitutivos do Eu, até onde devemos regredir, ontologicamente falando? Se pensarmos progressivamente, quais consequências ou quais vestígios dos processos de origem importam para o Eu nascente?

Sobre a mente embrionária e a cesura do nascimento

Se tomarmos o nascimento psíquico como metáfora do nascimento biológico, poderemos dizer que nascer representa mais uma marca de passagem, uma transformação qualitativa, do que a criação de um ser que até então não existia. Se o nascimento marca, segundo a acepção encontrada no dicionário, o início de uma vida exterior, isto não descaracteriza, obrigatoriamente, a vida intrauterina como existência. Quando falamos de um nascimento psíquico ou do nascimento do Eu, não queremos dizer do momento primeiro em que o Eu passa a existir (tarefa essa que não nos incumbe responder), tal como encontramos no texto freudiano de 1914, "Sobre o narcisismo: uma introdução". Contudo, também não estaremos deixando de considerar que o Eu não é desde sempre um Eu-psíquico. Devo fazer uma ressalva sobre o uso do hífen entre os termos Eu e psíquico: o hífen pretende indicar que não estamos nos referindo à qualidade de psíquico, uma vez que todo Eu, mesmo o Eu-corporal, é psíquico. Aprendemos com Federn que Eu-corporal e Eu-psíquico são modos diferentes de se experimentar a existência. Já com Anzieu (1985a), em acréscimo, que falar de um Eu-psíquico implica considerar características funcionais, relacionais, experienciais, e competências que não podemos considerar quando falamos de Eu-corporal. Desse modo, falar de nascimento psíquico é falar do nascimento do Eu-psíquico diferenciado do Eu-corporal. Em todo caso, nos sentimos mais próximos da intuição freudiana que conclui haver "[...] muito mais continuidade entre a vida intrauterina e a primeira infância do que a impressionante cesura do ato do nascimento nos teria feito acreditar" (Freud, 1926[1925], p. 162).

O que de fato pode nos impressionar na cesura do nascimento?

Ao que parece, Freud não colocou essa questão a si mesmo, mas de sua citação ficamos com a impressão que ele intui, ou pelo menos nos leva a intuir que, em termos psíquicos, o que importa e impressiona na consideração da cesura do nascimento é que ela implica experiência de continuidade entre vida pré e pós-natal, e isso introduz – e sustenta – a noção de Eu rudimentar.

Embora Bion tenha optado por não utilizar no desenvolvimento de sua teoria termos saturados de significado, como é o caso do "Eu", ele enriquece o campo analítico, o que ajuda a continuar pensando com suas formulações a respeito da cesura do nascimento, que sob sua pluma ganha o *status* de modelo de postura, de atitude mental.

Em seus textos finais, Bion reformula à sua conveniência a referida frase freudiana e amplia a questão da cesura, abordando-a sob duplo aspecto, não excludentes entre si: como um acontecimento dentro da vida – e nesse sentido, falaremos da cesura do nascimento –, mas também e, sobretudo, conforme assinala Mello Franco (como citado em Nishikawa, 2009), como uma postura mental de característica transitória, como uma região de fronteira, de transformação de um estado mental para outro, de diferenciação e vínculo (Bianchedi *et al.*, 1999).

Bion trabalha na consideração de níveis de estados mentais. Quando escreve *Uma memória do futuro*, ele modifica seu modelo anterior de mente, constituído de uma parte psicótica e uma parte não psicótica da personalidade. Sugere que os diversos estágios do desenvolvimento corporal, mesmo os embrionários e do desenvolvimento mental, possuem representações distintas na estrutura psíquica do indivíduo. A concepção do humano como personalidade total passa então a incluir tudo: os aspectos pré-natais, os aspectos do bebê, do adolescente, da vida adulta, os aspectos psicóticos e não psicóticos etc. No texto "Cesura", Bion (1977) diz que o desenvolvimento da personalidade não pode ser concebido "como uma peça de elástico que vai se estendendo" (p. 29). Ele propõe o modelo da cebola: camadas de pele que se expandem e coexistem no atravessamento das cesuras que se fazem vivas no encontro de suas fronteiras (Federn, 1952). Bion se inspira na noção freudiana de barreira de contato quando amplia o conceito de cesura: ou seja, a cesura é o que separa e ao mesmo tempo vincula, vínculo que se caracteriza por ir além (Chuster, 1996).

Entendemos, a partir de Chuster (1996), que a não consideração da cesura implica dois riscos: o esquecimento do originário, e a perda da perspectiva, quer de continuidade, quer de descontinuidade. "Algo penetra na cesura e emerge", diz Chuster (1996, p. 40). Ou seja, superar obstáculos, transcender ou atravessar cesuras implica uma experiência emocional: se não há transformação é porque não houve a experiência de cesura, mas, se não há experiência de continuidade, é porque não houve transformação.

Se a cesura implica transformação e continuidade, vislumbra-se nisso uma lógica rítmica. Embora esse não seja um aspecto que Bion considere, é pertinente dizer que ele vislumbra uma postura mental que possui estrutura rítmica; do mesmo modo podemos dizer que entre o intrauterino e o pós-natal, ele apresenta uma continuidade rítmica ou talvez uma experiência de continuidade que possui lógica rítmica.

De todo modo, quando Freud (1914a) fala da "impressionante cesura do nascimento", o que agora mais claramente escutamos, nos diz de uma experiência de cesura que deve implicar uma continuidade descontínua, uma separação--vínculo, uma transformação que integra o intrauterino e o pós-natal.

Sob a perspectiva, seja de postura mental, seja de um acontecimento dentro da vida, em termos clínicos o conceito de cesura amplia ao infinito o campo da mente, apontando basicamente, como propõe Chuster (1996), para as possibilidades de pensar o que nunca foi pensado. Segundo Bion (1977):

> Às vezes há acontecimentos no consultório... que sugerem sentimentos que podem ser descritos como inveja, amor, raiva, sexo, mas que parecem ter um caráter intenso e informe. É conveniente recorrer à fisiologia e à anatomia para tomar emprestadas algumas ideias a fim de expressar meus sentimentos sobre alguns desses eventos [...] (p. 44).

Bion chama a atenção para a riqueza das experiências que os pacientes expressam em seus sofrimentos, experiências muitas vezes não pensadas, que suscitam emoções de insuspeitas magnitudes, e que podem remontar à vida intrauterina. Se o analista, prossegue Bion, cego por suas convicções, desconsidera os vestígios da vida pré-natal, a cesura, digamos assim, cristaliza como ruptura ou como censura (Chuster, 1996) a experiência de continuidade e integração que o atravessamento da cesura implica, fica perdida, e as defesas precisam ser intensificadas.

A partir de Bion, a consideração da experiência emocional da cesura do nascimento adquire grande relevância clínica e alguns autores (Bianchedi *et al.*, 1999; Meltzer, 1986a), a ele referenciados, têm destacado a importância da integração dos vestígios pré-natais na mente pós-natal.

Meltzer (1986a), no entanto, em uma revisão que faz de suas formulações a respeito do autismo infantil, utiliza o conceito de cesura como instrumento de compreensão clínica, fazendo-o trabalhar sob uma perspectiva que parece ser ligeiramente diferente: não se trata de buscar vestígios do pré-natal na mente do infante; antes, seu olhar parece buscar a continuidade rítmica nas vicissitudes do atravessamento da cesura do nascimento e do encontro com o "objeto continente e receptivo": a passagem para o que vem depois daria pleno acabamento ao que foi vivido ao nível do intrauterino.

Seguindo Bion, Meltzer considera uma sensibilidade muito primitiva e uma vida pré-natal rica em experiências protoemocionais. Supõe uma função alfa primitiva, como um processo protomental que transformaria as experiências primárias, "colocando em correlação as *gestalts* formais dos órgãos dos sentidos e das emoções" (Meltzer, 1986a, p. 146) como em um processo onírico. Ele considera níveis de representação muito arcaicos, esclarece Haag (1992), algo "da ordem do estético e que tem a ver com o ritmo e a dança". Meltzer fala de uma emocionalidade corporalmente vivida e de processos mentais que também passam pelo corporal. Acredito que falar de uma função alfa em estágios tão embrionários implica referência a aspectos corporais da função continente equivalentes ao que já me referi, a partir de Bion, como componentes da função continente: há uma transformação qualitativa e quantitativa das experiências protoemocionais, ainda que corporalmente vividas.

Nesse sentido, estranhamos que, nas formulações de Meltzer, a mãe em sua pessoalidade ou mesmo funcionalidade esteja completamente ausente: não há nenhuma menção a uma possível interação entre bebê e a mãe que o carrega em seu ventre, nenhuma imaginarização de um cuidado maternante durante o período de gravidez, como se a gestação biológica e o processo de gestação psíquica não se entrelaçassem no tempo. Daí, parafraseando Bion[1], pergunto qual a pertinência de se supor que o bebê recém-nascido não pode

---

[1] Encontrei a seguinte formulação de Bion (1978/1980/1992): "Ontem me perguntaram qual era e evidência clínica [de que o bebê uterino tem uma mente]. Não há evidência clínica, pois ninguém analisou um feto. Mas é ridículo supor que um bebê recém-nascido não tenha uma mente, ou que uma criancinha de cinco anos tem uma mente, mas que não possuía quando era um lactente ou antes de nascer" (p. 229). Tradução livre.

prescindir da mente materna como processo de gestação psíquica, e ao mesmo tempo desconsiderar a atividade materna quando se conjetura sobre o desenvolvimento mental em vida uterina?

A meu ver, desde esses estados de origem, não podemos prescindir da presença da mãe, de sua capacidade de acolher e interagir ritmicamente com o bebê ainda em vida fetal; de respeitar seus "limiares de vulnerabilidade" (isto é, quando e como ele se protege) que em comportamento ele manifesta; de compor com ele uma estética de dança. Desde esses tempos de origem, é preciso que o ambiente cuidador se faça ativamente continente.

É desse modo que entendo quando Meltzer fala de uma função alfa protomental, fazendo crer que há algo análogo a uma intersubjetividade continente, vivida de modo muito arcaico, corporal, que sustentaria a preconcepção de um seio continente que o bebê traz ao mundo quando de seu nascimento e criaria os rudimentos de um Eu.

Sobre a noção de Eu rudimentar

Como Federn, acredita-se neste trabalho que se há sentimento de existência podemos falar de um Eu, ainda que rudimentar. E que, nesse sentido, o que importa é como esse Eu é experimentado e que recursos possui, ou de que recursos pode lançar mão para sustentar a vida, mesmo que sejam recursos fornecidos por um Eu auxiliar de cuja existência ainda não tenha conhecimento.

Na literatura psicanalítica, encontramos duas imagens que buscam representar o sentimento de Eu em seu estágio rudimentar: a metáfora do ovo, concebida por Freud (1911; 1920) e a de um Eu estendido. Para Freud (1911), o estado psíquico primário é relativamente fechado aos investimentos do mundo externo, formando como uma barreira a esses estímulos, como um ovo, embora nele esteja incluído "o cuidado que recebe da mãe" (p. 279). Esse modo de experimentar a existência é valorizado por Margareth Mahler (como citado em Tustin, 1981) e por ela designado como um estágio de autismo normal. Chamaremos este estado de Eu-ovo.

A outra imagem remete ao estado de um Eu estendido a todo o ambiente externo, como enfatizado por Federn e que posteriormente, e por outras referências teóricas, autores como Bick, Winnicott e Tustin nos fazem entender e com ela ganhar certa familiaridade. No essencial, o que esses autores concebem é que o Eu rudimentar é vivido fisicamente (Tustin, 1972), e dele fazem parte o ambiente cuidador e a própria ação do cuidado. "Não saber onde o corpo começa e onde ele termina é uma das primeiras experiências vividas", afirma Ivanise Fontes (2010, p. 68). Ou seja, o bebê, o cuidador e o cuidado maternante criam um estado psicológico de unidade: "[...] a mãe e o bebê, o mamilo (ou mamadeira) e a língua juntam-se no esforço de produzir, de confirmar, uma ilusão de continuidade [...]" (Tustin, 1972, p. 36). O que é o mesmo que dizer com Winnicott (1960a) que "não existe tal coisa como um lactente" se não considerarmos em continuidade a presença da mãe e o cuidado maternante.

As duas imagens ecoam a proposição freudiana de que o Eu em seu estado rudimentar é um Eu-corporal e pontuam um estado de origem de indiferenciação e um processo de desenvolvimento qualificado tanto como diferenciação, separação, individuação, ou ainda, maior autonomia.

Essas duas concepções de um estado rudimentar de Eu se distinguem em seus pressupostos e em suas consequências. A suposição do Eu-ovo como um estágio primário de autismo normal que responde por uma concepção de bebê fechado aos estímulos externos não é compatível com a observação de autores como Brazelton (1987; 2011), que via os recém-nascidos ativos e responsivos. Já Tustin (1994) observa curiosamente que as crianças que desenvolvem defesa autista viveram com suas mães uma "relação que era anormalmente próxima", fizeram com ela um "pacto fusional", e juntas, "soldadas", formavam uma "equação aditiva" e que isso as deixou "fracas", "vulneráveis" e "incapazes de enfrentar situações da vida" (Tustin, 1994, p. 108).

Para Tustin, diferentemente do que propunha Mahler, uma metapsicologia de um Eu rudimentar que correspondesse a um quadro fenomenológico autista e se assemelhasse à imagem de ovo mais representava uma falha no desenvolvimento dos rudimentos de um Eu "suficientemente forte" e funcionalmente capaz o bastante de "enfrentar situações da vida" diante da consciência da separação. Para se referir a essas falhas impeditivas do desenvolvimento do sentido de ser um Eu, Tustin (1994) se utiliza da bela metáfora "plantas de estufa".

Ao se considerar a precocidade com que se instala a patologia autista psicogênica, pode-se dizer que em Tustin é encontrada uma sintonia com as proposições adotadas a partir de Bion e de Brazelton de que os rudimentos do Eu têm suas raízes na vida intrauterina. A formulação etiológica de uma relação anormalmente próxima entre mãe e bebê faz supor que algum nível de separação é salutarmente suposto. A concepção de um estado fusional autista como um dos elementos etiológicos de patologias tão primárias parece bem designar uma falha grave naqueles processos embrionários de "fluxo e refluxo contínuo, rítmico" (Tustin, 1986, p. 181), que envolvem a mãe e o bebê desde os tempos uterinos, como descreve Brazelton (1987), e que se prolongam além da cesura do nascimento.

Sob a concepção de um Eu-ovo, foca-se, predominantemente, a regulação fisiológica, sem se considerar as interações sociais, isto é, a concepção de um bebê responsivo e estimulado pelo ambiente. Nesse estágio, os processos fisiológicos predominam sobre os psicológicos: o bebê é passivo e fechado sobre seu mundo interior, tanto sensorial como psíquico, e só entra em contato com seu entorno por meio da satisfação de suas necessidades fisiológicas. Nesse caso, não cabe propor um modelo de relação intersubjetiva.

Na outra concepção, a fenomenologia de um Eu rudimentar que correspondesse a um sentido de ser estendido ao ambiente, expressa, por sua natureza corporal, um repertório de sensações relativamente indiferenciadas dando ao Eu desse estágio rudimentar o sentimento de ser um "fluxo de sensações físicas" (Tustin, 1981), que põe em continuidade, como parte do Eu, tudo que experimenta. Entretanto, é importante ressaltar que não se trata para Tustin de um estado desprovido de objeto, como podemos ler em Freud, nem que há uma relação de objeto em sentido estrito, como Tustin (1981) entende ter sido proposto pelos "teóricos das 'relações-objetais'" (p. 15). Nesta concepção, diferente da anterior, o ponto de vista é predominantemente subjetivo e não se pode prescindir dos aspectos psicológicos. Apesar da ênfase dada à experiência de continuidade Eu-ambiente, será visto, ainda com base em Tustin, que a relação intersubjetiva não apenas é suposta, como é necessária.

O *Eu rudimentar é, primeiro e acima de tudo, um Eu-corporal*

> *"A sensação permite ao espírito antes fazer a experiência dos objetos, do que os conhecer. Apenas posteriormente o objeto poderá ser experimentado pelo pensamento."*
>
> (Francis Bacon)

Para trabalhar a noção de Eu-corporal como característica prevalente do Eu rudimentar, continuaremos adotando como principal referência o que foi proposto por Frances Tustin. Nessa autora, encontra-se a melhor definição de Eu-corporal e o esforço ímpar de descrever, esse estado pré-verbal, pré-imagético e infralinguístico, um estado em que a essência do Eu se constitui de sensações, dominadas e centradas no corpo. Ela apresenta todo um universo de sensações como sendo, em seus termos, o primitivo sentido de ser da criança – sensações-eu, define Tustin; nos termos de Federn, um sentimento corporal de existência. No estado do Eu-corporal a existência é sensorial e, sem representação de ausência, tudo o que existe, existe no corpo.

A clínica com crianças autistas muito pequenas ensinou a Tustin, originalmente de formação kleiniana, que era preciso conceber um estágio de desenvolvimento em que o cuidado maternante e tudo que representa não teria ainda "se estabelecido como experiência psíquica interior". Do mesmo modo, a estrutura do espaço psíquico não teria ainda se estabelecido em sua tridimensionalidade. A experiência psíquica era inscrita em termos de sensações táteis, como aderida à superfície corporal; ou seja, a experiência se organizava, nestes estados, em estruturas bidimensionais.

Situada sob a perspectiva do que experimenta a criança em estado primário, Tustin nos propõe o termo "forma-sensação" para se referir às primeiras impressões das coisas. Não são formas geométricas, nem possuem propriedade espacial: apenas formas que organizam o fluxo aleatório de sensações

CLÍNICA DO CONTINENTE

e que se constituem como "os rudimentos da noção de limite contendo um espaço" (Tustin, 1986, p. 99).

"Formas" ou "formas-sensação" são formações vagas de sensações, os meios primários, elementares, por meio dos quais o infante cria o seu mundo; são pré-imagens (embora só possamos falar delas imageticamente). Contudo, de modo mais enfático do que se encontra em Tustin, ressalto aqui que formas-sensação são também, principalmente, rudimentos estruturais de uma plástica pessoal. Por exemplo, a imagem de ritmo e dança como estética de uma experiência intersubjetiva corporalmente vivida é uma forma-sensação. Em meu entender, as formas-sensação, como organização da experiência, organizam e propiciam a transformação do espaço subjetivo, isto é, constroem a espacialidade psíquica. Ou seja, a experiência é, em si mesma, transformadora do espaço psíquico e, paradoxalmente, ela se organiza a partir das transformações do espaço psíquico[2]. Nesse sentido, os significantes formais, tal como concebido por Anzieu, são representações arcaicas das formas-sensação das transformações da espacialidade psíquica.

O importante, diz Tustin, é a impressão da "forma", e não seu desenho. Como primeira impressão das coisas, as formas-sensação são, segundo a autora, os rudimentos do funcionamento estético, emocional e cognitivo.

---

[2] Essa concepção terá grande relevância clínica, uma vez que permite conceber a possibilidade de transformação terapêutica da estrutura do Eu, como será visto no Capítulo IV.

Desse modo, em termos de Eu-corporal, os objetos também são formas de sensação – "objetos-sensação", como Tustin os designa. Puro elemento sensorial, pura organização de superfície como em uma folha de papel; pura "forma" que tem sua existência colada à superfície do corpo do bebê. Tustin (1994) esclarece que foi a concepção de objeto-sensação que a permitiu entender a noção de objeto em estágio tão primário, quando a relação de objeto está baseada na identificação adesiva (e não na identificação projetiva, como supunha Klein e, depois dela, Bion). Quando tudo corre bem para a criança, a tendência é que as "formas" se associem a objetos reais e daí evoluam para perceptos e conceitos (Tustin, 1986).

Assim, seguindo a mesma lógica que leva Tustin a conceber as noções de forma-sensação e objeto-sensação, é pertinente propor o termo sentimento-sensação: "Estas são experiências infantis muito primitivas, nas quais 'sentimentos' são experimentados de forma física tátil como sensações de vários tipos" (Tustin, 1986, p. 69). Nos termos de Maldiney (1967): "A emoção não é efeito das qualidades do objeto (percebido ou concebido), mas uma dimensão da própria sensação" (p. 106).

Tustin concebe um estado psicológico em que a experiência psíquica está baseada nas sensações corporais. Por exemplo, para seu paciente David, a bola que desaparecera embaixo do divã, o furúnculo em seu dedo que a professora espremera, o seio-mãe que desaparecera e a própria Tustin que sairia de férias eram a mesma coisa, pois despertavam nele a mesma sensação física de turgescência, de inchaço, e assim eram intercambiáveis, como se fizessem parte de seu corpo. O estourar do furúnculo e o buraco que ficara em seu dedo eram a explosão de sua raiva e a concretização de seu colapso iminente. Juntos, formavam uma "espécie de modelo dos processos psicológicos" desencadeados como reação maciça à separação de seus pais, vivida por ele como dor psicológica insuportável. Segundo Tustin, esses sentimentos traumáticos excessivos, dada a sua precocidade diante da capacidade responsiva do Eu, foram vividos e inscritos em termos de sensações corporais (Tustin, 1972).

Em suma, diremos, a partir de Tustin, do Eu rudimentar como uma primeira organização subjetiva das experiências – experiências que, em estados tão rudimentares, são vividas e inscritas no corpo como sensações físicas. Esta é uma boa tradução de um Eu-corporal: um sentimento de existência fisicamente experimentado, em que sentimentos e objetos são vividos como "formas" sensoriais, inscritas no corpo.

Esse estado rudimentar corresponde a uma experiência de adesividade que sustenta a fantasia de pele comum caracterizadora do Eu-pele em seu estado primário. Diferentemente das fusões adesivas autistas que nos remeteriam à imagem de uma moeda que não tivesse duas faces, na identificação adesiva que caracteriza o Eu rudimentar e faz parte dos processos constitutivos do envoltório psíquico, o mundo sensorialmente criado na superfície do corpo do bebê não leva à abolição da região de interface, de comunicação corporal (Haag, 1986).

Esse modo de percepção do mundo como sensorialmente colado à superfície do corpo é um dos fatores que sustentam a ilusão de continuidade entre o Eu e o ambiente, entre o bebê e o corpo de sua mãe. Outro fator é a forma-sensação de um fluxo e refluxo como um jogo de trocas intersubjetivas entre o bebê e o ambiente maternante.

Referenciada a Bion, Tustin entende que, se no atravessamento da cesura do nascimento a criança traz consigo o registro das sensações do ambiente líquido no qual estava envolvida e se suas primeiras alimentações e excreções estão associadas com líquidos e gases, nada surpreendente será supor que na passagem do meio líquido para o gasoso as sensações associadas ao meio líquido tendam a ser "transportadas para as primeiras experiências da criança no mundo exterior" (Tustin, 1981, p. 110) e a "subsistir na primeira 'imagem' corporal" (Tustin, 1986, p. 181). Na clínica, ela encontra a referência à imagem de canos e tubos como primeira representação dos rudimentos de um Eu continente a organizar o fluxo desordenado de sensações; formas cilíndricas com aberturas nas extremidades, tal como a imagem plana do tubo digestivo ou de um rio a fluir entre as margens.

São rudimentos de continência imprescindíveis nesses tempos primários. Diferentemente do círculo – "outra categoria de forma elementar" – que indica, segundo Tustin

(1986), a emergência ainda que momentânea de limites corporais mais definidos, da experiência de um espaço interior e da capacidade de memória, a forma-sensação de canos e tubos expressa características ainda mais primárias do sentido de ser. Se o encontro com ambiente cuidador assim o propicia, a forma-sensação implica, por um lado, certa organização no fluxo de sensações e, por outro, abertos que são em suas extremidades, canos e tubos permitem o derramamento em um ambiente continente e a ilusão de continuidade. Por isso, a angústia de liquefação, de esvaziamento, ser considerada não só um estado de angústia muito primitivo, como também podendo acompanhar alguns estados psíquicos em que o Eu falha no exercício suficientemente bom de sua função continente.

Considerando "a natureza fluida da primeira imagem corporal proprioceptiva e o papel que essas sensações desempenham no estabelecimento de um sentido de existência" (Tustin, 1986, p. 175), proponho dizer que Tustin estende a noção de *rêverie* materna a um estágio mais primário do processo de gestação psíquica: em sua existência fluida, o bebê "derrama-se" no "'útero' da mente da mãe", sendo por ela abrigado tal como estava anteriormente abrigado no útero de seu corpo.

É em termos do "derramar-se na unidade", do fluxo e refluxo contínuo e rítmico de seu ser, que a intersubjetividade vai ser corporalmente experimentada. Uma intersubjetividade que, quando harmônica, conduz a um sentimento de continuidade e a não percepção da separação dos corpos.

Vale enfatizar que, além de sustentar a ilusão de continuidade, talvez precisamente por isso, as relações de cuidado precisam se constituir também como terreno de trocas intersubjetivas. Adiante, será visto que é apenas nessa medida que são alçadas à potência de processos constitutivos do Eu.

A pessoalidade do ambiente maternante na dinâmica do cuidado

O papel do ambiente na constituição psíquica tem sido destacado nas diferentes teorias psicanalíticas, embora de forma não unificada. Quando escreve o texto "A criança mal acolhida e sua pulsão de morte" (1929), Ferenczi já apontava as graves consequências que a falha no acolhimento do infante, a falha em recepcioná-lo à sua chegada ao mundo externo, implica. Ferenczi foi dos primeiros a enfatizar uma estreita relação entre a saúde mental e as relações de cuidado que o ambiente propicia à criança desde sua origem. Defendia a ideia de que a fragilidade da "força vital" do infante, isto é, sua frágil capacidade de resistir às dificuldades da vida (Ferenczi, 1929), inerentes ao processo de constituição do humano, exigia que o ambiente se ocupasse em oferecer não apenas "condições particularmente favoráveis de proteção", mas também, "amor, ternura e cuidado". A sensibilidade de Ferenczi para as carências e traumas vividos muito cedo provavelmente guiava seu olhar clínico.

Segundo Ferenczi, a relação de amor e cuidado que o ambiente oferece à criança desde o "início da vida, intra e extrauterina" é determinante de sua constituição psíquica e, de tal modo fundamental, que passa a ser necessária a atenção às sutilezas com que todo o processo é vivido.

Para o autor, falhas nas relações de cuidado primárias deveriam ser clinicamente consideradas não apenas para fins diagnósticos, mas também como orientação da estratégia terapêutica. Atualizando suas palavras ao nosso contexto, entendemos que ele está dizendo que esses pacientes quando chegam ao consultório não possuem um Eu suficientemente desenvolvido que os capacite ao trabalho "que normalmente caracteriza nossas análises" – a equivalência que ele estabelece entre a clínica desses pacientes e a clínica de crianças permite essa compreensão. É necessária, de acordo com Ferenczi, uma preparação para o tratamento que propicie ao paciente a possibilidade clínica de experimentar pela primeira vez relações de cuidado que o ambiente primário falhou em estabelecer ou não lhe ofereceu.

Conforme Ferenczi (1929): "É só mais tarde que se pode abordar, *com prudência*, as exigências de frustração, que normalmente caracterizam nossas análises. [...] mas, espera--se, completada também pela faculdade de gozar da alegria lá onde ela realmente se oferece" (p. 317, grifo nosso). Em seu comentário, chama a atenção para a sutileza implícita na natureza do cuidado, quer se trate dos tempos primários, quer se trate do cuidado terapêutico.

Figueiredo (2009b), em "A metapsicologia do cuidado", apresenta o que propõe ser uma "teoria geral do cuidado". Seu fundamento principal é que a função de cuidado – pode-se acrescentar: de um cuidado suficientemente bom – implica um "equilíbrio dinâmico" entre as diversas modalidades de relação intersubjetiva como uma presença implicada e um cuidado em negativo, isto é, um poder retirar-se se pondo em reserva de modo a "oferecer ao objeto de cuidado um espaço potencial desobstruído, não saturado por sua presença e seus afazeres" (Figueiredo, 2009b, p. 143). Entre funções da "presença implicada" e da "presença em reserva", o que Figueiredo apresenta é uma *dinâmica* intrínseca e necessária a uma qualidade suficientemente boa de cuidado que a mãe deve tecer propiciando, potencialmente, experiências que capacitem, em nossas palavras, o nascimento psíquico, e que o Eu, ao introjetar as funções cuidadoras, se descole do agente cuidador, ganhe autonomia e possa exercer suficientemente bem as funções de cuidado de si mesmo.

O cuidado implicado é aquele em que a mãe se faz presente por meio de seus afazeres: sustentar, conter, reconhecer, interpelar e reclamar são funções do cuidado em que a mãe se implica e se deixa implicar, em uma relação intersubjetiva com seu bebê. Figueiredo sistematiza três modalidades de experimentação da relação intersubjetiva como três formas diferentes de experimentar a relação Eu/Não Eu. A função de sustentar e conter, por exemplo, proporciona a experiência de continuidade e de relação continente/conteúdo e, segundo o ponto de vista adotado aqui, nos diversos níveis e possibilidades em que ela se apresenta como um dos elementos estruturantes do Eu, como veremos posteriormente. A essas funções Figueiredo associa uma experiência de "intersubjetividade transubjetiva", isto é, a constituição de um campo intersubjetivo que comporta uma "indiferenciação eu-outro total ou relativa" (Figueiredo, 2009b, p. 119).

O reconhecer, por sua vez, corresponde a uma relação de cuidado que pressupõe um grau maior de diferenciação Eu/ Não Eu, uma vez que implica "dois sujeitos frente a frente exercendo um para o outro – embora a responsabilidade especial caiba ao cuidador – a função de reconhecer" (Figueiredo, 2009b, p. 137), quer no sentido do testemunhar, quer no sentido reflexivo. É nesse sentido que podemos falar, no que se refere à função de reconhecer, de uma intersubjetividade interpessoal. Figueiredo destaca a experiência da justa medida propiciada por essa função de cuidado, terreno em que a autoimagem e a autoestima lançam suas raízes. Deixaremos para o instante apenas pontuado que a possibilidade de desdobramento da experiência reflexiva como uma relação de duplo *feedback* (Brazelton, 1981) cria uma região de interface, constitutiva do Eu. Entende-se aqui que a função de adaptação ressaltada por Winnicott (1956) está, em grande medida, relacionada à função reflexiva.

A terceira modalidade de experiência intersubjetiva está designada como "intersubjetividade 'traumática'", no sentido de que compete ao agente cuidador, "marcado desde sempre pela diferença e pela incompletude", apresentar "a diferença radical entre eu e o outro", isto é, promover e sustentar o confronto das diferenças, nesta medida, "traumático", condição, segundo Figueiredo, para que as subjetividades sejam instituídas. Para tanto, a mãe deve exercer também as funções de interpelar, separar, inspirar, reclamar pela presença viva e interativa (Alvarez como citado em Figueiredo, 2009b) do objeto de seu cuidado.

No entanto, diz Figueiredo (2009b), "até de doce de coco, que é bom, a gente enjoa" (p. 119). Do mesmo modo que os afazeres são fundamentais no que participam do processo de gestação psíquica, é também necessário, como elemento de gestação psíquica, que a mãe se ausente de suas funções implicadas e se ponha em reserva: é preciso que proporcione espaço e tempo para que a criança possa, por sua fez, se fazer, ela também, criadora e ativa.

O ponto nodular da abordagem de Figueiredo é a noção de equilíbrio dinâmico, uma vez que todos os excessos promovem distorções traumáticas – traumas cumulativos e distorções do Eu (Khan, 1963); excessos para mais e para menos nas funções implicadas e nas retiradas em reserva. Na trama tecida na intenção de um equilíbrio dinâmico, alerta Figueiredo (2009b): "é preciso muita atenção para a questão da 'dosagem'" ou, poderíamos dizer com Ferenczi: "é preciso prudência" (p. 118). Em sua teoria sobre o cuidar, Figueiredo nos revela a característica viva, de dinâmica vincular, que deve reger as relações de cuidado.

Mas como saber da questão da dosagem?

No texto "O ambiente saudável na infância", Winnicott (1987), em sua sensibilidade, diversas vezes utiliza o qualitativo "sutil" quando se refere ao que acontece entre a mãe e o bebê. Ou seja, não estamos falando dos processos maternos ou dos processos do bebê. Sem desconsiderar a dissimetria fundamental entre os estados mentais, Winnicott nos remete ao entre, ao campo do transicional, ao vínculo.

Olhar bem de perto essa questão da "sutileza do relacionamento genitor-bebê" revela, segundo Winnicott (1969), um nível de comunicação que não implica a "capacidade de objetivar", isto é, não é uma comunicação simbólica com um objeto objetivamente percebido e do qual o bebê se saiba diferenciado. Ele propõe que uma teoria da comunicação que se endereçasse a esses momentos iniciais de indiferenciação Eu/Não Eu, em que o bebê se experimenta em continuidade física com a mãe-ambiente, deve considerar que, uma vez que o objeto é subjetivo, a comunicação não é explícita. Muito pelo contrário, é uma "comunicação silenciosa", corporal, pele a pele, por atitudes e comportamentos, intersubjetiva, como propõe Figueiredo, mesmo que do ponto de vista do bebê ainda não possamos falar de nenhum "outro".

Em sua teoria, Winnicott valoriza a capacidade de adaptação materna como fator de comunicação: "Existe comunicação, ou não, dependendo do fato de a mãe ser ou não capaz de se identificar com o bebê e de saber o que significa a necessidade, antes que as necessidades específicas se manifestem" (Winnicott, 1987, p. 95). Ou seja, a resposta materna daria sentido de comunicação ao que o bebê comunica sem saber que comunica. Ela, por sua vez, se comunica com o bebê através das atividades de cuidado, transmitindo amor e confiança segundo sua capacidade de adaptação.

Já no que diz respeito à questão da dosagem, à composição de um equilíbrio dinâmico das modalidades de relações intersubjetivas, não se pode prescindir da participação do bebê na dinâmica adaptativa: "[...] podemos dizer que a comunicação é uma questão de reciprocidade na experiência física" (Winnicott, 1968, p. 89).

Interessam aqui as noções de reciprocidade e mutualidade com as quais Winnicott qualifica o interjogo que vincula mãe-bebê nesses estados primários. Nelas, vislumbra-se um bebê mais participante da dinâmica que deve reger as relações de cuidado; um bebê em interação, inserido e envolvido com o ambiente maternante. A experiência mãe-bebê de reciprocidade concebida por Winnicott faz evocar a noção defendida por Brazelton de uma relação em duplo *feedback* que torna bebê um parceiro na interação.

Segundo Brazelton (1981), o bebê manifesta em comportamento seus limiares de vulnerabilidade e sua vitalidade, isto é, quando ele se protege ou sua necessidade de contato. De suas pesquisas com recém-nascidos, ele apresenta, como exemplo, uma situação de interação rítmica entre mãe e bebê através do interjogo de olhares, como uma comunicação silenciosa: entende que o desvio do olhar por parte do bebê refletia seus limiares de vulnerabilidade, a partir do qual ele se sentia exposto a um excesso de estimulação; do mesmo modo, na busca do olhar materno, ele solicitava e estimulava nela um movimento de adaptação, ao mesmo tempo que a gratificava. Ela olha, ri, brinca, estimula, solicita, não apenas aprovando e devolvendo em espelho movimentos do bebê; no processo de adaptação, a mãe interpela, incita o bebê a ir além, ao encontro de suas expectativas, sem, no entanto, ultrapassar as possibilidades da criança.

Essa microdinâmica que anima as relações de cuidado revela sua característica rítmica; o jogo interativo, em duplo *feedback*, que o bebê e o círculo maternante estabelecem entre si, conferem ritmo às relações de cuidado e favorecem seu equilíbrio dinâmico. Este propicia ao bebê, nos casos bem-sucedidos, a experiência de justa medida. Ao ambiente cuidador, compete acompanhar os movimentos do bebê, como parceiros em dança – uma dança implica equilíbrio dinâmico –, sem o que o bebê pode experimentar uma invasão que rompe a pele delicada com que se protege, obrigando-o a desenvolver mecanismos de proteção compensatórios.

Desse modo, acolhido pela mãe-ambiente, o bebê se sente tocado, vivo, envolvido e se envolvendo com um ambiente que, diferente dos objetos físicos, é animado e responsivo (Anzieu, 1985a). Um ambiente que, nesse interjogo, se faz também conhecer em sua pessoalidade.

Eixos complementares dos processos constitutivos do Eu: formas-sensação de transformação e de envoltório

"[...] e assim, mesmo agora, se me perguntassem que forma tem o mundo, se perguntassem ao mim mesmo que mora no interior de mim e guarda a primeira impressão das coisas [...]."

(Calvino)

Foi visto com Anzieu, no Capítulo I, que uma metapsicologia estrutural do Eu, que o conceba como corpo psíquico, possui uma topologia ternária: um espaço continente tridimensional, um envoltório psíquico com estrutura de interface, e a sustentação em um eixo que lhe confira suficiente autonomia.

Sabe-se que na precariedade do Eu em seu estado rudimentar a experiência de continência se estrutura em um ambiente psíquico de configuração bidimensional quando o Eu é vivenciado como superfície sensível, colado à superfície de um ambiente continente. Ainda sem a possibilidade de efetiva continência psíquica, elaborada por Anzieu como uma sensação de ser um corpo psíquico, o bebê experimenta o "derramar-se na unidade" (Tustin, 1986) na expectativa de encontrar um ambiente continente que sustente a ilusão de um fluxo e refluxo rítmico contínuo de si.

Ao se propor pensar os processos constitutivos do Eu tendo como norte seus aspectos de continente psíquico, ou melhor, ao se propor pensar o desenvolvimento da experiência do Eu como forma continente, deve-se considerar ponto de partida esse estado rudimentar e perguntar: como o Eu, em sua plasticidade, se transforma, de uma geometria plana de canos e tubos, em uma estrutura continente, individualizante e protetora? Como, no processo de gestação psíquica, se constitui um Eu suficientemente independente e autônomo, capaz de exercer, na medida de sua maturidade, funções narcísicas de continência psíquica? Um Eu apto a passar da relação narcísica às relações objetais e a frequentar um mundo interno de fantasias. Nos termos de Anzieu, do Eu-corporal ao Eu-pensante, quais processos propiciam o nascimento psíquico?

Na sequência de nosso trajeto, caminharemos no sentido de aprofundar nosso conhecimento dos níveis mais arcaicos dos processos constitutivos do Eu. Iremos nos apoiar em alguns aspectos que viemos pondo em destaque ao longo deste capítulo:

- O Eu rudimentar é um Eu-corporal; neste estado de ser, a estrutura continente do Eu se constitui.
- As formas-sensação são modos de organização da experiência e, nesta medida, transformadoras do espaço psíquico. Ao apresentar, em "O Eu rudimentar é, primeiro e acima de tudo, um Eu-corporal", os fatores que sustentam a experiência de continuidade do Eu rudimentar, foram referidos dois fatores: a percepção do mundo como sensorialmente colado à superfície do corpo e a forma-sensação de uma existência fluida a derramar-se no útero materno. Vamos considerar esses dois fatores eixos de transformação da estrutura

continente do Eu: as formas-sensação de um fluxo e refluxo rítmico como esquemas de transformação, e as formas-sensação das experiências de pele como esquemas de envolvimento (Tisseron, 1993).

- A dinâmica das relações de cuidado é matriz do "berço de sensações" (Fontes, 2010) onde as experiências constitutivas do Eu se enraízam. Desse modo, pontos, traços, dobras, maciez, dureza, ritmo, dentre outras, são formas de sensação que compõem o ambiente sensorial do cuidado e que alimentam o movimento de transformação plástica do Eu.

Diferente do processo de gestação física que tem no cordão umbilical a marca de sua alimentação, os processos constitutivos de um Eu-psíquico são múltiplos, possuem várias entradas. No jogo intersubjetivo que anima as relações de cuidado, o Eu se estrutura em níveis crescentes de complexidade, em uma espiral interativa: a construção de um espaço psíquico tridimensional, a constituição de um envoltório psíquico com estrutura de interface e sua sustentação em um eixo vertical que lhe confira autonomia são aspectos que nesse processo se entrelaçam. As relações de cuidado maternante se situam no tempo e na história pessoal de cada um, mas experiências aí nascidas são múltiplas e tendem a se integrar.

Nesse percurso, como principais referências há três autores particularmente interessados no desenvolvimento da estrutura continente: Geneviève Haag, Esther Bick e Didier Anzieu.

Estaremos, neste percurso, não apenas buscando traçar uma metapsicologia genética do Eu como estrutura continente do psíquico, mas principalmente enriquecendo nossa atenção clínica ao capacitar-nos a melhor acompanhar nossos pacientes em seus esforços para elaborar e restaurar seus narcisismos feridos, deformados, naufragados, esgarçados (Haag). Esse conhecimento permitirá melhor avaliar as características particulares da estrutura do Eu que integram sua história primária afetiva pessoal.

A *estrutura rítmica como primeiro continente*[3]

Haag (1988, 1994, 1995), a partir de sua clínica e da observação de bebês pelo método Esther Bick do estudo dos desenhos pré-figurativos e de suas formas agidas na relação transferencial, apresenta hipóteses a respeito dos primórdios do desenvolvimento da experiência de continência e da construção de um espaço psíquico tridimensional. Além dos trabalhos de Bick, ela se apoia na clínica de Bion e nas formulações de Anzieu a respeito das fantasias primárias de pele comum e do descolamento de peles como processo de nascimento psíquico. Em acréscimo, apresenta aspectos diferentes que participam dos processos de construção de uma espacialidade psíquica continente e tridimensional quando faz a hipótese da estrutura rítmica como sendo o primeiro continente.

---

[3] Extraído do título de um dos textos de Haag: "Hypothèse sur la structure rythmique du premier contenant". In: *Revue Gruppo*, n. 2, França, 1986.

Encontra-se a experiência rítmica a perpassar as relações de cuidado, no ir e vir da relação interativa entre o bebê e o círculo maternante; na forma-sensação de um fluxo e refluxo rítmico e contínuo que acompanha as trocas afetivas de uma intersubjetividade corporalmente vivida. Com Haag (1994), entende-se aqui que "o ritmo é a primeira forma vital e a primeira sustentação do sentimento de continuidade de existir" (p. 25). O ritmo, sem dúvida, é uma experiência de síntese, de integração e propicia um sentimento de continência e continuidade.

No entanto, na leitura atenta dos textos de Haag, nota-se que sua atenção é dirigida aos aspectos estruturais, o ritmo como estrutura continente que ela via representada nos desenhos pré-figurativos das crianças: os zigue-zagues, o pontilhado, as dobras, as formas espiraladas e até mesmo o colorir do fundo revelavam os traços da uma estrutura rítmica como expressão de uma forma-sensação continente... aberta.

Estamos acostumados a pensar a representação de uma estrutura continente como forma fechada. A própria noção do Eu como envoltório psíquico nos remete a essa imagem. Daí a dificuldade de avaliar a dimensão do que ela nos propõe; mas aí também reside sua originalidade e sua contribuição ao nosso tema.

A estética rítmica se constitui, ao nível do Eu-corporal, como experiência de continência que possui estrutura bidimensional, como organização de superfície e, nesse sentido,

Haag supõe uma "ritmicidade de 'superfície'". Se tudo corre suficientemente bem para o bebê, a hipótese de Haag é de que a experiência dos elementos que compõem as estruturas rítmicas é imprescindível para a construção da tridimensionalidade.

Haag associa a estética rítmica à experiência de fundo; não no sentido que utilizamos quando falamos da relação figura-fundo. Seus textos esclarecem que o sentido mais se aproxima ao que utilizamos quando nos referimos, por exemplo, ao fundo de um copo – o limite, o ponto último em que algo entra e, uma vez contido, deve retornar numa experiência de fluxo e refluxo tal como referida por Tustin.

O ritmo como primeiro continente está vinculado ao estabelecimento de "um mínimo de fundo" e a um ponto de retorno, propiciando, desse modo, a forma-sensação de um movimento que transcende a capacidade de uma organização bidimensional da experiência, e inaugura uma terceira dimensão. Ressalta, por exemplo, na relação mãe bebê, a experiência de interpenetração do olhar. Por interpenetração do olhar, Haag fala da experiência de penetrar e percorrer o interior da mãe pelo olhar, e nele encontrar um fundo que o remete de volta a seu próprio interior; diferente de um olhar a fundos perdidos, tipo folha de papel, sem volume, sem espaço interior, que qualquer tentativa de penetração atravessa. Pode-se dizer assim: da imagem de canos e tubos como formas-sensação de um Eu rudimentar a derramar-se sem fim, a uma experiência de um "fundo" configurando um ambiente continente, ou então de um ponto de retorno que impede o angustiante esvaziar-se, o cair no vazio.

Vimos que Bion já fizera notar que a função de *rêverie*, para além da continência, implica um movimento de retorno. Winnicott também chamou a atenção para a função estruturante do retorno quando falou da função de espelho do olhar materno. O que Haag afirma em nada diverge nem exclui as abordagens desses autores, mas vai além. O que lhe salta aos olhos em sua clínica é a forma-sensação da experiência, o ir e vir, o experimentar o "fundo", o ponto de "dobra": elementos fundamentais, vale repetir, na construção da terceira dimensão, mas antes de tudo – este é o foco de sua atenção – da estrutura rítmica.

Para Haag (1995), a partir de Maldiney, a experiência rítmica é primordial como processo constitutivo do Eu e "precisamente na fundação do primeiro 'fundo' que vai progressivamente constituir também o primeiro envoltório circular" (p. 25).

O ritmo faz parte da vida. Refere-se aqui ao ritmo biológico ainda em vida uterina. Mas entendo, junto com Haag (1994), que as sensações rítmicas só transformam o espaço psíquico na interação com o objeto relacional, nas palavras de Haag (1994), "no estabelecimento de uma ritmicidade relacional" (p. 45) que integra a ritmicidade biológica com a do ambiente maternante. Nesse sentido, falamos do ritmo em vida gestacional, no movimento de dança no primeiro encontro entre o ritmo do bebê fetal e o ritmo materno, falamos de ritmo na cesura do nascimento. Caso se considere agora a experiência da mamada como exemplo da experiência rítmica na relação de cuidado, pode-se dizer do fluxo de sensações como o leite a percorrer o tubo digestivo, mas é no entrar e sair do bico do seio na boca, no movimento rítmico do mamar, na interpenetração dos olhares que geralmente acompanha os momentos da mamada, e na sensação dos braços que sustentam a cabeça e as costas do bebê, que a experiência do ritmo e fundo pode ser inscrita.

A presença de Bion nas elaborações de Haag é reconhecida por ela: por experiência de "fundo", Haag tanto nos remete à noção de tela de fundo, conforme já referido, como também, como ponto de retorno ou ponto de ricochete, a um encontro transformador: algo da igualdade se perde entre o que vai e o que volta (Haag, 1994); o reflexo especular, se aprisionado no mesmo, perde a estrutura rítmica e pode levar à mesma sideração de Narciso bloqueando o processo de gestação psíquica (Anzieu, 1985a).

Observa-se assim que a lógica é a mesma da *rêverie*, mas corporalmente dada: acolher, transformar e devolver. Propõe-se aqui a ideia de uma *rêverie* corporal.

Citando Maldiney, Haag (2006a) esclarece que a palavra *rutmo* não designa um movimento de fluxo, de escoamento, "mas a configuração assumida a cada instante, determinada por um movimento". Nesse sentido, o ritmo é uma "forma" – forma-sensação – forma de transformação em constante transformação. "O ritmo está no redemoinho da água, e não no curso do rio" (Maldiney como citado em Haag, 2006a, p. 80). Transformação e continuidade, elementos de uma estrutura rítmica que vimos presente desde a vida uterina, e que são inerentes às relações de cuidado suficientemente boas.

As primeiras formas fechadas e a estrutura radiante de continência

Da estrutura rítmica como primeiro continente à experiência de um Eu continente, individualizado e autônomo, o espaço psíquico não deve apenas ganhar uma terceira dimensão, mas se construir também como espaço fechado. Haag propõe que a possibilidade da construção do Eu como forma-sensação fechada depende da interiorização do ponto de retorno, ou melhor, dos sucessivos pontos de retorno, criando no interior um ponto de amarração, um núcleo denso, um esqueleto interno (Meltzer como citado em Haag, 1995) que confere suficiente estabilidade e autonomia ao Eu.

O ponto de retorno é o ponto de transformação, a função alfa, a *rêverie* materna, corporalmente ou psiquicamente vivida. A interiorização dos pontos de retorno é a interiorização da região de interface, transpondo para o Eu os "esquemas de transformação" vividos à flor da pele. Este é um dos aspectos do desenvolvimento do Eu-pensante, levando a níveis mais arcaicos do que os propostos por Bion, os processos de constituição da capacidade de pensar.

Nas representações pré-figurativas das crianças, Haag encontra desenhos de sol, cabelos, olhos, formas radiantes, isto é, formas continentes que incluem em seu interior um esqueleto interno. Importante ressaltar que Haag não se refere a uma estrutura continente simples como um círculo. Entende que "a forma fechada exerce a representação de diferentes etapas da individuação" (Haag, 1994, p. 31), mas não responde pela complexidade da estrutura continente de um Eu suficientemente bem construída. Em outros termos, dizer das formas fechadas nos desenhos pré-figurativos como representação de etapas diferentes no processo de individuação é o mesmo que falar de níveis diferentes de complexidade da forma-sensação de desenvolvimento como um espaço continente; mas é também supor que nesse estágio, embora se possa falar de uma diferenciação Eu/Não Eu, ainda não se pode falar de efetivo nascimento psíquico, isto é, de um Eu-psíquico com relativa autonomia em relação ao Eu-corporal e ao ambiente maternante. Nesse sentido, Haag vai ao encontro de Anzieu e de sua formulação da necessária transformação da fantasia de possuir uma pele comum, no sentimento de ser dono da própria pele.

Para Haag, e também para Houzel (1987), o círculo simples pode expressar uma estrutura continente defeituosa reduzindo o Eu a um saco de elementos psíquicos, semelhante ao "saco de batatas" que não se sustenta em pé ou está sempre em risco de tombar, ou a angustiante experiência de um saco vazio.

Experiências de pele e o envoltório psíquico

Quando diz que a pele e a sensação tátil oferecem ao Eu seu modelo estrutural e de funcionamento, Anzieu (1985a) ressalta a importância capital que a pele tem para o psicanalista. Em suas formulações ele considera a função da pele – da pele do bebê e da pele da mãe – nos processos primários de constituição psíquica. Valoriza o contato pele a pele mãe-bebê, prazer difuso e sensual, como imprescindível para o desenvolvimento biológico e psicológico saudável, tanto pela estimulação sensorial tátil, como também por sua qualidade emocional, por seu efeito de estimulação do prazer e do pensamento:

> A multiplicação e a doçura das trocas, dos beijos, das carícias, dos cuidados estendendo a toda a superfície do corpo os investimentos libidinais e narcísicos que o aleitamento concentra, de outro modo sobre a boca, e fornecem a primeira pré-representação de um envoltório corporal e depois psíquico (Anzieu, 1981, p. 70).

Dessa perspectiva, proponho falar com Anzieu de experiências da pele, isto é, a pele como superfície contínua a envolver a totalidade do corpo; as experiências sensoriais táteis que resultam do tocar e ser tocado, proporcionando ao Eu nascente um apoio e o modelo de sua estrutura. Quando aborda a função continente do Eu-pele, Anzieu (1985a) declara que é em termos do *handling*, da manipulação do corpo do bebê nas atividades de cuidado, no acariciar, nesse tocar e ser tocado, que essa função é exercida primeiro. Desta experiência tátil decorre a "sensação-imagem da pele" como uma bolsa continente, isto é, as experiências da pele despertam uma forma-sensação continente, de envoltório, que oferece ao bebê um "sentimento de coerência e identidade" (Briggs, 2002, p. 206), ainda que, como visto anteriormente, dele faça parte o ambiente cuidador. Vimos que a noção de Eu-pele nomeia essa relação de apoio entre o Eu e a pele.

A noção de apoio é fundamental para a concepção de Anzieu: ao mesmo tempo que permite pôr em relevância a pele como fundamento biológico, e a sensação tátil, também impulsiona no sentido de um descolamento dos processos estruturantes do Eu como continente psíquico, da experiência tátil como experiência da pele. O envoltório tátil é uma das configurações possíveis que o Eu pode assumir como envoltório do psíquico.

Quando desenvolve a noção de segunda pele, Esther Bick é quem primeiro chama a atenção para função continente da pele do bebê, propiciando a experiência de integração da personalidade "não ainda diferenciada das partes do corpo" (Bick, 1968, p. 83). Ela ressalta que a função de pele, despertada pela sensação da pele em sua continuidade, é a função de unir entre si sensações de naturezas diversas, mantendo juntas todas as partes do corpo; uma primeira experiência de integração psíquica ao nível do Eu-corporal.

Em suas formulações, essa integração pode também ser propiciada pela força atrativa, vinculante, de um objeto externo, que exerce, desse modo, a função continente de pele, pela propriocepção da contração muscular e/ou pela própria experiência tátil, para citar exemplos. Nesse sentido proponho falar de experiência de pele, que não se resume à experiência da pele, seja tátil, seja térmica ou dolorosa, embora a inclua.

Quando se fala de experiência de pele, é posta em relevo a qualidade de pele da experiência, isto é, aquelas experiências que, independentemente de sua modalidade sensorial, possuem qualidade de pele e exercem função de pele. "[...] uma experiência que não pode ser distinguida da sensação do corpo de ser mantido pela pele" (Bick, 1986, p. 87); experiências que se inscrevem ao nível do Eu-corporal e que sustentam a ilusão de uma relação adesiva.

No desenvolvimento conceitual proposto por Bick (1968), quando o ambiente falha no exercício da função continente deixando o infante "em presença de situações que conduzam a angústias catastróficas do estado de não integração" (p. 84), isto é, quando corre o risco de experimentar uma sensação de liquefação, de escorrer no vazio, o bebê lança mão de recursos "autoprotetores" (Mitrani, 2001) – formas-sensação autogeridas que lhe ofereçam experiência de pele: uma luz, uma voz, um cheiro, ou qualquer outro objeto sensorial ao qual possa se agarrar (Bick, 1968), restabelecendo a sensação de adesividade como restauração do sentimento de estar colocado pele a pele, em continuidade com o ambiente maternante.

A abordagem de Bick antecipa a concepção de Daniel Stern de percepção amodal, a qual, por sua vez, nos ajuda a melhor compreender o que propunha Bick.

Por percepção amodal, supõe Stern (1973) que o recém-nascido possui "uma capacidade geral inata [...] de tomar a informação recebida em uma modalidade sensorial e de alguma maneira traduzi-la para uma outra modalidade sensorial" (p. 45). Esclarece, entretanto, que não se trata de simples questão de tradução. São representações abstratas de formas, intensidades e padrões temporais; em outros termos, ele se refere a uma *"representação* amodal [...] que pode ser reconhecida em qualquer um dos modos sensoriais" (Stern, 1973, p. 45).

A definição de representação amodal muito se assemelha ao que Tustin denomina "forma-sensação". De modo inverso, podemos dizer que a noção de forma-sensação se revela por trás da "misteriosa" (Stern, 1973) representação amodal.

Retornando a Bick e à ideia de experiências de pele, entende-se aqui que, na diversidade sensorial em que o bebê é envolvido durante as relações de cuidado, as possibilidades de se experimentar formas-sensação continente são múltiplas, envoltórios psíquicos; formas-sensação que nascem da relação de cuidado, formas autogeridas, recursos autoprotetores dos quais se podem abrir mão quando o ambiente cuidador reassume, se reassume, a função continente.

O interdito de tocar: o nascimento do Eu-psíquico

> "A maioria pensa com a sensibilidade, eu sinto com o pensamento.
> Para o homem vulgar, sentir é viver e pensar é saber viver. Para mim,
> pensar é viver e sentir não é mais que o alimento de pensar."
>
> (Fernando Pessoa)

Em meu estudo, muitas vezes questionei o que caracterizaria o nascimento psíquico. Do estado do Eu-corporal ao Eu-pensante, sabemos que a psicogênese do Eu-pele corresponde, em alguma medida, aos rudimentos de um Eu-psíquico; implica uma organização narcísica, e um funcionamento psíquico ainda que precário. A identificação projetiva, recurso defensivo que surge com a psicogênese do Eu-pele, é um mecanismo psíquico. Mas nesse estágio, a capacidade simbólica ainda não está adquirida; a criança ainda não tem a autonomia do pensar. Em termos da estruturação do espaço psíquico, ainda falamos de uma configuração bidimensional. As discriminações entre Eu e Não Eu, e entre o Eu-corporal e o Eu-psíquico, ainda não estão suficientemente estabelecidas. Por isso, embora Anzieu se refira à constituição do Eu-pele em termos de psicogênese, não nos parece apropriado falar de nascimento psíquico.

Em termos teóricos, proponho pensar o nascimento psíquico relacionado à construção da estrutura psíquica tridimensional, à constituição do Eu como corpo psíquico, à gênese da capacidade de pensar. É o que sugere Tustin (1994) a respeito de seus pacientes: "[...] o nascimento psíquico se produz quando eles emergem dessas sensações táteis, quando experimentam uma parte do mundo que os circunda, e quando eles vivem em três dimensões. É um nascimento psíquico" (p. 95).

Para Anzieu, veremos que o ir além do estado do Eu-pele, o que implicaria a capacidade de representação de um Eu simbólico, ao nível do Eu-psíquico, está vinculado à estruturação de um Eu-pensante.

O Eu-pele entre a mãe e o bebê

Já foi referido no Capítulo I que Anzieu confere ao Eu-pele um lugar duplamente intermediário, entre metáfora e conceito e entre Eu-corporal e Eu-psíquico. Agora será abordado o aspecto de estrutura intermediária que ele igualmente lhe confere, entre o bebê e o círculo maternante.

Anzieu (1985a) afirma que o Eu-pele, como realidade fantasmática, é inexistente no nascimento – "é uma estrutura virtual" (p. 134) – e sua "atualização" tem como base a intersubjetividade primária que se enraíza nas relações de cuidado e sustenta a constituição do Eu-corporal.

O interjogo entre o bebê e o círculo maternante que anima as relações de cuidado, se sustenta sobre uma comunicação direta, pele a pele, que prescinde de intermediários: são "microtrocas e ajustamentos mimo-gesto-posturais"

(Roussillon, 2007, p. 101) entre o bebê e o círculo maternante, que se ajusta, na medida de suas possibilidades, aos movimentos do bebê em sua individualidade: "ele tem seu estilo, seu temperamento próprio, diferente dos outros sobre um fundo de semelhança" (Anzieu, 1985a, p. 87).

O bebê e o ambiente cuidador constroem uma região intermediária, de trocas intersubjetivas, vinculada ao movimento de dança que os parceiros tecem entre si a partir de iniciativas compartilhadas e alternadas. Esta oferece à criança o apoio para a fantasia de que ela e seu ambiente maternante se comunicam pela superfície de seus corpos, superfície comum, fusionada uma à outra, o que, em termos metapsicológicos tem sido referido como processos de identificação adesiva. Segundo Widlöcher (2007): "[...] o Eu-pele corporal não é a parede de um saco, mas uma superfície em permanente troca com o entorno" (p. 52).

Para o bebê, a psicogênese do Eu-pele (representação primária do envoltório narcísico) como estrutura intermediária entre ele e a mãe corresponde a esta fantasia. O Eu-pele tem, em seu estado primário, uma estrutura de interface que tem de um lado o bebê e do outro, em continuidade, o ambiente maternante; como "tela única que entra em ressonância com as sensações, os afetos, as imagens mentais, os ritmos vitais dos dois" (Anzieu, 1985a, p. 88).

Dessa perspectiva, não podemos dizer que o Eu-pele comporta uma característica de objeto transicional, no sentido mesmo desenvolvido por Winnicott, nem realidade externa nem interna, nem só da mãe nem só da criança?

Em sua estrutura de interface, o Eu-pele centraliza a problemática da diferenciação Eu/Não Eu (Roussillon, 2007) e do nascimento psíquico, processo que implica a superação da fantasia infantil de possuir com a mãe uma pele comum, e o desenvolvimento do sentimento de ser dono da própria pele.

Foi visto que, desde Freud, o Eu como interface é apresentado como uma estrutura em camadas, múltiplos envoltórios indiferenciados em seu estado primário: envoltório de comunicação ou sentido, envoltório de para-excitação, que, nesse estado de origem, encontram-se também indiferenciados da pele materna.

O olhar de Anzieu sobre essa estrutura recai, predominantemente, sobre a transformação do espaço que separa esses folhetos. É isso que permitirá transformar "o funcionamento psíquico em sistema cada vez mais aberto, o que encaminha a mãe e o filho para funcionamentos cada vez mais separados" (Anzieu, 1985a, p. 88). É em torno das transformações da estrutura do Eu-pele que podemos acompanhar o nascimento psíquico.

Anzieu, fazendo uso de referências topológicas, propõe que a configuração do Eu em camadas discriminadas é o que sustenta, de modo intrapsíquico, o espaço potencial: entre o estímulo e o sentido, é o que age a fantasia. A separação das peles, entre o bebê e o ambiente cuidador, possibilita a independência da criança. Entretanto, o processo de separação das peles não será bem-sucedido se a independência não se fizer acompanhar de maior autonomia. Para tanto, segue-se aqui Anzieu em sua proposição a respeito do que promove o descolamento das peles, um ir além do estado do Eu-pele e o nascimento do Eu-psíquico; movimento que se inscreve na dinâmica do cuidado e que pressupõe poder abrir mão dos prazeres do contato corporal e da comunicação pele a pele: o interdito de tocar.

A qualidade e a configuração dessa pele comum estão estreitamente vinculadas à qualidade do cuidado maternante, ou melhor, à pessoalidade da adaptação materna que deve oferecer ao infante, na medida de sua maturação, a justa medida de suas necessidades. É o equilíbrio dinâmico da relação de cuidado, o que prenuncia a separação das peles. Quando o ambiente não reconhece e não acolhe a participação do bebê no interjogo da dinâmica de cuidado, ele corre o risco de empobrecer seu sentimento de ser, ou de lhe oferecer uma pele frouxa ou justa demais que interfira em seu movimento de independência e autonomia. Por outro lado, a mãe que reconhece, interpela e confronta devolve ao bebê sua justa medida, nela incluindo a potencialidade do espaço transicional.

Quando Winnicott afirma que a mãe, porque um dia já foi bebê, pode se identificar com seu filho, acredito poder acrescentar que ela traz inscrita em seu Eu-pele as falhas, quando houve, de seus processos constitutivos. E provavelmente seu Eu-corporal reinvestido é que propiciará que ela estabeleça com o filho relações de características tão primárias. Ao compartilhar com a mãe uma pele em comum, a clínica nos mostra que a criança vive em sua pele o ressoar das carências e ideais maternos. Se a pele comum marca a dependência da criança em relação à mãe, proponho que a separação gradual das peles vai refletir, por sua vez, a dependência da mãe a seu filho.

Alguns esclarecimentos a respeito do interdito de tocar

Partindo da consideração da importância das experiências da pele para o processo de constituição de Eu, Anzieu precisa abordar a questão do que levaria mãe e bebê a abrirem mão de contato tão íntimo e prazeroso. O que levaria à ultrapassagem do Eu-pele? Ou, em seus termos, como pode o Eu passar de um funcionamento em Eu-pele para um funcionamento próprio ao Eu-psíquico? Sua hipótese é bastante freudiana: o tátil só é criador quando se encontra, no momento necessário, interditado (Anzieu, 1985a).

Como é de seu estilo, Anzieu faz uma vasta pesquisa para fundamentar como a interdição ao toque está presente em diversos setores da cultura ocidental e como, muito frequentemente, ela é condição e motor de transformações. Se considerarmos apenas o nosso campo de interesse, a psicanálise, ele faz notar como seu processo de criação é atravessado por interdições ao toque. Na verdade, interdições de dupla natureza: a do contato corpo a corpo pelo risco de ter um excesso de erotização despertado, e o contato manual, o tocar o corpo com as mãos, como, por exemplo, faz o médico ao examinar um paciente ou como, na pré-história da psicanálise, encontramos em "Freud hipnoterapeuta" (Anzieu, 1985a, p. 179). Sabemos que a psicanálise nasce de uma interdição ao toque, quando Freud "suspende toda troca tátil com o paciente em benefício da única troca de linguagem" (Anzieu, 1985a, p. 178). Segue Anzieu (1985a):

> Nesta situação, seus pacientes – e Freud a eles faz eco – se põem cada vez mais a sonhar. A análise metódica desses sonhos – os seus e os deles – o conduz, em outubro de 1897, à descoberta capital do complexo de Édipo (p. 179).

Ele mostra que na história da psicanálise, como também na história infantil de cada indivíduo, foi preciso que a distância fosse introduzida e que o contato fosse interditado, "para que se instaure [instaurasse] uma relação de pensamento, um espaço psíquico, um desdobramento do Eu em uma parte auto-observante" (Anzieu, 1985a, p. 180). Ou seja, para que o espaço psíquico, a capacidade reflexiva do Eu e o pensamento se constituíssem como realidade clínica.

De forma semelhante, se as experiências de pele e a comunicação silenciosa alimentam mãe e bebê no calor da intimidade corporal, é necessário que ela seja interditada para que o simbólico se desenvolva como ponte a unir os

CLÍNICA DO CONTINENTE

corpos, as peles e os psiquismos, então, separados: "O prazer do contato do corpo materno é a base tanto do apego como da separação" (Pinol-Douriez *et al.*, 2000, p. 240).

Se se pode dizer que Anzieu é o autor – se não quem introduz, pelo menos quem mais valoriza e enriquece, no campo psicanalítico, uma teoria sobre a pele, sobre as experiências de pele –, será ele também quem irá teorizar a respeito da interdição do tocar como um dos elementos constitutivos, indispensáveis ao Eu:

> O interdito edipiano (não casarás com tua mãe e não matarás teu pai) se constrói por derivação metonímica do interdito de tocar. O interdito de tocar prepara e torna possível o interdito edipiano ao lhe fornecer seu fundamento pré-sexual. O tratamento psicanalítico permite compreender muito particularmente, com quais dificuldades, com quais falhas, com quais contrainvestimentos ou sobreinvestimentos esta derivação se opera em cada caso (Anzieu, 1984b, p. 175).

Apesar da simplicidade aparente muitas vezes envolvendo formulações que conferem valor a uma constituição do ser anterior à instauração edípica genital, penso que o que nos apresenta Anzieu neste parágrafo possui uma complexidade que não estou certa de ter apreendido com propriedade. No entanto, quero ressaltar que não se trata, para ele, apenas de estabelecer uma equivalência entre o interdito edípico e o interdito de tocar, nem de estabelecer uma anterioridade de um em relação ao outro. Primeiro, ele considera que o tocar é terreno comum para três problemáticas que habitam o psiquismo do humano: a prova de existência, a constituição do Eu e o autoerotismo nos cuidados dados ao corpo, e a sedução sexual. Depois, propõe que tanto o interdito de tocar como o edípico se constroem em dois tempos, um primário e um secundário, e, terceiro, não podemos desconsiderar que ele nos oferece, como vimos no Capítulo I, uma causalidade não linear.

Assim, quando diz que o interdito de tocar prepara e torna possível o interdito edípico, e que este se constrói a partir daquele por derivação metonímica, Anzieu ressalta a relação entre os dois interditos e, consequentemente, entre as pulsões de apego e sexual sobre as quais eles incidem. Anzieu nos remete ao interdito como função psíquica que transcende a organização edípica, e situa o tocar, inerente à relação primária, como um campo de articulação entre eles.

> Todo o interdito é duplo por natureza. É um sistema de tensões entre polos opostos; essas tensões desenvolvem no aparelho psíquico campos de força que inibem certos funcionamentos e obrigam outros a se modificar (Anzieu, 1985a, p. 185).

Ele destaca quatro dualidades implícitas em todo interdito.

Primeiro, tanto o interdito de tocar como o edípico atingem as pulsões sexuais e agressivas. No que diz respeito ao interdito edípico – não casarás com tua mãe nem matarás teu pai –, sexualidade e agressividade estão relacionadas, mas diferenciadas. Já a interdição ao toque visa a proteger a criança dos excessos pulsionais, sejam agressivos, sejam sexuais indiferenciados: não toque certos objetos ou certas regiões de seu corpo ou do corpo do outro, pois você pode quebrar, machucar ou ser invadido por uma excitação que não é capaz de compreender e de satisfazer. Anzieu (1984b) ressalta que a interdição ao toque pode se tornar patogênica quando é a própria natureza da pulsão, e não sua intensidade, que é interditada, isto é, a agressividade e a sexualidade em si, quando "o prazer que as acompanha e as relações de objeto que modula são barrados" (p. 176).

No entanto, diferente do interdito edípico, a interdição ao toque é, de certo modo, mais "relativa" e acreditamos que em função de sua vinculação à autoconservação: não toque o fogo porque você vai se queimar, mas também não solte a mão de sua mãe, mantenha-se em contato com ela, para atravessar a rua. De outro modo diremos que o interdito de tocar está vinculado ao jogo entre dependência e autonomia, ou entre autonomia e segurança. Quando observamos, por exemplo, a criança que aprende a andar, a traçar sua própria distância, tanto mais longe ela poderá ir quanto mais segura se sentir. Segundo Anzieu (1984b): "A aprendizagem da autonomia se joga entre duas obrigações: manter os contatos requeridos para a preservação da vida física e psíquica, renunciar àqueles que mantêm o sujeito em uma posição regressiva que o impede de crescer" (p. 177).

Na segunda dualidade dos interditos que descreve, ele os apresenta como uma configuração de interface, isto é, uma face voltada para o exterior, que recebe, filtra e significa as interdições vindas do ambiente, e uma face voltada para a realidade interna, para os "representantes representativos e afetivos das moções pulsionais". Nesse sentido, Anzieu (1984b) diferencia as interdições dos interditos:

> As interdições incidem sobre as condutas relacionadas aos objetos externos e ao próprio corpo. O interdito propriamente dito incide sobre a pulsão, sobre a realização pulsional bruta e não mediatizada. As interdições definem os perigos externos; os interditos assinalam os perigos internos (p. 177).

Ou seja, o interdito é o que canaliza o pulsional, delimita suas fontes e reorganiza seus objetos e objetivos; embora se apoiem nas interdições externas, os interditos de fato respondem ao princípio de diferenciação, intrínseco ao funcionamento psíquico. Como interface, os interditos delimitam regiões de qualidades psíquicas diferentes, como, por exemplo, cita Anzieu, o estranho (no sentido do inquietante, perigoso) e o familiar (no sentido do conhecido e protetor ou protegido). O interdito de tocar contribui para o estabelecimento de uma interface entre o Eu e o id; já o interdito edípico, trabalha no estabelecimento de uma fronteira entre o Eu e o supereu.

Terceiro, todo interdito se desenvolve em dois tempos. No que diz respeito ao interdito edípico, Anzieu segue Melanie Klein na consideração de um estado edípico precoce, pré-genital, que precede e prepara o Édipo genital. Do mesmo modo, existe um tempo primário do interdito de tocar, o que incide sobre a pulsão de apego, interditando o contato entre as superfícies do corpo como um todo e promovendo a reestruturação da fantasia de colagem de pele e da comunicação pele a pele; e um tempo secundário, mais seletivo, limitado ao contato manual, e que incide sobre a pulsão de domínio.

Segundo Anzieu, e isso muito interessa, é o tempo primeiro do interdito de tocar que promove o nascimento psíquico: "O interdito primário do tocar transpõe para o plano psíquico o que foi operado no nascimento biológico. Ele propõe uma existência separada ao ser vivente em vias de se tornar um indivíduo" (Anzieu, 1984b, p. 179).

Se o interdito se apoia nas interdições para ganhar forma, ou melhor, significação, o que vai operar como interdição é o distanciamento psíquico e físico da mãe. Daí a importância da quarta dualidade característica do interdito.

Quarto, de modo geral, o interdito é bilateral, isto é, tanto se aplica a quem emite a interdição como a seu destinatário.

Se o interdito primário de tocar não se estabelece, afirma Anzieu, o interdito edípico, como organizador da sexualidade genital e da ordem social, não se instala. Ou seja, na manutenção do corpo a corpo, sem que uma distância seja estabelecida entre o bebê e o ambiente maternante, sem que o Eu-psíquico se instaure como sentimento de identidade de base diferenciado do Eu-corporal, a própria organização da estrutura edípica fica prejudicada. Do mesmo modo, propõe Anzieu, o interdito de tocar favorecerá a reestruturação do Eu apenas se o Eu-pele tiver sido suficientemente adquirido. Caso contrário, imagino ser a situação extrema do autismo, a separação imposta pelo interdito interrompe o processo de constituição do Eu-pele e do nascimento psíquico.

Muito menos frequentemente, felizmente, o comprometimento se apresenta em sua forma extremada. De modo geral, partindo da hipótese de uma configuração de Eu-pele que representa relativa "normalidade", encontramos em nossa clínica distorções e variações da estrutura do Eu-pele. Conforme Anzieu (1985a): "O Eu-pele 'normal' não envolve a totalidade do aparelho psíquico e apresenta uma dupla face, externa e interna, com uma separação entre essas duas faces que deixa lugar livre para um certo jogo" (p. 161).

Ou seja, se por questões inerentes à criança (Bion, 1950), por falhas do ambiente cuidador ou traumas cumulativos, o Eu-pele se constitui sem oferecer à criança a experiência de sua individualidade e sua justa medida, se a criança não pode experimentar o ir e vir de seus movimentos de independência, se no interjogo que alimenta as relações de cuidado o ambiente não oferece à criança a possibilidade de construir uma pele própria, no processo de separação, a possibilidade de cada um vir a ser dono de sua própria pele e ter seu próprio Eu fica distorcida. Nesse sentido, Anzieu fala das fantasias de pele rasgada, de pele esfolada, de pele roubada, de pele envenenada, entre outras que, porventura, podem acompanhar esse processo constitutivo; vicissitudes que oferecem, segundo o autor, suporte para fantasias narcísicas e masoquistas, mas que também podem gerar uma configuração distorcida do Eu-pele.

Do Eu-pele ao Eu-pensante

Foi visto que o interdito primário de tocar incide, propõe Anzieu (1985a), sobre a pulsão de apego: "O interdito de tocar, diferente do interdito edipiano, não exige uma renúncia definitiva a um objeto de amor, mas uma renúncia à comunicação ecotátil como modo principal de comunicação com os outros" (p. 194).

Isto posto, queremos supor que, se colada à pele da mãe a criança experimentou proteção, sustentação e até mesmo a possibilidade de comunicação, o interdito de tocar, ao impor uma nova experiência de espaço, vai exigir a reestruturação desse modo de existência, um redimensionamento das relações objetais e o desenvolvimento de uma nova forma de comunicação. Como manter as relações com os objetos primordiais e a possibilidade de comunicação senão reestruturando o Eu e dando a ele novas possibilidades de exercício de sua funcionalidade? Para tal, é preciso que o Eu tanto se desprenda de sua base corporal como também possa recuperá-la como um Eu-psíquico e um Eu-pensante; é preciso transformar o modo de comunicação corporal em uma comunicação a distância, mais simbólico; é preciso transformar o contato corporal em outro, internalizado e fantasiado (Green, 2000). Ou seja, a interdição da satisfação não mediatizada da pulsão do apego por contato corporal deve gerar no psiquismo estruturas que ofereçam outra forma de contato, agora internalizado: o desenvolvimento simbólico e a configuração do ambiente interno, sede da realidade psíquica.

> Como passar da simples consciência do objeto (quer dizer, de uma vivência corporal bruta) a seu conhecimento? Como avançar do eu consciente ao eu pensante, do eu que percebe os objetos externos ao que reflete sobre seus conteúdos internos? (Anzieu, 1993, p. 34).

É esse o sentido do caminho apontado por Anzieu (1985a), sem tecer sobre ele nenhuma consideração:

Se as angústias ligadas a essas fantasias [as que decorrem da separação das peles] chegam a ser superadas, a criança adquire um Eu-pele que lhe é próprio de acordo com um processo de dupla interiorização:

a) Da interface que se torna envelope psíquico continente dos conteúdos psíquicos (de onde a constituição, segundo Bion, de um aparelho para pensar pensamentos).

b) Do círculo maternante, que se torna o mundo interior dos pensamentos, das imagens e dos afetos (p. 89).

Talvez ele tenha dispensado esclarecimentos devido à evidente relação que estabelece com a teoria sobre o pensar de Bion (1962):

É conveniente encarar o pensar como atividade que depende do resultado satisfatório de dois desenvolvimentos mentais básicos. O primeiro desenvolvimento é o dos pensamentos. Estes requerem um aparelho que deles se encarregue. O segundo desenvolvimento, consequentemente, é o desenvolvimento do aparelho que provisoriamente chamarei [*atividade ou faculdade de pensar*] (p. 128).

Dessa maneira, observa-se que a interiorização do círculo maternante e a interiorização da interface correspondem aos dois desenvolvimentos mentais básicos supostos por Bion: pensamentos e o pensar. Para Anzieu, o mecanismo de identificação projetiva e o processo de *rêverie* materna implicam a aquisição do Eu-pele, daí a aproximação que estabelece entre a ultrapassagem do Eu-pele e a teoria sobre o pensar de Bion. Em decorrência dessa aproximação, o nascimento do Eu-psíquico tem como correlato a gênese do Eu-pensante.

De acordo com Anzieu (1993):

> Descrever um objeto é fazer-se uma ideia (uma representação) dele; essa ideia do objeto é ainda confusa (Spinoza) e se tornará mais precisa em esquemas (Kant), dos quais existem duas grandes categorias: os esquemas[4] de envolvimento e os esquemas de transformação [...] Tais esquemas concernem ao pensamento e ao pensar (p. 14).

Anzieu estabelece uma relação entre as experiências de envolvimento vividas com o círculo maternante, o desenvolvimento de significantes formais de envolvimento e os pensamentos, e outra entre a estrutura de interface do Eu-pele e o desenvolvimento de significantes formais de transformação e a atividade de pensar.

Sabe-se que as experiências de envolvimento e as de transformação rítmica são aspectos de uma mesma relação do bebê com o ambiente maternante e que a diferenciação de um significante formal de envolvimento e a tecedura de

---

[4] A utilização do termo "esquema" no lugar de significante formal é proposto por Serge Tisseron (1993). Anzieu aqui o adota por referência ao texto de Tisseron.

uma estrutura de interface representam eixos diferentes dos processos constitutivos do Eu e que apenas hipoteticamente se apresentam igual e idealmente desenvolvidos. Separar, conforme Anzieu, processo de interiorização desses dois aspectos da estrutura continente do Eu, tem por finalidade enriquecer o raciocínio clínico: podemos experimentar distorções no desenvolvimento do significante formal de envoltório e/ou distorções na configuração e desenvolvimento da estrutura de interface.

Anzieu logo anuncia a primeira condição para que o interdito de tocar possibilite um nascimento psíquico saudável: é necessário que mãe e criança possam suportar as angústias que o interdito de tocar possa suscitar – condição imprescindível, já apontara Bion, para que o aparelho psíquico se reestruture trazendo para seu interior as experiências de superfície. Isto é, que a criança internalize as experiências constitutivas vividas nas relações de cuidados ao nível do Eu-corporal; que ela internalize as qualidades afetivas, mas também as relações estruturais.

Acredita-se aqui que a interiorização do Eu-pele implica a interiorização do próprio campo vincular, da estrutura de interface e da estrutura de envolvimento que mãe e criança tecem juntas desde o tempo de vida intrauterina. É nessa medida que as configurações estruturais constituídas ao nível do Eu-corporal e vividas à flor da pele, com suas características individuais, são interiorizadas e transpostas ao Eu-psíquico, conferindo-lhe particularidade funcional.

Um segundo ponto merece destaque. Segundo Anzieu (1985a): "a criança adquire um Eu-pele que lhe é próprio" (p. 191). Ou seja, a ultrapassagem do estado do Eu-pele levaria à aquisição de um Eu-pele próprio. Essa estranha formulação parece sobredeterminada, no sentido de que traz implícitos pelo menos dois pensamentos: primeiro, o Eu-pele, do mesmo modo que o Eu-corporal, não desaparece – "a superação do Eu-pele não leva a abolir o Eu-pele", diz Anzieu (1985a, p. 191), e acrescenta que o seu estatuto é complexo: "são ao mesmo tempo negados, ultrapassados e conservados" (p. 194); eles precisam ser recalcados, cedendo espaço para um funcionamento psíquico mais autônomo, mas também conservados. De recalcados, podem ser intensamente reinvestidos, como supõe a metapsicologia de Federn, surgindo à frente da cena psíquica e revelando, em sua configuração, suas marcas constitutivas.

Para Anzieu (1985a), o Eu-pele se mantém como pano de fundo para as "correspondências intersensoriais", isto é, como um espaço psíquico de "articulação" dos dados multissensoriais e de encaixe dos envoltórios psíquicos, ao que se acrescenta aqui: provavelmente também como espaço de articulação e encaixe entre os diversos níveis de estados do Eu. Anzieu (1994) afirma que se o núcleo do espírito é o Eu-pensante, o córtex é o Eu-pele.

Entendo que o Eu-pele nunca perde seu estatuto de intermediário, e nesse sentido, através dele, do corpo ao Eu-pensante, os estados de Eu se encaixam, se inter-relacionam, estabelecem fronteiras e se diferenciam; uma rica dinâmica anima a topologia psíquica.

Se a ultrapassagem do Eu-pele não implica seu desaparecimento, que sentido ela possui? Para Anzieu – este é o segundo pensamento que sobredeterminaria sua formulação – o Eu-pele, se suficientemente bem constituído, se transforma da fantasia de pele comum ao sentimento de ser dono da própria pele. Desse modo, Anzieu (1994) declara, "o eu psíquico desabita o eu corporal e não mais localiza o sentimento no corpo senão que no espaço psíquico, que tende, então, a ser ilimitado" (p. 115).

Já foram referidas no item anterior as múltiplas vicissitudes da transformação da fantasia de pele comum quando, no movimento de ser dono da própria pele, a criança experimenta a insuficiência de uma sustentação narcísica independente. O descolamento das peles, por vezes, pode se transformar na fantasia de manter sua pele colada à pele do ambiente maternante como recurso contra um colapso narcísico. Nas ilustrações clínicas que serão apresentadas no capítulo seguinte, encontraremos em Aquiles a fantasia de possuir uma "cola forte" a unir sua pele à de sua mãe.

Minha suposição é que, inserido na dinâmica das relações de cuidado, do corpo ao Eu-pensante, experimentamos pequenos nascimentos, transformações estruturais e qualitativas no sentimento de ser e nas possibilidades funcionais.

Recursos autoprotetores em defesa da ordem vital

Em um pequeno artigo que escreve após *O Eu e o id*, Freud (1924) estabelece a etiologia da neurose e da psicose como "fracasso da função do Eu". Ele parece reconhecer a imensa responsabilidade conferida a essa instância psíquica que de outro modo é "dependente" e subserviente a "todos os seus senhores ao mesmo tempo". Por isso, questiona: "Gostaríamos de saber em que circunstâncias e por quais meios o Eu consegue sair, sem adoecer, de tais conflitos que sempre se acham presentes" (Freud, 1924, p. 182).

Freud reconhece que há aí um novo âmbito de pesquisa e, certamente, de pesquisa clínica, mas não deixa de ressaltar dois fatores que lhe parecem fundamentais. Diz Freud (1924):

> O resultado de todas essas situações dependerá, não há dúvida, da constelação econômica, das grandezas relativas das tendências em luta. E para o Eu será possível evitar a ruptura em qualquer direção, ao deformar-se a si mesmo, permitir danos à sua unidade, eventualmente até se dividir ou partir (p. 182).

Orientado por uma visão de conflito, o primeiro aspecto da formulação freudiana põe em destaque a perspectiva econômica: é necessário reforçar o Eu, deixá-lo fortalecido para não sucumbir perante batalhas que trava com seus vizinhos e senhores. Sob uma perspectiva topológica, podemos dizer que é na dimensão do encontro que a situação é decidida: pela face externa, no encontro do Eu com as forças externas, e pela face interna, no encontro do Eu com as forças internas e o supereu. Por isso, em termos clínicos, concordo que é importante o fortalecimento do Eu. Ressalto, no entanto, entender o fortalecimento do Eu pelo que propõe Federn, isto é, que seja narcisicamente investido. Lembremos que, para Federn, o retraimento da libido narcísica, o apagamento das fronteiras do Eu, implica uma invasão de seus limites e diminui sua capacidade funcional.

Contudo, é o segundo aspecto que agora nos interessa: para evitar rupturas, para não adoecer, o Eu "pode deformar-se a si mesmo, permitir dano à sua unidade" (Freud, 1924, p. 191).

Freud apresenta a autodeformação do Eu como um de seus recursos. Não se pode falar em deformação sem supor uma formação. Deve-se perguntar: em nome de que algo que está em processo de formação se autodeforma?

Como visto no Capítulo II, Laplanche desenvolve a ideia de que, entre pulsões sexuais, na primeira tópica, e pulsões de morte, na segunda tópica, o Eu toma por sua própria conta a defesa da ordem vital. Isto é, cabe ao Eu a defesa da vida, da vida do indivíduo – o conceito de princípio de realidade bem atesta esta função que Freud confere ao Eu –, mas também e sobretudo, a defesa de sua própria vida, de sua sustentação narcísica. Segundo Green (2000): "O propósito do Eu não é a satisfação. Freud, que lhe atribui representar o senso comum ou a razão, lhe confia como principal tarefa a segurança" (p. 225).

Tal perspectiva abre caminho para a introdução deste tópico que tem como orientação, por um lado, a articulação entre a ideia de proteção e os estados de imaturidade e dependência característicos dos primórdios dos processos de constituição psíquica, e, por outro, a sustentação de que o Eu, em defesa da ordem vital, lança mão do que quer que possa vir em seu auxílio como recurso narcísico, na tecedura de determinado tipo de pensamento clínico, a Clínica do Continente.

Alguns psicanalistas, em suas pesquisas clínicas, entenderam ser imprescindível dirigir sua atenção para a fragilidade do Eu como instância protetora e nele reconhecer a necessidade de desenvolver mecanismos de autoproteção que compensassem "falhas básicas" e lhe garantissem, por precário que fosse, um sentimento de integração e um exercício possível de suas funções.

Esther Bick (1968) fala de uma formação, como uma segunda pele, quando o objeto primário falha de modo preponderante no exercício de sua função continente:

> Uma perturbação na função primária da pele pode conduzir ao desenvolvimento de uma "segunda pele" através da qual a dependência ao objeto é substituída por uma pseudoindependência, pelo uso inapropriado de certas

funções mentais, ou talvez, de talentos inatos, com o
objetivo de criar um substituto a essa função continente
da pele (p. 84).

Em sua observação de bebês, Bick constata a não passividade do bebê quando a função continente do objeto primário falha, ainda que de modo provisório. Isto é, o Eu-corporal, embora contando apenas com precários recursos corporais, imediatamente toma para si a função até então exercida pelo ambiente cuidador. Busca recriar a sensação de adesividade que lhe proporciona a experiência de integração necessária a sua tranquilidade, fixando sua atenção em qualquer objeto sensorial – uma luz, um som, uma sensação proprioceptiva, por exemplo, fornecida pela contração muscular. Recursos corporais com função psíquica de autoproteção no estado de Eu-corporal, dos quais, a isto já me referi, o bebê pode lançar mão quando necessário, e deles abrir mão quando o ambiente cuidador reassume sua função de Eu auxiliar protetor. Essa plasticidade do Eu, que prenuncia a possibilidade de interiorização da função continente, também revela que, em defesa da vida e da sustentação narcísica, o Eu cria recursos com os quais se proteger.

A situação a que Esther Bick se refere como segunda pele ocorre quando, de um abalo na confiança no ambiente, um padrão autoprotetor se cristaliza de modo prematuro. Isto é, em vez do desenvolvimento de uma pele psíquica flexível, a continência rígida por um Eu-corporal cria a ilusão de independência sem, no entanto, ter adquirido recursos de suficiente autonomia.

Tecendo seus conceitos a partir de dois campos de observação – a observação de bebês e a clínica com crianças e com adultos, Esther Bick estabelece entre eles correlações de grande valor clínico. Ela permite ver, por exemplo, nas couraças musculares que podem revestir o corpo e o psiquismo de certos pacientes, recursos de proteção de um Eu-corporal, dos quais não é possível abrir mão sem que se lhe ofereça, na relação transferencial, o sentimento de sustentação narcísica.

De orientação kleiniana, Bick via no brincar da criança e na relação transferencial expressão de seu inconsciente e de suas relações de objeto primárias. No entanto, começa a se dar conta de que o que a criança muitas vezes punha em cena se referia a estados anteriores aos relatados por Melanie Klein, a angústias diferentes da angústia persecutória, uma vez que para ela fica claro que a constituição de um "continente-pele" ou de uma pele psíquica continente é uma etapa "indispensável ao funcionamento da projeção, da introjeção, da clivagem e da idealização" (Bick, 1986, p. 139). Entende que o temor do "fim mortal", da "queda no espaço", despertava "angústias catastróficas", de característica narcísica, isto é, situações em que o Eu se sentia ameaçado em sua própria integridade física, por falha da função continente.

Esses medos a remetiam "às experiências de observação da interação mãe-bebê" (Bick, 1986, p. 134), e ela correlaciona a reação comportamental do bebê àquilo que se cristaliza como estrutura continente na personalidade do indivíduo, criança ou adulto, quando, de modo provisório, o ambiente falhava em função continente. Importante ressaltar que, nesse olhar clínico de Bick à função continente, leio indícios de uma indagação com a qual me identifico: como a função continente é exercida? Ou ainda, com que recursos o Eu se constitui como estrutura continente?

Bick não sistematizou suas contribuições clínicas. Segundo Meltzer (1986), ela era bastante intuitiva e, mesmo no que diz respeito às observações de bebês, baseava largamente suas conclusões na introspecção, o que dava, muitas vezes, a sensação de não ter consistência ou fundamento.

Em termos clínicos e de modo intuitivo, vejo em Esther Bick a mentora de todo um desenvolvimento de uma psicologia do Eu que tem como fio condutor, por um lado, os problemas da continência, da falta da continência e da espacialidade psíquica e, por outro, a primazia do sensível. E, sobretudo, ela começa a desenhar uma perspectiva de clínica do continente: em termos constitutivos, a integração do Eu por um ambiente-continente-pele, o desenvolvimento de recursos autoprotetores que compensem as inevitáveis falhas ambientais, a constituição de um continente-pele marcado por essa história de falhas e recursos autoprotetores.

Frances Tustin, influenciada por Bick, desenvolve sua teoria sobre o autismo dirigindo-se a estados mais elementares do que os descritos por Bick (e, segundo seu entendimento, também do que será descrito por Winnicott como falso *self*), a noção de recursos autoprotetores. Para ela, a defesa autista de encapsulamento é uma proteção desesperada e possível a um Eu-corporal ainda em estado muito rudimentar, diante da angústia em que ele se sente fisicamente ameaçado em sua existência. Ele cria uma barreira sensorial, como uma alucinação negativa maciça, que restringe ao máximo possível toda estimulação e toda percepção do mundo externo, ainda que, para tanto, pague o preço do não nascimento psíquico. Ou seja, mais influenciada por Bion, a questão clínica de Tustin se diferencia em alguns aspectos da de Bick: é em termos de consciência e possibilidade de conhecimento que ela pensa os recursos autoprotetores, isto é, as defesas autistas respondem a uma consciência adquirida muito cedo, e impedem a possibilidade de conhecimento de um estado de separação experimentado como aniquilamento. O encapsulamento autista é uma estrutura continente que não se desenvolve como capacidade de pensar; é uma autonomia precoce e onipotentemente adquirida que perpetua um estado de dependência quase absoluta (Anzieu, 1990).

Há no autismo um estado extremo de autodeformação do Eu como recurso de proteção contra pavores inimagináveis de morte física. O estado de autismo resultaria de um encapsulamento de todo o Eu, seria um Eu-concha encapsulante e encapsulado, o que nem sempre ocorreria. Na maioria das vezes, uma pequena parte do Eu, tocada pelo terror de aniquilamento, pode ficar isolada por uma barreira autista, autossensorial, que protege a totalidade do Eu de ser tomado pela angústia catastrófica contra a qual ele não teria outro recurso de proteção. Em suas palavras, lemos:

> [...] sugeri que certos pacientes neuróticos particularmente fóbicos e obsessivos teriam uma parte autista em sua personalidade, que impediria uma boa condução do trabalho psicanalítico com eles. Parece, de fato, que uma parte, atropelada pelo terror, foi deixada de lado e recoberta em sua luta para crescer e enfrentar a vida (Tustin, 1990, p. 179).

Tustin fala em barreiras autistas em pacientes neuróticos para se referir a esses recursos autoprotetores, erguidos em função da vida. Ou seja, o uso de objetos e formas autistas pode permitir o desenvolvimento de uma neurose, por exemplo, ao encapsular um "ponto cego" do desenvolvimento que ficou suspenso nas profundezas de sua personalidade. Desse modo, protegido contra seus "terrores indizíveis", possibilita-se que os processos de maturação psíquica sigam, na medida do possível, seus cursos. No entanto, em termos topológicos, o Eu fica deformado, dividido e, o que me parece mais relevante, tem em uma de suas fronteiras uma face cega, uma vez que as barreiras autistas não configuram uma região de interface.

Do mesmo modo que o recurso denominado "segunda pele", o encapsulamento autista também é um recurso

corporal com função psíquica, desenvolvido por um Eu-
-corporal. Clinicamente, Tustin entende que o paciente se
utiliza das manobras autistas toda vez que se sente ameaçado
de ser "tomado" por esse "terror não conceitualizado".

De sua clínica com crianças autistas encapsuladas, Tustin
(1990) diz: "Vir a ajudar o paciente implica não apenas
reconhecer e modificar nele a cápsula autista dissimulada,
mas também que ele faça, ele, a experiência da necessidade
esmagadora que o levou a construí-la" (p. 194).

Com pacientes neuróticos com barreiras autistas a questão clínica é semelhante: é preciso que essas barreiras, que
invariavelmente se apresentam na relação transferencial,
sejam reconhecidas, trabalhadas, modificadas, e que os
terrores que os levaram a construí-las sejam acolhidos e
transformados.

Na clínica, o contato com barreiras autistas nos coloca,
contratransferencialmente, fora do interjogo, perante um
espelho sem reflexo. Para utilizar a imagem da dança que
tanto nos falou a respeito da relação interativa entre o bebê e
o círculo maternante, nos sentimos apanhados no contrapé,
fora do ritmo; e nem sempre é possível reencontrar o passo
da dança.

Apresentarei uma ilustração retirada de minha experiência clínica: o paciente, Lótus, se fechava em uma
repetição que me deixava desconcertada, irritada e a ponto
de abandoná-lo, até que percebemos que sua repetição tinha
o movimento de uma ladainha: nada adianta, nada muda,

não acontece nada. Era comum iniciar a sessão com essa repetição, voltando a ela cada vez que sentia seu sistema de crenças paradoxais ameaçado – "Tenho que perder tudo para mudar": se perde tudo, fica sem recursos para efetuar mudanças; se não perde tudo, tem recursos, mas aí não pode mudar – ou se alguma intervenção o tocasse de modo não autorizado. A ladainha incessante criava entre nós uma barreira intransponível.

Em uma sessão comento que, embora soubesse de seu sofrimento em frente à sensação de que nada adianta, nada muda, não acontece nada, tinha impressão de que quando repetia essa ladainha, de certo modo, ele parecia ficar mais tranquilo.

Como se não tivesse me ouvido, ele segue dizendo de seu mal-estar de morar no Rio, que o "Rio é uma cidade injusta" e acrescenta: "Como posso ser feliz se vejo favela? Acho que ninguém é plenamente feliz. Aí é melhor não saber que tem favela, injustiça, e essas coisas ruins. Por isso, eu queria morar em um lugar onde não tem injustiça. Na Índia [...] tem um lugar, uma comunidade que se ajuda. Que não precisa nem ir ao mundo exterior. É só mundo interno. Não fico sabendo de nada".

Não deixo de notar que, mais que negação que se repetia insistentemente, havia como que uma espécie de transe produzido pela repetição sensorial. Sensação semelhante ele descrevia de suas idas às festas *rave*, única experiência de tranquilidade que relata.

Minha hipótese foi que Lótus estava descrevendo seu encapsulamento autista, uma barreira feita de ladainha que o mantinha protegido de "saber" da "injustiça" de suas carências, de sua miséria e de sua dor.

Das elaborações de Tustin, aprendemos que o não reconhecimento dos recursos autoprotetores e de sua legitimidade pode levar a uma interpretação errada do comportamento do paciente e até mesmo da relação transferencial, como tão bem descreve Mitrani (2001):

> Eu diria que mutismo eletivo, o "bloqueio", a teimosia, a raiva imutável, adormecer, intelectualizar, falar forçado, a superficialidade, o zoneamento fora na voz do analista, a apropriação da interpretação do analista, ler livro sobre análise, pular de um assunto para outro, e outros comportamentos como esses podem ser erroneamente interpretados como um afastamento do analista e como intencionalmente destrutivos para o processo analítico, enquanto estes podem de fato ser motivados pela vontade de fazer a análise sobreviver, ao invés de destruir o analista ou seu trabalho. Esta mudança de foco pode oferecer um novo vértice para compreendermos as complexidades de algumas reações terapêuticas negativas (p. 23).

Sob essa perspectiva, formulações como ataque ao elo de ligação (Bion, 1959) e reação terapêutica negativa precisam ser contextualizadas, isto é, analisadas em função do estado do Eu, de sua estrutura e de seus recursos possíveis, do mesmo modo que os sintomas, como ensina Winnicott (1979) quando elabora a noção de falso *self* como recurso autoprotetor.

> Aqui se tem o mais claro exemplo de doença clínica como organização com finalidade positiva, a preservação do indivíduo a despeito de condições ambientais anormais. Esta é uma extensão do conceito psicanalítico do valor dos sintomas para a pessoa doente (p. 131).

Na clínica, devemos assumir postura semelhante quando deparamos com proteções erguidas como recurso possível de um Eu que se sente incapacitado, e teme por sua própria vida. São, muitas vezes, pacientes que sofrem as consequências dos sintomas autoprotetores e, ainda por cima, sofrem a culpa por lançarem mão deles; se sentem culpados por seus fracassos, pela precariedade funcional de seu Eu, o que pode levar, como propõe Anne Alvarez (2002) a respeito de um caso que apresenta, a um movimento de escalada: "a culpabilidade alimenta a violência que, por sua vez, alimenta a culpabilidade" (p. 250).

Esse modo de concepção da clínica nos faz mais aptos a transmitir ao paciente não apenas nossa sensibilidade a respeito de sua dor, mas também um "sério respeito" pelo modo como conseguiram lidar com esta, pelo seu recurso de sobrevivência (Mitrani, 2001).

Ressonâncias identificatórias são encontradas no conceito de trauma cumulativo, elaborado por Masud Khan[5], embora este teça seu conceito principalmente referenciado a Freud, Winnicott, a Anna Freud e à Psicologia do Ego de Hartmann.

Por outras vias, mas de forma semelhante aos questionamentos clínicos de Esther Bick, por trauma cumulativo Khan dirige a atenção ao "ego", à etiologia das deformações do "ego", ao identificar em seus pacientes os efeitos dessas deformações sobre sua funcionalidade emergente, sua integração e a personalidade, seguindo um caminho já apontado por Anna Freud em "outro contexto" (Khan, 1963).

Partindo de suas observações clínicas, Khan se pergunta sobre a origem das distorções funcionais do Eu e de sua integração; distorções que, na história clínica do paciente, não ficavam remetidas a experiências traumáticas específicas e se diluíam no curso do desenvolvimento, da infância à adolescência e "em todas as áreas de experiências onde a criança precisa da mãe como auxiliar para suas funções do ego, ainda imaturas e instáveis" (Khan, 1963, p. 62). Prossegue Khan (1963):

> O conceito de trauma cumulativo procura oferecer, em termos de desenvolvimento inicial do ego e no contexto do relacionamento mãe-filho, uma hipótese complementar

---

[5] Agradeço a Irene Trigona por me remeter aos textos de Masud Khan.

> ao conceito de pontos de fixação no desenvolvimento da libido. Nesse sentido procura esquematizar os pontos essenciais de tensão, existentes no relacionamento mãe--filho em desenvolvimento, e que progressivamente se reúnem para formar um substrato dinâmico na morfologia de determinado caráter ou personalidade (p. 72).

Porém, parece que também se diferencia de uma perspectiva que foca a parada do desenvolvimento, embora isso possa vir a ocorrer. Além do microtraumatismo de efeito cumulativo, o conceito traz implícita a dimensão autoprotetora do Eu. Isto é, não seria apenas uma situação de estrangulamento passivo do Eu, mas, mais do que isso, de sua reatividade, de sua interatividade autoprotetora, aspecto que nem sempre é valorizado na referência ao conceito.

É em termos de processos interativos que envolvem bebê e ambiente maternante que melhor usufruímos do conceito de trauma cumulativo. Ele circunscreve as pequenas deformações autoprotetoras com que o Eu, em processo de constituição, reage às tensões que experimenta no contexto de sua dependência à mãe como escudo protetor. Processos silenciosos, inerentes ao interjogo que anima as relações do bebê com o ambiente maternante, mas que podem se tornar patogênicos por seu valor cumulativo, isto é, à medida que cristalizam como um padrão. Ou seja, não é uma ação do mundo externo nem um arroubo pulsional, o que provoca um excesso desmedido.

Se nos referirmos às formulações de Brazelton já apresentadas, entendemos que é na capacidade da mãe de se adaptar aos movimentos da criança, de interpretar seus comportamentos como sinal de seus limiares de vulnerabilidade, e na capacidade da criança de com ela interagir, que o efeito se constitui como traumático. É na noção de justa medida, do movimento de dança, que as adaptações distorcidas revelam seu potencial traumático. Por trauma cumulativo, Masud Khan (1964) realça não o traumatismo histórico, mas a história que possui efeito traumático:

> Só quando esses fracassos da mãe forem importantes e frequentes; quando tiverem o ritmo de um padrão, e levarem a invasões na integração do psicossoma da criança, invasões que ela não tenha como eliminar, só então esses fracassos fixam um núcleo de reações patogênicas. Tais reações, por sua vez, iniciam um processo de interjogo com a mãe e o ambiente, que, além de interferir na adaptação da mãe à criança, tem consequências funestas na formação do Eu da criança (p. 79).

Ele esclarece sua intenção de descrever, exclusivamente, as distorções do Eu que possuem essa característica. Mas, guardadas as devidas diferenças referenciais, é apropriado dizer que o desenvolvimento de uma estrutura de segunda pele, tal como concebido por Esther Bick, e o encapsulamento autista são consequentes a traumas cumulativos.

Para Bick, a formação de uma segunda pele como recurso autoprotetor e compensatório se faz ao longo de um processo em que ambiente cuidador e bebê criam, nas trocas interativas que estabelecem, um padrão de relação compensatório de modo a garantir, por um lado, o sentimento de integração pela construção de uma pele-prótese-continente e, por outro, a ilusão de um contato afetivo de qualidade adesiva do qual ainda não pode abrir mão. Desse modo, apesar das deformações da estrutura continente do Eu, a criança pode continuar seu desenvolvimento.

No que diz respeito ao encapsulamento autista, para Tustin, o desenvolvimento de um quadro de autismo também é resultante de traumas cumulativos. Em entrevista a Didier Houzel, tentando esclarecer sua concepção de experiência de separação traumatizante que poderia levar ao desenvolvimento do autismo, ela é textual em dizer que, diferente do que propõe Bowlby, não se trata de separação geográfica, mas de experiência subjetiva e acumulada onde intervêm diversos fatores concomitantes (Tustin, 1994).

Diferente de Tustin e Bick, que pensam os recursos autoprotetores em termos de Eu-corporal, Khan, talvez mais influenciado pela Psicologia do Ego quanto ao desenvolvimento do Eu, fala em termos de um crescimento acelerado, prematuro e seletivo de funções autônomas do Eu. Entende que o desenvolvimento do falso *self* é uma "consequência caracterológica da ruptura e distorção da autonomia do ego" (Khan, 1963, p. 68): isto é, o indivíduo sustenta uma ilusão de independência suspenso por um desenraizamento de sua matriz psicossomática, em detrimento de sua autonomia.

> As fendas do papel da mãe como escudo protetor levam a um desenvolvimento do ego prematuro e seletivo. Algumas das emergentes funções autônomas têm crescimento acelerado e são aproveitadas em ação defensiva para fazer face às invasões, que são desagradáveis, e que a criança não pode enfrentar de forma adequada a cada fase (Khan, 1964, p. 81).

Para Khan (1964), o desenvolvimento precoce e exacerbado do Eu em sua funcionalidade implica, paradoxalmente, falhas básicas nas suas capacidades, uma vez que, "em lugar de uma integração da estrutura do ego, ocorrem, intrapsiquicamente, múltiplas dissociações" (p. 82). Essa compreensão parece bastante próxima à de Tustin, quando fala de barreiras autistas em pacientes neuróticos. Porém, ao pensar em termos de proteção erguida por um Eu-corporal, Tustin entende o funcionamento mental exacerbado como estimulação autossensual, formando barreiras autistas.

A deformação ao nível do Eu-corporal é, para Khan, uma constatação clínica, mas não um tema ao qual se dedique nos referidos artigos, o que, de certo modo, diferencia sua abordagem da de Tustin e Bick. Poder pensar o trauma cumulativo nos processos constitutivos do Eu como Eu-corporal nos permite considerar estados mais arcaicos do

Eu e seus recursos autoprotetores. O caráter cumulativo é essencial, uma vez que põe em destaque a constituição de um padrão corporalmente vivido.

De modo semelhante, a atenção à deformação do Eu implica, em seus textos, outros desdobramentos que não o de revelar os aspectos formais do Eu, isto é, sua estrutura continente. Sob o ponto de vista aqui adotado, quando falamos em traumas do Eu, não podemos desconsiderar que, por sua plasticidade e por sua disposição autoprotetora, por sua necessidade vital de sustentação narcísica, é em termos de formação, de má-formação e de deformação do Eu, isto é, é na estrutura do Eu, que esses processos se revelam.

Essa característica cumulativa é de grande valor no que diz respeito aos processos constitutivo do Eu. A meu ver, o movimento que Khan descreve, de padronização vincular, de efeito cumulativo, não se restringe a uma experiência de trauma. O processo de constituição do Eu é, em si, cumulativo; são experiências múltiplas e diversas, rítmicas, que vão definindo um padrão formal. Tal padrão adquire estabilidade dinâmica (Houzel, 1987) que pode sempre se reorganizar na inclusão de novos elementos, e também pode se romper em momentos de crise, expondo o Eu às angústias de origem.

Para nós, do mesmo modo que dissemos ser importante possuir um "sério respeito" pelo modo como nossos pacientes podem lidar com sua dor, pelo seu recurso de sobrevivência, também considero de grande "valor e validade" em termos clínicos, os benefícios apontados por Khan a respeito dessa concepção cumulativa dos processos constitutivos do Eu, sejam eles de efeitos traumáticos ou não.

É a esses recursos criados e recriados ao longo da vida que nos dedicamos como Clínica do Continente. Recursos que geram vários graus de deformação, próteses, traumas cumulativos e, às vezes, passam despercebidos, por compatíveis com a vida mais normal, mas que outras vezes surgem à frente da cena clínica exigindo atenção ou bloqueando o processo analítico; recursos que o Eu desenvolve como proteção em circunstâncias difíceis e/ou de extrema dor, em que sua própria integridade se vê ameaçada.

Muitas vezes, trata-se de pessoas comuns que desenvolveram proteções extraordinárias (Mitrani, 2001); outras são falhas tão básicas, em estados tão rudimentares, que é preciso lançar mão de recursos mais radicais, algumas vezes levando à estagnação do processo de constituição do Eu. Em todas as situações, o Eu traz em sua estrutura os vestígios desses processos de origem.

Minha hipótese é que, toda vez que se sente ameaçado como estrutura narcísica, o Eu lança mão de recursos autoprotetores, forjados em sua história constitutiva, e exibe suas inconsistências narcísicas. Na carência de recursos psíquicos, ainda que de forma provisória, o reinvestimento do Eu-corporal, como primeira pele psíquica, oferece segurança narcísica e, ao mesmo tempo, reencontra, em seu corpo e em sua pele, seu ambiente de origem.

4.

SOFRIMENTOS NARCÍSICOS E A CLÍNICA DO CONTINENTE

Proposta

Começamos a tecer os fios desta proposta de abordagem clínica do continente psíquico com uma pequena brincadeira, minha versão da história dos Três Porquinhos[1]:

> Era uma vez três porquinhos. O primeiro possuía uma casa de palha, bem frágil e pouco resistente, o que fez com que o sopro do lobo fosse por ele vivido como vendaval de intensidade avassaladora que jogou sua casa no chão. O segundo tinha uma casa de madeira que, embora um pouco mais resistente, talvez com paredes mais grossas, ruiu ao que sentiu ser um turbilhão provocado pelo sopro do lobo. Já a casa do terceiro porquinho tinha uma estrutura

---

[1] Trecho de um artigo de Mano: "O sopro do lobo. A noção de Eu-pele no manejo clínico". In: *Cadernos de Psicanálise* do Círculo Psicanalítico do Rio de Janeiro, v. 19, ano 28, 2008.

mais resistente, feita de tijolos e cimento, que bem suportou o sopro do lobo – que de ameaçador não lhe pareceu ter nada (Mano, 2008).

Nessa história, não há juízo de valor: não falamos em lobo mau nem lobo bom. Ao utilizar a alegoria da história dos Três Porquinhos, o que pretendo é promover um pequeno deslocamento de nosso olhar clínico, colocando no foco de nossa atenção aquilo que – já projetado por Freud – representa, em relação ao psíquico e ao próprio sentimento de ser, as paredes que nos abrigam – uma casa que chamamos de Eu. Sustento que quando acolhemos em nossa clínica aqueles que nos procuram, não podemos deixar de considerar a estrutura da casa que habitam, em relação ao que experimentam como potenciais sopros de lobo.

Como Clínica do Continente, formulo uma perspectiva da clínica psicanalítica em que o foco da atenção é deslocado para o Eu, tendo como vértice sua função de continente psíquico. Queremos acolher situações clínicas em que as características topológicas e estruturais do Eu comprometem o bem-estar narcísico. Sobretudo aquelas em que as características estruturais ecoam sofrimentos ou sintomas (em nosso contexto entendidos sempre em sentido amplo) que paralisam o viver criativo.

Proponho fazer da estrutura continente do Eu um objeto de escuta e intervenção clínica – escuta sensível aos efeitos de suas deformações e más-formações que invariavelmente se apresentam na clínica – e intervir no sentido de promover transformações restauradoras dessa estrutura.

Como Clínica do Continente, considero que os pacientes que nos procuram não sofrem apenas "do recalque, da denegação, da intelectualização ou da projeção de seus desejos" (Anzieu, 1984a, p. 58). Sofrem também, e algumas vezes de forma preponderante, da insuficiência, das más-formações ou deformações da estrutura de seu Eu, traços deixados pelos processos distorcidos, incoerentes ou cumulativos de seu meio ambiente primitivo, tal como mostrou Masud Khan.

Lembramos que o Eu tem sua estrutura desenhada no jogo interativo com o ambiente maternante e que, em sua plasticidade, a estrutura ressoa essa história afetiva. Tal como a pele, o Eu, a um tempo protege e garante, na medida do possível, a sustentação narcísica e, paradoxalmente, conserva em sua estrutura as marcas dessas perturbações. Ao propor fazer da estrutura continente do Eu um objeto de escuta clínica, são essas história afetivas que encontramos: as vicissitudes dos estados de origem que, por trás de seus recursos autoprotetores, revelam angústias narcísicas arcaicas.

Nesse sentido, queremos encontrar o Eu por trás de sua funcionalidade, em sua estrutura, com suas fragilidades e com os recursos de que lança mão de modo a garantir um ambiente narcísico. Proponho uma escuta sensível às "preocupações" do Eu com a vida, com sua própria vida, com a sustentação de seu narcisismo vital. Foi visto que o Eu, em defesa da vida, se deforma, cria próteses; muitas vezes leva uma vida a lutar contra suas fragilidades e a buscar recursos que lhe garantam a sobrevivência ainda que para tal, paradoxalmente, precise abrir mão da vida psíquica. Entendo que uma atenção clínica ao continente psíquico põe essas "preocupações" à nossa disposição, como material clínico, como objeto de intervenção clínica.

Se a prioridade do Eu é a segurança, como afirma Green, ou a sustentação narcísica, em termos clínicos, seria um contrassenso exigir que ele abrisse mão de seus recursos autoprotetores, de suas próteses substitutivas de uma função psíquica falha, sem que em troca lhe oferecêssemos a possibilidade de restauração e de segurança narcísica. Caso contrário, corremos o risco de ter o processo analítico paralisado, as resistências redobradas, de ver o desenvolvimento de uma reação terapêutica negativa, ou até mesmo, o que seria muito pior, o reduplicar cumulativo da experiência traumática.

Sabemos que o Eu é uma instância funcional que toma a seu encargo a defesa da vida: de sua própria vida, da vida do indivíduo, da vida da espécie; níveis da existência que fazem parte de um único processo. Mas quero deixar claro que, como Clínica do Continente, o enfoque não é a capacidade adaptativa do Eu às exigências do mundo externo, tampouco sua adaptação aos desejos do inconsciente que o impulsionam. Não se desconsidera que é sua função administrar a relação com seus vizinhos e que tudo isso faz parte de sua vida. O que interessa nesse contexto é pensar a sua condição de existência; a estrutura continente do Eu diz respeito à relação do Eu consigo mesmo: ela é suporte do narcisismo vital. Quando proponho uma Clínica do Continente, é essa função narcísica que elevo a um estatuto de objeto de escuta.

Compartilho com autores como Winnicott e o próprio Anzieu, a visão clínica de que, no entrelaçamento entre os planos narcísico e edípico, é a constituição narcísica que sustenta a passagem pelo Édipo. De outro modo, nos alerta Anzieu (1976):

> Ser psicanalista não é perseguir a todo custo o desejo de onipotência e suas sequelas nos sofrimentos e nos fracassos do adulto. A interpretação não mata impunemente a infância em um homem sem lhe fazer correr o risco das descompensações, a depressão, o suicídio, pelo menos se o que ela visa não é a imaturidade pulsional (que está na natureza da análise fazer evoluir), mas a ancoragem narcísica (que o analista discretamente respeita e mesmo, em certos casos frágeis, sustenta expressamente) (p. 248).

O exemplo de Aquiles, que será apresentado a seguir, ilustra esta situação: sem uma constituição narcísica suficiente, ele experimenta em sua pele o paradoxo de ter que escolher entre a angústia de liquefação narcísica e a angústia de castração. Em seu processo clínico foi preciso, primeiro, atender a premência da restauração de seu envoltório psíquico. Nesse sentido, minha intenção é chamar a atenção para a importância de um pensamento clínico que se sensibilize àquelas situações clínicas em que aspectos da estrutura continente revelam sua configuração ao se apresentar à frente da cena clínica.

Tornando mais específico o argumento, parece-me indispensável não apenas atentar para a presença ou ausência da função continente. Interessa enfatizar como, em cada caso particular, essa função é exercida. Já referi que eu, particularmente, atribuo essa orientação ao pensamento clínico de Anzieu. Quando ele fala em configurações do envoltório psíquico, é a essa riqueza que ele nos remete: quando forja o conceito de Eu-pele, oferece, em termos clínicos, a possibilidade de enxergar as formas, os desenhos e os coloridos do Eu como estrutura de continente psíquico. Anzieu enriquece o pensamento clínico e as possibilidades de intervenção junto aos pacientes, ao ampliar nossa sensibilidade aos componentes estruturais do Eu.

Reconheço como sendo desta proposta clínica os estados limites e as patologias predominantemente narcísicas, como será exemplificado logo a seguir, nos recortes que apresentarei dos processos terapêuticos de Eurídice e de Aquiles. Geneviève Haag (2006a) também permite ver a pertinência de uma proposta de Clínica do Continente no tratamento de quadros de autismo, "patologia de sobrevivência na perda ou não constituição" da estrutura continente em sua plena complexidade. Contudo, minha convicção é que ela não se restringe a esses quadros patológicos. Muitas vezes os sofrimentos narcísicos são silenciosos, os efeitos das más-formações estruturais do Eu passam despercebidos sob o manto da neurose. Aliás, é apenas quando se manifestam que a estrutura continente do Eu se revela. Então, é preciso a ela dar atenção: de enquadre continente e silencioso, devemos fazer dela material de cuidado clínico. O terceiro recorte clínico apresentado, Rômulo, busca ilustrar a pertinência de considerarmos a estrutura continente do Eu em suas especificidades.

Nesse contexto, a referência à Clínica do Continente pode ser requerida em duas situações:

- Casos em que predominam fragilidades, distorções ou más-formações na estrutura continente do Eu.
- Casos em que falhas na estrutura continente assumem, de modo transitório, a cena clínica, exigindo muitas vezes modificações no manejo clínico.

No desenvolvimento teórico deste trabalho, vimos, em Freud, que a suposição de uma contenção é requerida para a construção do psíquico; a abordagem de Federn tem o mesmo sentido: é preciso que os limites sejam demarcados para que o espaço psíquico se organize. Bion, por sua vez, vincula os conteúdos psíquicos à ação de um ambiente continente transformador. Anzieu conclui que não podemos falar em conteúdo sem supor um espaço continente, nem podemos falar em objeto sem considerar seus limites e a existência de um "espaço-suporte" (Doron, 1987) continente. A atenção ao continente deve ter anterioridade lógica à de conteúdo: "De fato, o que é produzido por um aparelho depende não somente do combustível que colocamos nele, mas primeiro da configuração do aparelho" (Anzieu, 1986a, p. 364).

Em termos clínicos, não pode ser diferente: quando as configurações e/ou deformações do Eu ecoam na clínica como sintoma ou sofrimentos narcísicos que impliquem questões de limites, é necessário incluir uma análise da estrutura continente do Eu no percurso terapêutico do paciente.

Como fica evidente na pequena alegoria dos Três Porquinhos, no modo de pensar clínico aqui proposto, consideramos que a capacidade de sustentação do bem-estar narcísico não é um valor absoluto, depende do sopro do lobo. Do mesmo modo, a intensidade do sopro do lobo também é um valor relativo: em casas mais frágeis, o sopro é vendaval: nesses momentos em que o Eu expõe sua fragilidade estrutural, são a deixa para "[...] saber quando mudar a ênfase do trabalho" (Winnicott, 1955-1956, p. 101).

Nesta proposta de Clínica do Continente, ressalto que, em nossas intervenções clínicas, é preciso considerar a estrutura do Eu, de modo que nosso sopro não seja experimentado como vendaval de destruição, mas como transformador.

Três ilustrações clínicas: Eurídice, Aquiles e Rômulo

A clínica psicanalítica se constitui na atualidade das sessões. O que nos impulsiona a fazer dos impasses experimentados nas relações transferenciais[2] uma marca de cesura a ser ultrapassada em um processo de rejuvenescimento contínuo e rítmico do psicanalista e da psicanálise, diria Bion, é a pessoalidade das histórias dos sofrimentos dos pacientes. Neste tópico, a intenção é apresentar recortes de processos terapêuticos como ilustração do que proponho como Clínica do Continente.

Eurídice

Eurídice chega a meu consultório e, ainda nas entrevistas iniciais, sou tocada pela fantasia de que ela poderia se jogar pela janela, destruindo-me, desse modo, com ela e nela. Pura intensidade posta em cena que parecia desconhecer qualquer contenção e rompia todos os limites: não havia dentro e fora, nem meu corpo e o corpo dela.

Segundo Pontalis, quando a contratransferência se manifesta, trata-se de um sinal de que o paciente já tem um analista. Eurídice se impõe dessa maneira como minha paciente: ela poderia até não retornar e eu poderia, fazendo valer minha autonomia, me recusar a atendê-la. Mas algo ali me tocara e exigia de mim um trabalho psíquico. Eu sentia em meu corpo o risco a que nós duas estaríamos expostas: sua morte física se fazendo acompanhar de minha morte psíquica como analista. Ao que ela impunha sem nenhuma mediação, minha reação também é, em um primeiro

---

[2] Por relação transferencial refiro-me ao interjogo transferencial-contratransferencial.

momento, direta e objetiva: durante os primeiros meses de seu processo terapêutico, tenho o cuidado de ocultar a transparência dos vidros da janela com cortinas pesadas. Naquele momento, não sabia que estava acolhendo no enquadre clínico elementos de seu mundo infantil: vim saber que em sua casa não havia portas, e os ambientes, mal separados por cortinas, eram invadidos de todas as maneiras, por excesso de presença ou por excesso de carência.

Eurídice resume sua história: conta de um ambiente infantil marcado por inúmeras deformidades, físicas, morais e afetivas que faziam de seu ambiente cuidador, um "aleijão". Ela me faz saber que caminharíamos pelos primórdios de sua história de vida. Diz que seu corpo era marcado por um sofrimento que ela remete à vida intrauterina, se imaginando apertada no pequeno corpo materno; é também no corpo que se sente invadida: cheiros, sons, imagens – tudo em excesso, tudo descomedido para seu frágil mundo infantil.

Muitas vezes me perguntei: como pôde sobreviver?

Após alguns anos de tratamento, quando alguma situação a expunha a um estado afetivo que temia não suportar, declara: "Sinto falta da outra vida de sofrimento onde eu tinha que me preocupar com as marcas".

Marcas de dor, marcas do excesso, marcas das invasões. Em sua pele Eurídice sempre reencontra o reconforto narcísico dessas marcas que, sem dúvida, fragilizavam sua pele e a expunham aos excessos, mas de algum modo, pelo que entedia, lhe garantiam uma existência possível. Eurídice

CLÍNICA DO CONTINENTE 311

sempre me mostrava as manchas roxas, os furúnculos, os machucados que surgiam em seu corpo.

Durante vários anos, da mesma forma que sua vida, as sessões com Eurídice eram marcadas por violenta intensidade afetiva que destruía qualquer barreira e inundava. Suas sessões eram vomitadas, com relatos de vários sonhos, histórias antigas e atuais, uma enxurrada de emoções que invadiam todo o ambiente. Seus choros eram convulsivos, seu corpo todo tremia, Eurídice delirava. Seus sonhos projetavam em imagem não só a precariedade de sua constituição psíquica como também o que ela vivia em seu dia a dia: enchentes, torrentes de água que a carregavam sem qualquer possibilidade de apoio, roupas rasgadas, a busca desesperada por agulhas no escuro, paredes que desabavam e esmagavam quem deviam proteger, e o caminhar sempre à beira de precipícios.

Na relação transferencial não poderia ser diferente: eu me via amarrada a seus ataques, hipnotizada por suas histórias, paralisada pela intensidade de sua dor. Seu olhar, como brocas, me perfurava, me invadia. Não conseguia pensar: sentia-me inundada, esmagada, caminhando sempre à beira de precipícios. Era uma mistura de dor e afrontamento, como se ela dissesse: você não tem como resistir à minha dor e à minha história. Aqui, resistir tanto tem o sentido de sobrevivência como uma tentativa desesperada de me aprisionar a ela por meio do relato de suas cenas infantis.

Se pela transferência eu compartilhava com ela um mesmo estado afetivo e um mesmo aparelho psíquico, a contratransferência me ensina a respeito do continente psíquico: era preciso reencontrar em mim a experiência de continente, me recompor narcisicamente, reconstruir meu Eu; era preciso restabelecer minhas fronteiras, re- -experimentar meus limites e reencontrar minhas funções continentes buscando em meus recursos uma palavra de contenção, de transformação, que dissesse, a mim e a ela, quando possível, algo do que ela vivia, como um processo de *rêverie*. Algumas vezes, era possível apenas parar a torrente que nos inundava. Em outras, ela ia embora e eu continuava, ainda inundada, no processo de elaboração.

Perante tamanha desorganização do espaço psíquico, eu não sabia, naquele então, se poderia e como poderia ajudá-la. Porém, havia em mim uma disponibilidade e uma esperança, esta, silenciosamente compartilhada por ela, uma vez que ela retornava a cada sessão.

Anzieu (1979) postula um "primado do sensível": "não há nada do espírito que não tenha passado primeiro pelo sentido" (p. 199). A postulação do corpo sensível como âncora do psíquico amplia nossa concepção e compreensão do psíquico. "[...] não há nada na realidade psíquica que não seja explicável (exceto em respeito àquela parte de si mesmo que o indivíduo quer manter em segredo, e sua necessidade, em certos casos, de não comunicar)" (Anzieu, 1979, p. 199).

Nesse contexto, o que mais me parecia importante, em um primeiro momento, era oferecer a ela a confiança de que o apresentado em cena possuía um sentido e que eu me dispunha a acolher as marcas que ela trazia impressas em seu corpo.

Contudo, mais do que marcas de uma história de dor infantil, as experiências de corpo pareciam ser as referências, os limites que organizavam seu mundo psíquico. Por exemplo, quando fala de sua decisão de parar de fazer uso dos psicotrópicos dos quais era dependente, é ao sofrimento corporal, e não ao psíquico, que se refere: "As sensações do meu corpo é que eu não aguentava mais. A viver daquele jeito, preferia morrer. A desintoxicação podia me levar à morte. Não aguentava mais a palpitação, a aflição, a angústia [quando não estava sob efeito dos psicotrópicos]. Meu coração parecia que ia sair pela boca. Minha cabeça se agitava. As células gritavam pela droga".

É seu corpo que grita por drogas, é seu corpo que põe limites, é seu corpo que sofre. Do mesmo modo, em algumas situações em que se sente extremamente desamparada, é no calor do corpo, na febre que produz que ela reencontra a proteção e o aconchego. Ou seja, seu mundo psíquico estava equacionado a seu corpo; também seu corpo podia cumprir funções psíquicas.

Eurídice vivia ao nível do Eu-corporal. Minha hipótese era que o reinvestimento do Eu-corporal lhe permitia sentir-se protegida e lhe dava um sentimento de contenção e funcionalidade possíveis. Desse modo, para Eurídice, reencontrar as marcas de seu mundo infantil era redespertar, como nos permite pensar Federn, o estado de Eu "aleijão" de seu mundo de infância. Ou então, de modo inverso, redespertar seu Eu-corporal como recurso para suprir falhas psíquicas, a mantinha, inevitavelmente, amarrada a seu mundo infantil "aleijão" impresso em sua pele, como envoltório psíquico.

Por exemplo, com um orgulho genuíno, Eurídice conta que, mesmo drogada, ela pôde "cuidar" de suas filhas, de sua subsistência, enquanto seu marido abandonava ambas à própria sorte, indo morar no Sul do país; que pôde socorrê-las toda vez que precisaram ser levadas a uma urgência pediátrica e que nunca bateu o carro. O que fomos construindo a partir de seus relatos – "Eu precisava beber, tomar aqueles remédios, para me sentir inteira" –, foi que, sob certa perspectiva, justamente por estar drogada que ela podia "cuidar" das filhas, ainda que isso representasse expô-las ao mesmo ambiente de cuidado "aleijão" que ela conhecera na infância, mesmo que isso representasse compartilhar com elas sua pele "aleijão".

Eu entendia que não era suficiente simbolizar e representar esses traços deixados por uma relação de cuidado distorcida; era ainda preciso considerar que efeitos essa relação deixara sobre seu Eu ainda em processo de constituição e como – essa questão insistia em minha contratransferência – pudera sobreviver a tudo isso.

Anzieu resgata na mitologia grega a história de Penélope, que desfazia à noite a tapeçaria na qual trabalhava durante o dia, fugindo assim do apetite sexual de seus pretendentes. E acrescenta: "O sonho noturno funciona de maneira inversa: torna a tecer à noite aquilo que se desfez do Eu-pele durante o dia, sob o impacto dos estímulos exógenos e endógenos" (Anzieu, 1985a, p. 272).

O trabalho de um sonho de Eurídice pode servir como rápido exemplo desse esforço de restabelecimento da estrutura continente do Eu por um reinvestimento do Eu-corporal. Esse sonho (Mano, 2008) ocorreu no sexto ano de seu processo terapêutico, quando Eurídice já havia experimentado "tranquilidade".

Um dia, Eurídice chega muito angustiada e assustada. Tensa, mal se senta na beira do divã. Relata que, em um passeio com a filha mais velha, cruzou com uma antiga companheira do tempo que andava pelos bares, bebendo, situação que culminara com uma agressão e ameaça de morte. A companheira deu notícias de seus conhecidos daquele tempo.

Embora diga ter se sentido muito mal nesse encontro, Eurídice faz esforço para tentar lidar com a situação sem deixar transparecer para a filha o que vivera: faz "comentários impessoais" em resposta às perguntas da filha: "Ela já viu tantas coisas feias de mim, que eu não queria que ela visse mais isso". Porém, sua pele parece ter ficado fragilizada: ao som de fogos de artifícios ela entra em pânico, e quer sair correndo – "pensei de novo que iam atirar em mim".

No dia seguinte, sozinha em casa, o tempo parece perder a linearidade, e Eurídice se vê tomada por seu passado, por fantasias paranoides que durante muito tempo fizeram parte de seu dia a dia.

Percebe que começa a perder a referência de realidade e sua capacidade de discernimento. Embora por breves momentos pudesse dizer: "Eu sei que são coisas da minha cabeça", ela se sente ameaçada de ser invadida pelo delírio que há dois anos a levara a uma tentativa de suicídio, "mas eu sinto mesmo assim".

Nessa noite, Eurídice tem um sonho, o qual descreve: "Eu ia junto com minha filha ao colégio dela para ver se ela tinha passado de ano. Somos recebidas pela secretária que diz que a professora não estava e que tínhamos que esperar por ela para saber se minha filha havia passado ou não. Minha filha vai conversar com as amigas e eu fico na sala esperando. Vejo pela cara da secretária que tem alguma coisa. Vou falar com ela: passou ou não passou? Ela diz que pode ter faltado meio ponto e que era preciso conversar com a professora, que dava para passar. Vou falar com minha filha: você passou ou não passou? Você disse que passou. Ela responde que tinha passado e que se faltasse meio ponto era só conversar com a professora que passava". Já angustiada, bastante aflita, Eurídice volta-se para a secretária: "Passou ou não passou? Eu não posso esperar para saber depois. Onde está a professora? Eu preciso saber agora se passou ou não passou. Eu tinha que saber se faltava meio ponto porque aí eu não ia querer que ela passasse. No sonho, eu estranho: por que não ia querer que minha filha passasse? Eu penso: ela precisa de limite".

No sonho, o afeto, era de grande angústia e aflição como se ela se debatesse contra a iminência de algo aterrorizador; a repetição insistente ecoava no ambiente como se exigisse de mim a urgência de uma resposta: passou ou não passou?

Na cadência da sessão, o relato do sonho vem em associação ao que falávamos sobre seu sentimento quando do reencontro com a colega de bar e que a teria levado a tal estado de desestruturação psíquica. Sua sensação era a de ser invadida – seu passado invadia o presente, suas roupas pareciam se rasgar de novo, suas fronteiras eram "implodidas": fronteira entre o Eu e o Não Eu, entre o passado e o presente, entre o consciente e o inconsciente.

Reconheço no sonho, sem nada dizer, a possibilidade de dialetização entre, por um lado, os ataques sádicos dos objetos superegoicos[3] severos que faziam questão do meio ponto, que a oprimiam e, contratransferencialmente, a mim também, mantendo-a, desse modo, presa no passado. Percebo também que no sonho é justamente a ação desses objetos superegoicos que parece ter efeito tranquilizador uma vez

---

[3] Figueiredo (2009c) propõe, sob a terminologia de supraeu, um estado rudimentar do campo superegoico, composto de incorporações de objetos maus. Os objetos superegoicos são fragmentados e persecutórios. Diferencia-o de um superego estruturante e moralizante, mais afeito à organização neurótica. Em nosso texto, não adotarei a terminologia proposta pelo autor, acatando, no entanto, sua formulação teórica.

que eles constituem um limite feito de sofrimento, de dor, tal como a pele de sua infância. Construo internamente a hipótese de se os objetos superegoicos não teriam vindo em socorro de seu Eu-pele frágil, rompido, incapaz de exercer a função continente requerida. Nesse caso, a opressão dos objetos superegoicos se constituiria como uma prótese dérmica enrijecida, ao mesmo tempo que permitiria reencontrar em seu sofrimento do passado a pele de sua infância. Por outro lado, vejo também um supereu mais benevolente que lhe permitiria passar de ano, seguir com a vida apesar do meio ponto. Contudo, a angústia que, então, sem a proteção do supereu severo, a invade, confirma o dilaceramento dos limites e a perda de qualquer possibilidade de proteção contra a ameaça de invasão que viveu durante o dia.

O reinvestimento do Eu-corporal parecia, nesse caso, satisfazer a um tempo as necessidades narcísicas, com a reconstrução rápida e familiar das regiões de fronteiras, ainda que deformadas, e as do supereu severo. Porém, no sonho também encontro efeitos do processo de análise: a possibilidade de um supereu benevolente me fazia pensar na restauração do Eu-pele que vínhamos tecendo. A violência destruidora dos objetos superegoicos se mostrava, nesse sonho, à flor da pele, e é essa direção que seu sonho indicava: "ela precisa de limite".

A história dos Três Porquinhos, à qual me referi no tópico anterior, nos, ajuda, como alegoria, a pensar no efeito das intervenções em análise sobre a estrutura do Eu. Assim, antes de analisar o conteúdo do sonho, era preciso, como propôs Pontalis (1977), considerar o que ele representava como experiência. Mas também, é o que quero ressaltar, ficar atenta ao efeito que a interpretação, tal como o sopro do lobo na estória dos Três Porquinhos, teria sobre seu Eu-pele frágil tal como a casa de palha do primeiro porquinho. Parecia que meu silêncio seria experimentado como o mais terrível dos vendavais: eu estaria me descolando abruptamente de uma situação de interface, abandonando-a sozinha com sua pele rasgada, sem referências de limite. Além disso, eu não poderia me aliar ao supereu severo reforçando a estrutura de seu Eu-pele infantil; enfatizar a atitude mais benevolente talvez tivesse o mesmo efeito devastador do sopro vendaval. Eu deveria ser cuidadosa para não ser invasora nem me distanciar demasiadamente.

Desse modo, meu olhar é deslocado para as regiões de fronteiras e o que pareceu importar em um primeiro momento foi trabalhar no sentido da reconstituição de seu envoltório psíquico; era preciso dar a atenção aos resquícios de sua pele psíquica e a seu esforço de nela investir.

Em *Holding e interpretação*, em que apresenta o "registro detalhado" de cinco sessões de um paciente, Winnicott (1972) declara: "Eu diria que uma interpretação certa no momento certo equivale a um contato físico" (p. 217). O que seria uma interpretação certa e qual seria o momento certo? Segundo Anzieu (1970):

> Decifrar as palavras do paciente, é, para o analista, por um lado, localizar a partir de qual lugar da imagem do corpo o paciente fala; e por outro lado, tornar explícita as regras não conscientes em nome das quais este mesmo paciente fala implicitamente, isto quer dizer, sua codificação inconsciente. Interpretar somente a partir da imagem do corpo ou interpretar somente em termos de estrutura simbólica, é fazer metade do trabalho (p. 561).

Anzieu fala de uma palavra encarnada, isto é, em que a vivência corporal nela se reconhece e que, reciprocamente, é ressentida no corpo; uma palavra que encontra "a origem corporal imaginária" que toda palavra possui na criança. Por outro lado, é preciso considerar o estado de Eu que assume a cena, acolher o nível simbólico que ele utiliza e poder responder ao mesmo nível. É ainda preciso considerar os limiares de vulnerabilidade de sua estrutura narcísica. Proponho que uma interpretação certa no momento certo tem, como efeito, a experiência de justa medida, ou, como sugere Brazelton ao se referir aos cuidados maternantes, de envolvimento.

Nesse sentido, foi meu entendimento que a interpretação a ser oferecida a partir do sonho de Eurídice deveria não só ser experimentada como uma brisa aconchegante e acalentadora como também ter efeitos de restauração de seu Eu-pele: promover o reinvestimento da região de fronteira e restabelecer uma área de interface com qualidade de justa medida, que lhe permitisse reconquistar a experiência de envolvimento com qualidade de "ternura tátil" (Fontes, 2010).

Assim, digo: "Vejo a tentativa desesperada que você faz em seu sonho para restabelecer um limite, um limite que você sente se rompendo".

A confirmação de minhas hipóteses interpretativas vem como efeito da interpretação: Eurídice relaxa; sua fisionomia se descontrai e se ilumina. Sorri e diz: "Agora eu posso pensar uma porção de coisas sobre o sonho".

Considerar uma Clínica do Continente remete aos processos de constituição do Eu, ao estado do Eu-corporal e de sua representação no psíquico como Eu-pele, uma vez que é neste nível que o espaço psíquico se constitui como um espaço continente, que as características estruturais do Eu são construídas. Quando algo falha ao nível da reorganização da estrutura do Eu como Eu-psíquico, é o Eu-corporal quem garante a sustentação narcísica.

Considerando o Eu-corporal como o estado primário do Eu, o que pude entender era que toda aquela enxurrada, o fluxo intenso e desmedido de sentimentos-sensação que inundava todo o ambiente, se apresentava como uma radiografia de Eurídice, me revelando a estrutura de seu Eu: ela não se sentia como em uma enxurrada; ela era a enxurrada.

As mesmas características de sua estrutura psíquica, a mesma precariedade da estrutura continente de seu Eu que se fez presente na relação transferencial e era revelada pelos significantes formais que se repetiam em seus sonhos também eram depositadas no enquadre clínico quando intervinha nele.

Durante os dois primeiros anos de tratamento, era frequente que quando se visse no limiar da suportabilidade, Eurídice chegasse com uma e até duas horas de antecedência, pedindo-me que a atendesse ou, ao menos, que pudesse esperar na sala de espera – sala contígua a mim. Era um excesso torrencial para o qual ela não possuía mecanismos internos saudáveis de regulação minimamente eficientes. Ela intervinha no enquadre clínico e foi de meu entendimento que era necessário acompanhá-la nesse movimento, "dançar com ela", cabendo a mim cuidar para que esse excesso não invadisse a sessão do outro paciente nem que ela se sentisse invadida, tal como em seu ambiente infantil. Em termos objetivos, duas portas e um som ambiente instalado na sala de espera garantiam a privacidade de cada ambiente. Em outras sessões, Eurídice já cruzava a entrada do consultório e atravessava a sala de espera chorando, tremendo e falando: ela ampliava o enquadre clínico ao portal de meu consultório. Não havia para ela, então, o espaço de transição que a sala de espera pode representar.

Em termos clínicos, a proposição de um equilíbrio dinâmico a reger as relações de cuidado, como ensina Figueiredo a respeito do cuidado primário, ressoa como cuidado em não solicitar ao Eu mais do que é possível suportar. Contudo, também não devemos negligenciar quanto às capacidades adquiridas, o que reeditaria os traumas por invasão ao manter o Eu aprisionado, pele a pele, colado, às necessidades narcísicas do terapeuta. Desse modo, conter, interpelar, frustrar e se pôr em reserva se articulam no processo terapêutico tendo sempre presente a sensibilidade para a questão da "dosagem".

Certo dia, no segundo ano de tratamento, Eurídice mais uma vez chega adiantada. Então, o aparelho de som ambiente da sala de espera estava quebrado, e sinto sua permanência como potencialmente invasiva. A reorganização do enquadre clínico por causa da quebra do aparelho de som teve, sobre mim, o efeito da entrada de um terceiro. Pela contratransferência, ele me revelava o risco de invasão a qual eu a estaria expondo se não considerasse os ganhos de seu processo analítico: era uma questão de "dosagem", de justa medida. Obviamente cabia a mim oferecer o apoio e a resistência necessária para que ela pudesse fazer seu passo de dança. De pé, nesse espaço intermediário entre o lado de dentro e o lado de fora, explico a situação e peço que ela espere o horário da sessão no parque vizinho ao prédio onde ficava meu consultório. Ela fica surpresa, frustrada, sem saber o que fazer. Para tranquilizá-la, lembro algumas situações em que ela mostrou já possuir alguns recursos, por exemplo, quando uma vez, tomada de raiva, em vez de "descer o chupa cabra", gritar e "encher a cara", ela foi caminhar e só voltou para casa quando estava mais calma. Crio também alguns pontos de referência falando de um banco onde as pessoas sentam e de lojas e quiosques que ali havia. Eurídice volta feliz no horário de sua sessão: de imediato diz que não bebeu "nem um gole de cerveja"; pegou emprestada uma revista e sentou-se no banco para ler. Pensativa comenta: "Descobri que posso pensar". Para mim, Eurídice descobre o tempo e o espaço; descobre ter construído um espaço interno onde pode se conter e me conter sem precisar lançar mão da bebida. Pequenos interditos de tocar, interpelações, frustrações: estaríamos assistindo os primeiros movimentos de seu nascimento psíquico?

Diferente do tratamento das psiconeuroses, quando uma única interpretação, correta, oportuna e bem formulada, como diz Winnicott, pode ter efeito mutativo, as deformações do Eu por traumas cumulativos, ou essas situações cumulativas constitutivas do Eu, requerem uma "interpretação cumulativa" (Anzieu, 1979, p. 211).

Assim, todo esse movimento – uma identificação adesiva exigida por um Eu-corporal, a plasticidade do Eu reconquistada e posta a serviço da construção de um espaço psíquico autossustentado por um envoltório psíquico, pequenos interditos de tocar, a reorganização do Eu-corporal em Eu-psíquico – se repetiu inúmeras vezes em seu processo analítico, cada vez com menos frequência e menor intensidade. Na verdade, na medida da restauração de seu Eu, seu mundo psíquico ganhando novas configurações, encontramos esse mesmo movimento em níveis mais estruturados, como em movimento espiralar.

Tomemos como ilustração outro sonho de Eurídice, produzido no décimo ano de seu processo terapêutico, quando ela dizia já possuir "nova qualidade de vida": não só não fazia mais uso de drogas, como também já não se sentia mais uma "drogada". Afirmava com tranquilidade que não tinha mais nenhuma vontade de beber. Declara estar se sentindo bem, viva e fortalecida: seu olhar se tornou mais doce, seu choro, mais expressivo, suas roupas ganham colorido e, algo serena, já pode conter um pouco mais suas intensidades afetivas. Aproxima-se do pai e assume cuidar dele quando ele adoece; busca reparação junto às filhas, uma relação que tinha sido tão traumatizante como a que ela havia vivido na infância.

Nesse contexto, Eurídice se vê envolvida em uma situação de vida que para ela representa não só abandono e traição, como também uma tentativa de apagamento, de negação de sua própria existência: ela fica sabendo que seu pai, recém-falecido, influenciado pela nova mulher, fantasia ela, a "deserda" embora, ainda vivo, tivesse garantido ter deixado para ela parte de suas economias. Tomada de raiva – "A raiva abre rombos. A frustração é insuportável" – ela diz pensar em matar, mas sabe que não pode; em parar com a terapia, mas cede às minhas intervenções – um amparo nesse contexto de angústia: "Só não vou voltar a beber, [...] nem suicídio".

Eurídice sonha: "Estava na rua [onde vivera na infância], e tem um bando de gente aglomerada, como se esperando para fazer mal, linchar. Estou com muito medo". Ela se diz aflita: a madrasta estaria armando contra ela, colocando todo mundo contra ela. Ela entra correndo na casa, as portas estão derrubadas. Ela tem muito medo, pega umas madeiras para tampar os buracos da porta, mas não tem como prender. Diz estar com muito medo de ser atacada e resolve ir embora. Resolve sair e vê um caminhão de mudança: a madrasta estaria indo embora se mudando para um lugar mais protegido, "e tudo aqui vai ser destruído".

Pensando em termos de significantes formais, vemos que é outra a representação da espacialidade psíquica em relação aos primeiros tempos do processo terapêutico. Nos primeiros tempos, suas experiências emocionais eram vividas como torrentes de água, as paredes que deviam protegê-la desabavam e seus recursos eram precários e sempre ao nível do Eu corporal. Nesse sonho, os significantes formais revelam uma constituição psíquica mais bem estruturada: Eurídice já possuía uma casa onde se proteger; embora com portas derrubadas – e não mais cortinas – possuía outros recursos – colocar madeiras ainda que ficassem frestas e não tivesse como prendê-las. Ter construído uma estrutura continente, ainda que frágil, lhe possibilita tanto uma maior discriminação entre o dentro e o fora, entre o corpo e o psíquico, como também recursos psíquicos mais eficientes frente às exigências do princípio de realidade: matar como expressão de raiva dirigida para um objeto externo, é uma fantasia; voltar a beber e o suicídio se manifestam como negativos.

Parece-me relevante que ela possa expressar os efeitos da raiva nos dois níveis da função continente: como Eu-corporal e como Eu-psíquico: "A raiva abre buracos. A frustração é insuportável". A agressividade abre buracos em seu envoltório psíquico deformando sua estrutura; a frustração insuportável tem como consequência ataques ao elo de ligação deformando, por sua vez, o aparelho para pensar suas experiências emocionais. No sonho, a possibilidade de mudança, de transformação, fica atribuída ao outro, a ela cabendo a destruição e, provavelmente, o reinvestimento de sua pele "aleijão".

Considerando que o Eu-psíquico se enraíza no Eu-corporal, tal como no sonho anteriormente relatado, neste também a análise do sonho tem como primeiro movimento a restauração de sua estrutura continente e o reinvestimento das fronteiras. Nesse sentido, trabalhamos primeiro com os significantes formais presentes no sonho, ou melhor, com a transformação dos significantes formais como um modo de falar das transformações de sua estrutura psíquica e dos novos recursos que ela possui.

A meu ver, e em termos gerais, o trabalho com o sonho promoveu o reinvestimento narcísico necessário à reconstituição de seu Eu e ao restabelecimento da atividade de pensar. Eurídice associa a outras situações em que se sentiu da mesma maneira. Falamos da raiva, da agressividade e ela constata como, tomada por essas emoções, muito frequentemente fica com medo de ser atacada, com medo dos outros. Conclui a sessão com um *insight*: "Eu tenho medos do lado de dentro que ponho do lado de fora".

Apenas para concluir, no décimo quinto ano de seu processo terapêutico, Eurídice diz que quer parar para tentar levar a vida com os recursos adquiridos, que sentia serem dela. Desde então, uma ou duas vezes por ano, entra em contato comigo; algumas vezes, conversamos apenas por telefone, outras, quando se sente mais fragilizada, ou eu a percebo assim, ela vem ao consultório para uma sessão.

Todo esse processo se desenvolve como um movimento de dança.

Aquiles

Aquiles é fruto de uma relação de namoro instável. A mãe, já com 40 anos, desejava muito ter um filho. Quando Aquiles tinha 3 anos, o pai se muda para o exterior. Sem espaço nem movimento para efetivamente participar da vida do filho, só volta a vê-lo alguns anos depois. A família da mãe, que a ampara, é extremamente idealizada e representa, para Aquiles, sua sustentação. Ele tem vontade de tirar o nome do pai, para não o passar para a descendência. A cena parece ser confortável para todos, até que as dificuldades de Aquiles começam a pôr em risco os encaixes das peças.

Quando me procurou, Aquiles, então com 17 anos, trazia o diagnóstico de fobia descrita como "medo de ter diarreia em sala de aula", que o impedia de ir ao colégio. Relata considerável histórico de sintomas fóbicos anteriores tratados, então, por bem-sucedidas intervenções terapêuticas. Aquiles vivia com a mãe uma relação extremamente erotizada contra a qual a frágil e desqualificada imago paterna tinha pouca consistência para protegê-lo. Ele fala de um "pai periférico", isto é, um pai que não tem cheiro e que não tem corpo – "Sinto falta de cheiro de pai". Talvez pudéssemos falar de um pai no negativo, que não deixou marcas em seu corpo ao separá-lo do corpo da mãe e, nessa medida, precariamente internalizado em sua função de provedor e interditor. Ainda assim, um pai sonhado e buscado.

Aparentemente, o "medo de ter diarreia em sala de aula" seria um novo quadro de fobia estruturante de uma defesa, com eleição de um objeto depositário da angústia, passível, assim, de ser evitada. No entanto, dessa vez as coisas pareciam acontecer de outra maneira: ele efetivamente tinha diarreia no colégio e, inclusive, não conseguia ficar na sala em dias de prova. A diarreia, que o impedia de ir à escola, não o impossibilitava, no entanto, de ir a um *show* de *rock*, ou ao cinema, ou ficar em um bar assistindo ao futebol – "Eu tenho medo de passar mal em lugares onde conheço as pessoas" – especifica. Sua fobia mais parecia uma organização defensiva secundária relacionada aos pedidos constantes para ir ao banheiro, o que lhe causava enorme constrangimento ante os colegas, apesar de ter boa relação com eles. "Eu sei que eu posso não dizer nada, mas acho que eles vão saber o que está acontecendo comigo. Eu fico com vergonha." Contudo, essa vergonha camuflava, sob seu véu, a precariedade de sua constituição narcísica.

O que estaria acontecendo com ele?

Sem conseguir frequentar o colégio, o risco de perder o ano escolar não concluindo o ensino médio passou a ser uma realidade com a qual ele e a mãe precisavam lidar. Então, tudo parece desmoronar.

Pelo lado materno, Aquiles pertence a uma família de advogados por eles idealizados: "todos bem-sucedidos, que vivem bem, com dinheiro", "trabalham em escritório de advocacia!", exclama Aquiles com grande admiração. A mãe de Aquiles, embora tivesse nível de escolaridade superior, "fracassou". Tem, segundo lhe parece, um emprego desqualificado: funcionária pública de nível secundário, ganha pouco e se sente humilhada no trato com o público que sua função requeria. A imagem que Aquiles guarda com culpa e muita dor é a da mãe chegando do trabalho, exaurida, empobrecida, reclamando da vida. A ele cabia recebê-la e "massagear seus pés inchados". Tudo em nome do "sucesso" do filho: ali, onde ela fracassou, ele deveria ser bem-sucedido. Nesse contexto, repetir o ano não era uma possibilidade, e Aquiles se vê tomado por um pânico "infernal" que o domina a cada minuto de seu dia. Ser bem-sucedido onde a mãe fracassou: essa parecia ser a existência possível para Aquiles e, em grande medida, o norte de seu processo de constituição psíquica.

Aquiles era inteligente, nunca teve problemas de aprendizagem ou de adaptação à escola, onde tinha grandes amigos. Gostava de música e até tocava bateria. Fala com orgulho de um momento no início de sua adolescência em que era "metaleiro": "As mães de meus amigos escolhiam as roupas que eles usavam; minha mãe, não: deixava escolher e eu só usava preto e tinha o cabelo comprido. Eu curtia era *heavy metal*".

Um exercício de independência que contrastava com outros aspectos de sua relação com sua mãe: Aquiles mamou na mamadeira até os 11 anos, usou chupeta e fez xixi na cama até os 12 anos; dormiu na cama da mãe até os 15 anos, passando a ocupar sua própria cama por intervenção do terapeuta anterior. Na relação com sua mãe, ele era tanto mantido infantil como também exposto a um grande nível de excitação, tendo que responder, ao mesmo tempo, como bebê e como homem da mamãe. Apesar dos momentos de grande tensão gerados pelas intensas brigas entre Aquiles, ainda criança, e sua mãe, a paz parecia ser sempre restabelecida com os pedidos mútuos de desculpa e afagos recíprocos. Os contrastes, que sem dúvida nos causam certa perplexidade, não pareciam surpreendê-los.

Embora não conseguisse ir ao colégio, Aquiles considerava como certeza o sucesso com suas "responsabilidades de universitário", o trabalho, o dinheiro, já no ano seguinte. "De criança para adulto, sem passar pela adolescência", comento. O que lhe permite concluir: "Sou uma fábrica de merda. Não vivo a passagem".

Sabemos que a adolescência representa um tempo de passagem, que efetivamente só se realiza como passagem se equacionada a uma experiência de transformação e de separação: por causa da reativação do conflito edipiano, separação dos objetos primários de investimento libidinal regida pela angústia de castração. Mas também separação dos objetos narcísicos, dos objetos de apego, o que reativa a angústia de separação e põe em evidência as falhas narcísicas. De outro modo, é no entrelaçamento entre o interdito de tocar e o interdito edipiano que a passagem adolescente se realiza.

Em um primeiro momento, entendo que o que Aquiles não suportava eram os efeitos dos processos adolescentes, pois, quer como criança, quer como adulto realizando os ideais maternos e passando a dela cuidar, em sua fantasia, ele perpetuaria a relação de dependência mútua que o vinculava a sua mãe. Porém, eu não podia deixar de escutar com certa curiosidade que ele associava a diarreia à ausência da experiência de passagem.

Bion nos ensina a respeito de nossa ética de analista sem memória e sem desejo. O que é o mesmo que dizer que, em nossa atenção flutuante, devemos acolher de forma neutra e benevolente o inconsciente onde quer e como quer que se manifeste (Anzieu, 1979). Nesse sentido, nos deixar surpreender e ser contratransferencialmente surpreendido pelo que nos afeta no material do paciente, quer por sua natureza, quer por sua forma, quer pelo que ele possa possuir de inusitado, é um importante recurso clínico. Eu me perguntava: como a diarreia, que mais me parecia uma passagem permanente, sem contenção, estaria associada à experiência da não passagem?

Percebo que Aquiles não se referia à passagem pelo intestino, mas à região de passagem entre o dentro e o fora, entre o Eu e o Não Eu, entre o consciente e o inconsciente; que sua associação possuía uma natureza topológica. Desse modo, "não viver a passagem" me remetia não só aos estados intermediários, ao transicional; à precariedade do pré-consciente em sua função de mediador entre inconsciente e o consciente. Mas, sobretudo, embora não de forma independente à característica da região de fronteira da estrutura continente do Eu e às vicissitudes de seu processo de constituição.

Ou seja, no entrelaçamento entre o eixo narcísico e o edípico, se por um lado podemos supor em Aquiles um Eu suficientemente constituído se considerarmos, por exemplo, a produção da fobia como defesa contra angústias de castração, por outro, seus sintomas, quando abordados com mais cuidado, nos revelavam uma liquefação narcísica. Para além de manifestação fóbica, a diarreia, quando considerada significante formal, me fazia pensar a respeito de possíveis distorções estruturais de seu Eu que acarretavam falhas na função continente, colocando no centro de minha atenção clínica seus processos de constituição narcísica.

Em termos da capacidade de mediação das intensidades pulsionais, ela parecia também indicar que Aquiles não possuía um "esfíncter psíquico" (*sic*) capaz de reter suas intensidades afetivas, e que a descarga era sempre imediata. As experiências impostas por seu corpo adolescente – a força da sexualidade e a força física – exigiam transformações na forma de contê-las e organizá-las. Os aspectos estruturais de seu Eu pareciam não possuir a plasticidade e a flexibilidade necessárias que lhe permitissem enfrentar as complexas solicitações adolescentes. Certa noite, ele me liga chorando e muito assustado: havia brigado com a mãe e dizia temer pelo que pudesse fazer.

Se entendemos com Anzieu que o processo de constituição psíquica não apenas se ancora na experiência corporal, como também o corpo oferece o modelo de estruturação do Eu, então sua diarreia não podia ser considerada apenas uma formação sintomática em sentido estrito. Ela me informava a respeito de seu processo de constituição narcísica, da precariedade de seus recursos psíquicos, da funcionalidade do Eu. Quando seus recursos psíquicos falhavam, seu Eu-corporal por eles respondia; ele não podia "liberar o corpo", como dirá em sonhos outra paciente, e lançar mão de mecanismos psíquicos mais complexos.

A impossibilidade, por exemplo, de recalcar experiências tão primárias como o mamar e o usar chupeta, esquecimentos organizadores de uma temporalidade, tem nas diarreias o recurso, por assim dizer, de um esquecimento corporal. Invadido no corpo por falhas da função de paraexcitação exercida por sua mãe e pela insistência temporal dessas experiências primárias, é no corpo que elas se mantêm vivas, sem possibilidade de subjetivação, de constituir reminiscências. Interdições muito precárias, interditos mal construídos: Aquiles se mantinha grudado pelo corpo ao narcisismo, às carências e aos ideais maternos.

Um corpo tanto mais presente quanto negado: "Se eu passo mal, minha mãe diz que é coisa da cabecinha". Então, para a família, tudo parece se resumir a ser infantil, à ausência do pai, a ser mimado e precisar de limite, a ser irresponsável e preguiçoso. Tudo isso se encaixava, exceto a diarreia. O grande diferencial que eu representava para Aquiles nesse início de processo terapêutico, é que eu acreditava em seu corpo.

O trabalho com Aquiles segue nessa direção. Suas sessões eram diarreicas e todo o enquadre ficava tomado. Era muito agitado e falava "de muitas coisas ao mesmo tempo" (*sic*). Verdadeiros objetos bizarros que se espalhavam pelo consultório e me tomavam. Ele diz ser "muito sensorial": tudo o que vê, ouve e cheira é "absorvido" e o põe em estado de alerta. "Tudo pode ser sinal de perigo". Tal como superexcitação sexual, Aquiles vivia um excesso de estimulação sensorial em que a única forma possível parecia ser o medo ou, o que era uma proteção, a curiosidade intelectual. Na relação transferencial, a mim competia, não apenas limpar a merda, mas retê-la e transformá-la em um bolo fecal. Ali, eu não era sua mãe cuidando dele bebê; eu era seu intestino. Absorção e excreção: funções vitais sem as quais sofremos ou de inanição ou de intoxicação.

Aquiles era fanático por futebol, embora não jogasse. Em sessão, brincávamos que em nossos encontros batíamos bola: o ir e vir, o fluxo e o refluxo, a ritmicidade relacional que acolhia e transformava o que era diarreico: formas-sensação continentes que se desenhavam no jogo intersubjetivo da experiência analítica.

Em uma sessão, Aquiles conta que sempre "odiou a ideia de a mãe se casar de novo. É como se o filho sobrasse"; "nunca quis", acrescenta, "que ela tivesse namorado. Não sei por que ela obedecia".

Todos nós, provavelmente, estamos pensando em Édipo, e Aquiles parecia já ter ouvido falar disso em seus processos terapêuticos anteriores. Diz: "Mas não que seja Édipo. Eu não tenho atração sexual por minha mãe". Sabemos desde Freud, que não existe melhor afirmativa do que a negação. Porém, era seu corpo que eu ouvia, e ele me falava de outra coisa. Associo o medo de sobrar com o descer pelo ralo, de ele virar diarreia. Diante da possibilidade de triangulação, possibilidade fantasiada, a angústia que o dominava não era a de ser excluído, mas a de liquefação e desaparecimento.

Aquiles começa a se dar conta de que desde pequeno tinha pavor de ralo, do barulho da água escorrendo, fosse na banheira, no chuveiro, na piscina. Lembra que, em sua casa, o ralo do boxe do chuveiro foi descentrado, colocado bem em um canto, porque ele tinha pavor de tomar banho.

Associamos esse medo de ser ele uma diarreia espalhada por todo canto e de descer ralo abaixo, ao "medo de deixar de estar grudado na mãe". O corpo de sua mãe era o que lhe dava forma, o que continha sua diarreia narcísica. "Entre mim e minha mãe, tem uma cola forte. Meu pai não pode entrar." Não posso negar que a angústia de castração perpassa toda essa cena, mas ela parece vir inscrita sobre uma angústia mais primitiva, uma angústia narcísica de liquefação. Como significante formal, "cola forte" parecia dizer que ele experimentava forte aderência entre a superfície de seu corpo e a do corpo materno; aderência vital para os dois uma vez que a separação não era sinônimo de autonomia, mas de perda: perda dos objetos investidos e, sobretudo, perda de si mesmo. Como podemos separar duas superfícies fortemente aderidas sem que elas fiquem arruinadas?

Na sequência dessa sessão, Aquiles amplia suas associações às diversas fobias desenvolvidas durante a infância: medo de vento, de furacão, "das coisas que lembravam o movimento de descer pelo ralo". Surpreso, nota que "as coisas vão se juntando e eu nem sabia que estava tudo ligado". Falo de ir dando forma, de ir juntando a diarreia em um bolo fecal que ele pode conter e controlar. A sessão ele conclui dizendo que precisava de um "esfíncter psíquico".

Em termos estruturais, um esfíncter psíquico é o que poderia lhe oferecer a experiência de passagem, de contenção, de paraexcitação e de transformação.

A mãe de Aquiles era zelosa e afetuosa com seu filho, e não me parecia que houvesse exercido mecanicamente suas funções de cuidado. No entanto, suas falhas narcísicas, mal reconhecidas, pareciam ter sido o principal elo de vinculação com o filho. Desnorteada com as manifestações fóbicas do filho que não encaixavam no que ele era para ela, busca ajuda em todos os lados, inclusive em seitas religiosas. Dizem que seu filho "era uma criança especial; que ele era o eleito", dado que parece confirmar seu "delírio" de que ele teria "corpo fechado". Com orgulho, conta que "ele nunca caiu, nunca se machucou, nunca ficou doente".

"Minha mãe me idolatra", ele constata.

Aquiles se cola à pele e ao "delírio" materno e parece precisar fazer de sua vida a comprovação deste: o eleito, corpo fechado, estudar na melhor faculdade, ser um grande advogado, castelos na Europa – a realização de seus grandes ideais garantiria o sucesso materno, cobrindo com sua pele brilhante as feridas narcísicas de sua mãe.

Um dia, vindo para a sessão, um pombo caga em seu ombro (como nisso não reconhecer o efeito de interpretação?). É uma grande surpresa, ele nem consegue entender: "Sempre ouvi meus colegas falando disso. Nunca aconteceu comigo. Então eu não tenho corpo fechado?". A diarreia já bem o dizia.

Penso que ter corpo fechado e não ter corpo era, na relação que ele tinha com a mãe, a mesma coisa: ele tinha que ser o "delírio" dela – "Eu não nasci para trabalhar em loja. Fui criado para ser advogado"; "Não controlo meu corpo". Certezas que eles produziam para a estabilidade da relação. Imagino que nos cuidados com seu bebê, o corpo que era cuidado não era o dele, mas o dela; a pele que era tocada só era dele se colada à pele dela. Qual possibilidade ele possuía de ter uma pele que fosse só dele?

"Não consigo separar [o que é da mãe e o que é dele]; é como se eu quisesse misturar as coisas numa só: eu e mamãe. É como se eu quisesse juntar dois sabonetes; eles não se misturam. Ficam colados [...] É uma relação sabonete."

Aquiles vive o dilema de ter que compartilhar sua pele – e seu Eu – com sua mãe. Conta que vendeu revistas que colecionava, sonhando com um jogo de computador. Com o dinheiro na mão, já não sabe se é dele ou se é da mãe: se compra o jogo, se sente roubando a mãe; se entrega o dinheiro para a mãe, se sente roubado.

O significante formal "relação sabonete", que passou a frequentar o ambiente terapêutico, foi uma das melhores expressões que encontrei, em minha clínica, da fantasia de pele colada que Anzieu atribui ao Eu-pele de personalidades narcísicas. No caso de Aquiles, ele tanto aponta em direção ao desejo de retorno ao ventre materno como também revela a inexorável constatação de que entre eles havia uma pele – o Eu-pele – a mantê-los fortemente unidos, mas irremediavelmente separados. De suas lembranças, Aquiles relata o prazer que possuía de, com uma faca, tirar pele de seu pé, pele da borracha, pele das frutas; fantasias que apontavam para uma possível erotização masoquista da superfície de seu corpo, mas que revelavam seu componente narcísico primário: separar sua pele da pele de sua mãe, criando entre eles a experiência de um espaço de passagem.

Ter diarreia no ambiente escolar parecia ser o recurso possível que Aquiles encontra adiante da situação paradoxal que vivia: manter-se pele a pele, colado ao corpo da mãe como proteção e garantia de sustentação narcísica, o expunha, paradoxalmente, às intensidades que tanto temia. Descolar da pele da mãe teria efeito de paraexcitação, mas aí ele perdia sua sustentação, seu equilíbrio narcísico, sua capacidade continente e se esvaía em uma liquefação narcísica. Como uma faca, ela o separava dos ideais maternos; como significante formal, indicava sua liquefação narcísica.

Rômulo

O terceiro exemplo clínico apresentado como ilustração de uma Clínica do Continente trabalha com os mesmos elementos esboçados, mas acredito que nos permita ampliar nossa reflexão. Trata-se de um recorte do percurso clínico de um paciente neurótico que apresenta, no entanto, como primeiro movimento em direção à cura, suas falhas narcísicas.

Quando Rômulo me procurou para fazer terapia, ele era um rapaz de 27 anos. Ele se apresenta para a primeira entrevista bem-vestido, as mangas da camisa arregaçadas até a altura dos cotovelos, deixando à mostra braços, mãos e dedos cheios de curativos e esparadrapos. Tal imagem suscita em mim um pensamento: ele está esfolado.

Rômulo senta-se no divã o mais próximo possível de mim e fala de sua dor: a dor que vive em uma relação difícil com seu irmão mais velho e a dor da separação, por ele efetuada, de um namoro de longa data. Conta que essa foi sua primeira namorada; que eles sempre foram "muito juntos" e que entre eles "não havia barreiras". Mas aí ele começou "a querer ter coisas só dele, em que ela não estivesse incluída", uma "crise de individualidade ou de egoísmo", relata, inseguro quanto à propriedade de tal querer, e a relação não resiste a esse movimento. O surpreendente nisso tudo é que, embora o movimento de separação fosse dele, Rômulo parece se sentir desamparado, abandonado. Diz emocionado: "Eu tenho carinho para dar, mas não tenho para quem dar". Ou ainda, parecendo não suportar esse estar só, comenta: "Eu preciso de alguém".

Quando fala da relação com seu irmão, Rômulo também associa a uma experiência de separação. Conta que, crianças, eles dormiam no mesmo quarto e tinham uma relação de cumplicidade. Um dia o irmão resolve separar os quartos, ter um quarto só dele, movimento que se apresenta para ele como muito precoce. Fala: "Talvez porque ele era mais velho. Se tivesse esperado mais tempo, poderia ter sido uma coisa que nós dois decidiríamos juntos".

À medida que fala, Rômulo se afunda no divã, como que se amalgamando. Contratransferencialmente, sinto um apelo para que eu me colocasse nessa relação "sem barreiras", o que se manifesta por uma dificuldade de encerrar a sessão; dificuldade minha e dele, que parece não perceber nenhum movimento meu de interrupção.

Ao fim da primeira entrevista, Rômulo dá a deixa para que eu pergunte sobre seus curativos e responde como confirmando uma hipótese diagnóstica feita no primeiro momento de nosso encontro, antes mesmo de qualquer palavra: "Caí da garupa da moto".

Retorno aqui aos processos de constituição do Eu e à concepção de Anzieu do desenvolvimento do Eu-pele acima mencionado: Anzieu postula que, se a separação entre as duas camadas da pele comum, a que corresponde à primeira fantasia de Eu-pele se dá de forma precoce, sem que a representação de um Eu-pele próprio se constitua de modo satisfatório como parte do processo de individuação entre os dois parceiros bebê/mãe, o que o bebê vive é a fantasia de uma pele rompida, dilacerada, esfolada, como se, na separação, partes ficassem com o bebê e partes com o círculo maternante.

Entendo que é disso que fala meu paciente desde o início ao fim de nosso primeiro encontro, como se me apresentasse de imediato sua pele esfolada e concluísse dizendo: "Eu estava na garupa da moto, pele a pele colado com meu irmão, com minha namorada, e caí. Eu não estava pronto para tal separação e fiquei todo esfolado". E anuncia aquilo de que necessita: "Se tivesse tido mais tempo, não teria sido uma queda. Eu mesmo teria descido da garupa da moto".

Era evidente que Rômulo estava sofrendo por não conseguir realizar um movimento de separação que sabia ser necessário, mas que sempre o deixava com a pele em pedaços. É o que expressa quando diz: "Eu sou mais dela do que meu. Eu quero ser mais meu do que dela". Ou ainda, quando resgata em suas lembranças: "Uma vez perguntei à minha mãe se era errado eu gostar mais de mim do que dos outros". Rômulo parecia não ter internalizado uma pele psíquica de forma satisfatória e vivia a impossibilidade, talvez até a proibição fantasiada, de se individualizar, criando, como um dos recursos de subsistência, vínculos com características de colagem pele a pele, sem muitas possibilidades de investimentos narcísicos, uma vez que ia sempre à garupa. Rômulo parecia viver pisando em ovos, imagem que utilizamos para falar de seus medos perante a fragilidade de seus vínculos, uma vez que eles pareciam não suportar qualquer movimento de reconhecimento de um si mesmo.

Assim recebo Rômulo: em "estado de CTI", como ele próprio viria, posteriormente, nomear. Seu projeto terapêutico pareceu-me consistir, em um primeiro momento, na possibilidade de retomar o processo de constituição de uma pele própria; de um envoltório psíquico de bem-estar narcisicamente investido, que propiciasse o sentimento de um si mesmo individualizado e diferenciado e a experimentação de um espaço interno com fronteiras que permitissem tanto viver separações sem ficar esfolado, como também situações de conflito. Ele afirmava: "Eu fujo dos conflitos". Poder viver o conflito é poder se apropriar da travessia do Édipo, dificuldade que parece caracterizada em sua fala: "A relação com minha mãe é um nó. A relação com meu pai tem um nó entre a gente". Rômulo formula que, no entrelaçamento dos eixos narcísico e edípico, sua história afetiva de constituição narcísica é um nó que, se não impede, pelo menos muito o atrapalha de se apropriar de seus conflitos edípicos.

Segundo meu ponto de vista, as perspectivas teóricas psicanalíticas que conferem à relação objetal primária uma função preponderante no processo de constituição psíquica permitem sua transferência ao par analítico conferindo, deste modo, grande valor clínico à dimensão da experiência suscitada na relação transferencial. A leitura de autores como Tustin e Haag, que trabalham com crianças autistas, tem permitido enfatizar a importância de que o enquadre clínico possa se constituir como um espaço de vivências onde o analista é muitas vezes convocado a ocupar o lugar funcional do objeto necessário para propiciar que experiências fundamentais, básicas para o processo de constituição psíquica daquele indivíduo, sejam vividas de outra maneira. Aqui, para além da postura interpretativa, o analista é chamado a ocupar seu lugar na cena, a acompanhar o paciente em seu movimento regressivo, a atuar, no sentido que se fala de uma atuação teatral tal como proposto por Cassorla ao descrever o fenômeno do *enactment*.

Segundo Cassorla (2003), na clínica psicanalítica como no teatro, "[...] as coisas acontecem no 'aqui e agora' das cenas, tanto em conteúdo como em sua forma" (p. 370). A escolha do teatro como modelo para ampliar nossa compreensão da cena analítica torna-se tanto mais pertinente se considerarmos, como propõe Winnicott (1956), o enquadre clínico o conjunto de *todos os detalhes* que compõem a situação analítica, por exemplo, além do discurso verbal do paciente, seu corpo, o espaço e o tempo da e entre as sessões, a técnica, o contrato, a pessoa do analista, inclusive seu inconsciente. Desse modo, ainda segundo Cassorla, é como se analista e paciente construíssem juntos uma peça teatral, em um jogo intersubjetivo, fruto – para além do que propõe Cassorla – não só de identificações projetivas e introjetivas cruzadas, mas da própria "participação" do paciente na construção do enquadre, logo, envolvendo as ações tanto do analista como do paciente.

Não vou me estender aqui na discussão do conceito de *enactment*. Quero apenas recortar, na riqueza que ele agrega ao campo analítico, uma perspectiva que confere sustentação teórica à intervenção que faço junto a Rômulo: embora, tal como a concepção freudiana de transferência, os *enactments* devam ser considerados com finalidades ao mesmo tempo obstrutivas e comunicativas, Cassorla especula se, "pelo menos" em pacientes narcísicos e fronteiriços ele não se constituiria também como um mecanismo necessário e fundamental, "parte da 'história natural' do processo analítico": como uma "fase da simbiose [...] que necessita tempo para ser elaborada criando-se aos poucos a possibilidade de que ela rompa [...] para chegar-se a uma posição edípica de elaboração" (Cassorla, 2003, p. 536).

É justamente essa a direção que priorizo no início do tratamento de Rômulo, considerando que, embora ele possuísse um funcionamento neurótico predominantemente histérico, este se apoiava sobre uma constituição narcísica não satisfatória, e que este é o personagem que assume o centro da cena nesse primeiro momento de seu processo terapêutico.

Nesse contexto, pareceu-me que a criação na relação analítica de uma experiência de interface e de transicionalidade – cuidado indispensável a todo trabalho analítico – se revelava o cerne desse momento do trabalho com Rômulo, mas não era suficiente: a dificuldade de interrupção das sessões e separação – e talvez aqui eu possa falar de colusão inconsciente – se repetia a cada encontro, como se a separação fosse vivida sempre precocemente.

Diz Anzieu (1979):

> Toda variável do *setting* analítico que repete para o paciente a situação primitivamente patogênica de sua infância, por exemplo, uma carência específica de seu ambiente, deve ser suspendida até que a análise e a ultrapassagem dessa situação, dessa carência, possam ser efetuadas; caso contrário, a situação analítica irá apenas aumentar e confirmar um processo de trauma cumulativo, que se torna, então, inanalisável (p. 207).

Desse modo, na consideração de "tudo aquilo que compõe a situação analítica", ganha relevo nas sessões com Rômulo justamente aquele elemento que, quando cumpre bem sua função, uma vez instituído, tende a ser esquecido – o enquadre analítico. E aqui, mais especificamente o tempo: "Se tivesse esperado mais tempo...".

Bleger (1966), no artigo "Psychanalyse du cadre psychanalytique", enfoca, no que diz respeito ao enquadre analítico, a relevância de sua característica não processual, isto é, de constância e de continência funcionando como pano de fundo para o desenvolvimento dos fenômenos processuais. Dito de outro modo, para Bleger, o enquadre clínico tem uma função comparável à promovida pela experiência simbiótica com a mãe (imutabilidade do Não Eu), indispensável ao desenvolvimento do Eu da criança. Por isso, ele só é percebido e muitas vezes chega a assumir uma característica processual quando se modifica ou é rompido, ocupando o centro da cena. Daí ele entender que o enquadre é a parte mais primitiva da personalidade, a simbiose, sua experiência com o objeto primordial – seu Não Eu primordial – ainda que ele não seja percebido como tal.

Desse modo, a dificuldade de interromper as sessões configurava-se para mim, não como um ataque ao enquadre analítico, como muitas vezes tendemos a interpretar, mas como algo dele que era introduzido no enquadre, sua própria organização psíquica, seu modo de funcionamento. Sem poder significar suas carências, Rômulo expressava seus efeitos colocando-as em cena, alterando o enquadre analítico através da dificuldade de encerrar as sessões. Isto é, ele transfere para o enquadre clínico as marcas deixadas por seu processo de constituição psíquica. Decido, então, entrar em cena adaptando-me àquilo que ele propõe e, como estratégia clínica, intervenho no enquadre propondo um contrato com três encontros semanais com o seguinte "formato" (*sic*): duas sessões seriam seguidas podendo durar até cem minutos, e a terceira seria em outro dia e teria os cinquenta minutos convencionais. Desse modo, esperava criar um ambiente mais propício não só a que ele experimentasse a duração e descobrisse seu tempo, como também, em um movimento de dança que refletisse uma experiência de justa medida, a ilusão de uma pele comum.

Rômulo se mostra satisfeito com o que eu lhe propunha e confessa que vivia em cada encontro a tensão do momento da separação precoce.

Dessa forma, decorreu grande parte do processo analítico de Rômulo comigo, o qual durou sete meses. Nesse ínterim, aos poucos se foi revelando a importância de que eu ficasse atenta para não me aprisionar em uma sedução histérica, nem "dragá-lo" em uma sedução que o manteria impotente, colado à minha garupa. Em seus sintomas histéricos, reconhecemos a manutenção de um envoltório de excitação que tanto ressegurava a consistência de seu Eu, como também reinstaurava a excitação difusa e excessivamente erotizada que ele conheceu na relação primária com sua mãe, garantindo a manutenção de sua vida (da mãe) por excitação (A. Anzieu, 1987).

Sua vida afetiva libidinal começa a ocupar predominantemente a cena; seus temas colorem-se mais intensamente com um tom edípico e a transferência objetal e erótica ganha contornos mais nítidos. Esses elementos se traduzem para mim na necessidade de nova intervenção no enquadre: convido-o a deitar-se no divã e posteriormente proponho separar as três sessões semanais intercalando-as. "Eu, que jogava tanto videogame, sinto que mudei de fase; é uma outra etapa. Saí da fase de CTI."

Com cinco meses de terapia, Rômulo me surpreende avisando que havia decidido aceitar uma proposta de transferência para outra cidade e promoção que a firma onde trabalhava oferecia-lhe pela segunda vez. Embora fosse profissionalmente interessante, ele não havia conseguido aceitar a primeira oferta e, agora, ele só não a aceitara como também havia proposto à firma adiantar o processo em dois meses. Assim, ele se justifica, teria mais tempo de se ambientar antes de assumir efetivamente a nova função.

Caberia a mim agora, na relação transferencial, cair da moto? Seria ele quem dessa vez pediria a separação precoce dos quartos, tal como o irmão fizera com ele, me deixando de pele esfolada? Seria um movimento de fuga, de resistência diante da intensificação da transferência erótica? Ou uma raiva insuportável e uma "vingança" pela alteração do enquadre, do "formato" das sessões que aumentava a distância entre nós?

Todas essas possibilidades deviam estar incluídas. Nesse contexto, chama atenção sua reação frente ao meu questionamento se algo mais o moveria nesse parar a terapia. Rômulo se sente traído por mim. Sem entender do que se tratava, recuo para que a cena se desenvolvesse.

Contratransferencialmente, sentia que estávamos comprometidos em algo que se apresentava na transferência como novo, desconhecido, pois ele parecia não conhecer outras formas de viver a separação que não fosse "abrupta", dilaceradora, provocando dores para ele insuportáveis e, por isso, precisando ser evitadas. É o que me faz pensar, por exemplo, o seguinte trecho de uma sessão.

Ele pergunta: "Não sei por que acho que com a separação vou te machucar. Alguém sempre fica machucado, fica sem pedaço?".

Depois de um silêncio, continua: "Quando pensei que te machucaria, pensei na minha mãe. Lembra quando a gente falou da separação não ser uma ruptura, mas uma missão cumprida? Tem essa coisa de ser prematura. Acho que te machucaria porque você não teria a sensação de missão cumprida; as suas expectativas – o que você imaginou como tratamento para mim – não seriam realizadas".

Respondo: "Mas aí, você seria mais meu do que seu: você não poderia ter seus próprios movimentos, seus desejos, suas expectativas; só poderia olhar para onde eu apontasse, ir para onde eu te levasse". Depois acrescento, como que pensando alto: "Quando uma separação não é prematura? Só se eu dissesse: vai, pode ir". Essas palavras saem de minha boca quase com vida própria e o faz corporalmente estremecer. Depois de certo silêncio, Rômulo diz ter sentido a perna "ficar bamba" e o "impacto do ir".

Mais uma vez, Rômulo fala de seu "temor" da separação, mas aqui não se tratava mais de cair da garupa da moto, ser empurrado para fora do quarto. O que parece fazer as pernas fraquejarem é o medo de dar o passo, de *descer* da garupa da moto. Ele parecia ter encontrado em terapia não só o tempo de que necessitava para descer da garupa da moto, mas também a esperança de que, desta vez, poderia vir a "ser uma coisa que nós dois decidiríamos juntos".

Creio não ser necessário me estender mais no relato do percurso clínico de Rômulo. Quero acrescentar apenas que nos dois meses de trabalho que nos levavam a data de sua viagem, Rômulo foi podendo significar passo a passo essa nova experiência, e, como em um processo de aprendizagem, cada etapa do processo de separação só era concebida após a experiência e significação da anterior. Percorremos todo um terreno que passou pelo sentimento de traição, pelas perdas e ganhos, medos e fantasias, o que vai e "o que é daqui" e as pendências de um projeto terapêutico que era dele e do qual eu apenas fazia parte.

Pele esfolada e "caí da garupa da moto": duas imagens complementares e representativas da estrutura continente do Eu. De fato, pele esfolada, como significante formal, é uma representação de seu envoltório psíquico que nos revela estrutura do Eu-pele, um Eu-pele esfolado; "caí da garupa da moto" como significante formal, se inscreve, a nosso ver, naquela categoria de significantes formais que representa uma passagem para os cenários fantasmáticos. Ele não representa exatamente a transformação do espaço psíquico, mas a transformação do espaço intersubjetivo, ainda que um e outro estejam interligados. Diferente da imagem de "relação sabonete" como significante formal da fantasia de pele colada, "caí da garupa da moto" representa a separação; uma separação que o deixa esfolado uma vez que é experimentada como precoce, mas ainda assim não catastrófica: particularidades de sua história.

Rômulo possuía uma estruturação psíquica suficientemente desenvolvida, um Eu-psíquico bem estabelecido e funcional que disponibilizava recursos psíquicos e capacidade simbólica. Em seu caso, o entrelaçamento entre os planos narcísico e edípico revelou pequenas más-formações na estrutura de seu envoltório psíquico quando do descolamento da pele materna, uma má-formação na estrutura de fronteira, mas que não chegava a comprometer a função continente.

Quando apresenta sua pele esfolada, tal como em uma radiografia, Rômulo revela as vicissitudes de seu processo de constituição narcísica – "caí da garupa da moto". Na construção da proposta de Clínica do Continente, entendo que as configurações dos envoltórios psíquicos podem possuir esse efeito de radiografia.

Reflexões sobre a clínica

Escolhi essas três ilustrações retiradas de minha clínica porque, em suas diferenças, elas permitem mostrar o que considero ser meu principal argumento: em sua plástica, o Eu guarda em sua estrutura, a marca da história afetiva de seus processos de origem.

São três casos em níveis diferentes de comprometimento da estrutura continente do Eu: Eurídice apresenta comprometimento na construção de um espaço psíquico continente e na constituição do envoltório psíquico. A precariedade de seu ambiente primário no exercício das funções de cuidado maternante, os excessos que se traduziam por descontinuidade do continente primário e injunções paradoxais às quais foi, cumulativamente, exposta, deixaram suas marcas em uma estrutura de contenção precária e torcida: uma estrutura igualmente feita de excessos – excessos de estimulação e de excitação (puramente mecânica e desprovida de fantasias edípicas) – e paradoxal. Ela não conseguia entender a diferença entre a droga e o remédio, pois os psicotrópicos, que deviam cumprir função de paraexcitação e contenção da angústia insuportável, eram a via que a conduz a um quadro de toxicomania; do mesmo modo não conseguia aceitar que eu, que, em sua fantasia, não havia passado pelo que ela passou, e minha vida "era um paraíso", pudesse ajudá-la – se eu não era droga, como podia ser remédio?

Para ela, o apego à pele de infância, com suas marcas de má-formação, um "apego ao negativo" – "[...] combina uma experiência negativa de apego e uma fixação do apego aos objetos de amor que respondem negativamente às demandas de ternura [...]" (Anzieu, 1996, p. 107) – era, no entanto, sua condição de existência, e por isso a ela, durante o processo terapêutico, tantas vezes Eurídice retornava. Nesse sentido, no que concerne à Eurídice, o projeto terapêutico implicou a reconstituição de espaço e de seus envoltórios psíquicos, do envoltório de paraexcitação e do de comunicação, oferecendo-lhe sentidos; do Eu-pele como um envoltório que a sustente narcisicamente, e que possua uma estrutura que permita diferenciações organizadoras de seu mundo psíquico – por exemplo, entre o Eu-corporal e o Eu-psíquico, entre seu corpo e o corpo de sua mãe, entre o lado de dentro e o lado de fora, entre o ideal de Eu (ela se via como Vera Fisher) e o Eu. Não é irrelevante que de seu processo terapêutico tenha feito parte a mudança de seu guarda-roupa, do seu modo de se arrumar e de sua própria expressão corporal.

Uma análise da estrutura do Eu de Aquiles revela aspectos diferentes. A fantasia de Eu-pele sustentada pela organização de seu envoltório narcísico revela sua deformação e sua fragilidade na região de fronteira, onde o ambiente cuidador se instala, onipresente, aderido – "uma relação sabonete". Para Aquiles, o interdito de tocar, como condição de transformação dos vínculos com o objeto primário, é precariamente constituído, tornando falha a capacidade de simbolizar a ausência: ao nível do Eu-corporal, a existência é sentida na pele, e a separação dos Eus-sabonetes, ele e sua mãe, ficava equacionada à morte: ela morre para ele, e ele não permanece vivo no interior dela. Várias vezes Aquiles expressa sua fantasia-temor de que sua mãe morreria caso ele se separasse dela (isto, para ele, implicava uma vida independente das fantasias dela em relação a ele). O interdito edípico, mais audível que o interdito de tocar, a este se sobrepõe, estabelecendo a exigência, saudável, de uma separação que o impulsionasse para a vida "lá fora".

Em termos topológicos, seu Eu-pele trazia a marca de uma estrutura fragilmente constituída uma vez que não suportava uma vida relativamente independente; o reforço desse Eu-pele frágil, pela exacerbação de uma fantasia onipotente de invulnerabilidade, ou de um sucesso extremamente idealizado, era sustentado pela ilusão de manter a pele da mãe colada à dele, sem a constituição de um espaço transicional onde uma mãe pudesse ser criada como a primeira de uma série de substitutas. Como recurso, o Eu-pele assim constituído até permite o desenvolvimento de Eu-psíquico, mas tem em sua rigidez e manutenção de um estado de dependência, o preço a pagar. Quando Anzieu instiga, como já referido no Capítulo I, que a questão é saber com que pele cada um pensa, no caso de Aquiles, não teríamos dúvida em dizer que ele pensa com a pele da mãe.

Rômulo nos apresenta questões semelhantes às de Aquiles, mas situadas em outro nível, permitindo-nos visualizar a espiral interativa com que Anzieu concebe a constituição do Eu: sua fragilidade narcísica também se revela nas regiões de fronteira, quando da separação das peles na construção de um Eu-pele próprio e individualizado. No entanto, as particularidades de suas relações primárias e a pessoalidade do ambiente maternante conferiram a sua estrutura continente configurações e qualidades consideravelmente diferentes das de Aquiles. Nele reconhecemos falhas e sofrimentos narcísicos, mas um funcionamento psíquico predominantemente neurótico.

No processo terapêutico de Rômulo o estatuto da relação transferencial e do material clínico, nos colocava, de forma muito mais frequente e sutil do que experimentamos com Eurídice e com Aquiles, no limiar entre o eixo narcísico e o edípico, o mesmo material podendo tanto apontar para suas falhas narcísicas como para as fantasias edípicas. Por exemplo, em uma sessão, Rômulo fala da dificuldade de se "separar da mãe sem ficar esfolado", e de sua preocupação de como ela vai reagir, e de como dar a notícia de que "quer sair de casa"; leva algum tempo imaginando quais seriam as possibilidades e qual a melhor forma. Digo a ele que, ao mesmo tempo que eu sabia que havia um filho em um movimento de se descolar da pele da mãe, eu também ouvia um casal se separando, o marido saindo de casa. Sua associação vem em confirmação ao que digo: "Nem sei como fui parar aí [...] Nos dois casos tem a casa, a casa é a questão." A restauração do Eu-pele como casa própria que lhe permitiria sair da casa dos pais.

Dessas ilustrações clínicas, quero pôr alguns elementos em destaque.

A dinâmica clínica dos estados de Eu

Quando elabora o conceito de recalques e redespertar de estados de Eu, Federn oferece uma metapsicologia para aquelas situações em que há a impressão de que o paciente entra em uma máquina do tempo e reassume, completa ou parcialmente, o estado do passado: a estrutura do Eu muda, suas capacidades funcionais adquirem características primárias, sua percepção do mundo externo e seu mundo objetal também mudam. Federn pensa essas situações como fenômeno inerente à própria essência do Eu: a cada momento as fronteiras do Eu podem variar, reinvestindo estados passados sem que isso implique, necessariamente, mudança efetiva na estrutura e na economia do Eu, isto é, mantendo a estabilidade dinâmica. Mas vimos também que, para ele, o reinvestimento de estados de Eu de origem responde por quadros psicopatológicos como o da psicose.

Em termos clínicos, o que interessa são as situações em que o Eu-corporal é reinvestido como recurso de proteção em frente a uma situação em que se sente fragilizado e teme seu colapso.

Diz Winnicott (1963), a respeito do colapso clinicamente contextualizado: "[...] a palavra pode ser tomada como significando o fracasso de uma organização de defesa" (p. 71). Nos termos deste trabalho, a organização defensiva a que se refere Winnicott (1963) concerne à estrutura do Eu – "estabelecimento do self unitário" (p. 71) – nela incluindo os recursos autoprototeres com os quais evitou a experiência do colapso durante os estágios iniciais dos processos constitutivos. Foi visto que estrutura do Eu é a organização que cumpre a função de proteção e possui qualidade de sustentação narcísica. "O ego organiza defesas contra o colapso da organização do ego e é esta organização a ameaçada", segue Winnicott (1963, p. 71).

Vimos também que esses estágios primários são vividos ao nível do Eu-corporal. É neste nível que o Eu primeiro experimenta tanto a segurança como o colapso. O que observamos na clínica é que, diante do medo do colapso, o Eu-corporal é reinvestido, redespertado, permitindo reencontrar a segurança possível dos estados de origem. Por exemplo, Eurídice, perante a ameaça de colapso desencadeada pelo encontro com colegas dos tempos de bar, apresenta em seu sonho o sentimento de segurança vinculado ao reinvestimento de seu Eu do passado. A despeito das marcas de sofrimento e das deformações a que precisou se submeter, este Eu-corporal é o que lhe oferece, no sonho, tranquilidade, uma vez que reconstrói seu Eu e seu ambiente infantil. De modo semelhante, no adiantado de seu processo terapêutico, ela diz reiteradas vezes, sempre ao se deparar com situações em que se sente narcisicamente ameaçada, que "sente falta da outra vida" em que sua preocupação era com as marcas de seu corpo, isto é, que sente falta de uma existência ao nível do Eu-corporal; para Eurídice, a possibilidade de reinvestir esse estado de Eu primário, permanece, em seu psiquismo, como marca de segurança, embora, com mais recursos psíquicos, sejam outros os mecanismos efetivamente adotados.

Winnicott, sob outra perspectiva, refere-se a uma situação clínica semelhante a essa concebida por Federn, em que o Eu do passado se faz presente no aqui e agora da sessão, a ela referindo-se como "regressão à dependência". No entanto, as abordagens dos dois autores se aproximam, mas não se equivalem.

Em nosso contexto, estamos utilizando a concepção de Federn colocando-a a serviço da sustentação narcísica como recurso de proteção. Em meu entender, a concepção de Winnicott é outra: a regressão à dependência implica, em suas palavras, "abandonar a invulnerabilidade e tornar-se um sofredor" (Winnicott, 1967, p. 155). Para ele, o que move à regressão é a esperança de encontrar um ambiente suficientemente bom, que possibilite retomar o processo de desenvolvimento; isto é, a regressão implica abandonar os recursos autoprotetores e confiar a função de proteção ao ambiente cuidador na esperança de que, dessa vez, as coisas aconteçam diferentemente. Segundo Winnicott (1964): "É como se o paciente gradualmente nos seduzisse ao conluio, ao conluio com o bebê no paciente que, de uma maneira ou de outra, recebeu atenção insatisfatória nos estágios iniciais" (p. 78).

Em minha clínica considero a proposição de Winnicott de que a esperança e a confiança são elementos fundamentais para que o paciente possa se entregar ao movimento de "reparação" (Anzieu, 1985a) do Eu. Entendo também que, enquanto há mecanismos de proteção, é porque ainda há esperança. Entretanto, mesmo que a questão da esperança e da confiança não possa, e não deva, ser excluída, quando Eurídice revela, em seu sonho, o recurso de reinvestimento de sua pele de infância como proteção contra o colapso iminente, ou quando Rômulo se apresenta com a pele esfolada em nosso primeiro encontro e seduz ao conluio de estabelecer com ele uma relação sem barreiras, tenho a vívida impressão de que outras questões estão aí envolvidas. Nesse sentido, as abordagens aos dois autores, no que possuem de diferentes, são suplementares.

Isto é, o redespertar de estados de Eu passado é, a um só tempo, um movimento de esperança e autoproteção: são os recursos que tenho, é o que me é possível, mesmo que isto implique dor e sofrimento. A angústia do desmoronamento narcísico seria, com certeza, o pior dos mundos.

No texto de Ivanise Fontes recolhemos uma citação de Ferenczi que bem expressa o que tento esclarecer: "nos momentos em que o psiquismo falha, o organismo começa a pensar" (Ferenczi como citado em Fontes, 2010, p. 16). Do mesmo modo, quando o Eu-psíquico, por sua precariedade frente ao que lhe é exigido, falha na sustentação do bem-estar narcísico, o Eu-corporal começa a protegê-lo: ele pode ser parcialmente ou integralmente reinvestido, de modo transitório ou permanente, indo em socorro do Eu-psíquico e cumprindo, no corpo, funções psíquicas. Por exemplo, a obesidade pode, em algumas situações, cumprir função psíquica de proteção. De forma semelhante, como entende Anzieu, a toxicomania pode ser uma solução para falhas na função de para-excitação ou como prótese para encher o Eu-bolsa e mantê-lo em pé.

Em termos clínicos, essa dinâmica se reflete na necessidade de uma disponibilidade para circular pelos diversos estados de Eu, para acolher a imprevisibilidade dos diversos níveis que podem se alternar e que irrompem no encontro clínico. Quem é o Eu em questão? Quem é o Eu da transferência? É uma transferência narcísica ou uma transferência objetal? De que matéria é feito um material clínico em questão: é um elemento pré-verbal e diz respeito às sensações primitivas? É da ordem do simbólico? Traz a marca das fantasias edípicas e/ou nos remete aos níveis primários de constituição do Eu?

Aprendemos, por exemplo, no caso de Rômulo, que na dinâmica dos estados de Eu no curso de um processo terapêutico esses elementos se alternam; em algumas situações somos suporte de relação transferencial dupla, intensa transferência narcísica e libidinal e no manejo clínico precisam ser reconhecidas, o que nem sempre é evidente e nem é uma tarefa fácil. Nesse sentido, a contratransferência é um importante recurso clínico e daí Anzieu (1979) relevar a importância da disponibilidade do analista em ressentir em seu próprio corpo o "[...] sofrimento, tanto físico como moral do paciente" (p. 198). Isto é, considera-se a precessão da contratransferência à transferência (Anzieu, 1979; Figueiredo, 2003; Pontalis, 1977); que o analista possa oferecer, inconscientemente, pontos de ancoragem para a dupla transferência; que possa ser suficientemente permeável para acolher em seu corpo os sofrimentos psíquicos fisicamente vividos.

Nos termos de Federn, proponho que na dinâmica clínica dos estados de Eu, o Eu-psíquico e o Eu-corporal se alternam em movimentos rápidos de vaivém[4], estabelecem fronteiras entre si de tal modo que a unidade do Eu inclui aspectos do Eu-corporal dando-lhe configuração específica. Nessa suposição, o que interessa é que ela nos permite entender a contemporaneidade de estados de Eu de tempos psíquicos diferentes que observamos na clínica, ou ainda, como propõe Green (1987), "[...] a complexidade das estruturas temporais do psiquismo e sua aparição na transferência" (p. 1314). Lembramos que para Federn, o Eu é como um caleidoscópio, possui múltiplas fronteiras internas, o que nos permite conceber a inclusão de aspectos do Eu-corporal em um estado de Eu predominantemente psíquico.

Do mesmo modo, para poder acolher a dupla transferência, é preciso que o psicanalista possa consentir em ser afetado também ao nível do Eu-corporal; investir, como recurso clínico, concomitantemente, o Eu-corporal, o Eu--psíquico e o Eu-pensante, mantendo vivo, entre eles, as fronteiras de interface.

---

[4] Maria Teresa de Carvalho (1996) descreve dinâmica semelhante quando busca entender a proposta de Federn de um recordar a distância: "[...] de modo que existe um vai e vem entre passado e presente que impede justamente o livre fluxo de associações" (p. 122).

Intervenções ao nível do Eu-corporal

Foi visto que em nível do Eu-corporal o continente psíquico se constitui; por isso, suas deformações sempre se apresentarão ao nível do Eu-corporal. A análise da estrutura do Eu nos remete, invariavelmente, ao estado do Eu-corporal. Vimos também que o reinvestimento do Eu-corporal é um recurso de proteção possível frente a situações em que o Eu-psíquico falha (se há um Eu-psíquico já constituído) na manutenção do bem-estar narcísico.

Desse modo devemos estar disponíveis para acolher como material clínico potencial esses estados de origem em que o sentimento de existir é corporal, pura sensualidade; em que a palavra mais se inscreve como música (ou barulho), pela sensorialidade despertada, do que como representante de um universo simbólico. Lembramos que o Eu-corporal é feito de matéria pré-verbal, infralinguística, em que os sentidos possíveis são corporalmente inscritos. Tustin se refere a formas-sensação, objetos-sensação, sentimentos-sensação como primeira produção de sentido em um mundo tão primário.

Nesses estados de Eu, o corpo está comprometido com o funcionamento psíquico; os pacientes se expressam em atos, em gestos, em atitudes e signos corporais. No nível do Eu-corporal, o material clínico é corporal, sensível, visível, por oposição ao inteligível; a comunicação tem a característica da comunicação primária, sustentada pela fantasia de uma proximidade e intimidade adesiva que supõe comunicação pele a pele, a qual prescinde da linguagem simbólica como vínculo intersubjetivo. O analista é contratransferencialmente tocado em seu corpo e diz Anzieu que é ao nível do Eu-corporal que ele deve responder.

Nesse mesmo sentido segue Ivanise Fontes (2002): "Quando uma relação analítica encontra-se num nível primário, ou seja, quando a transferência atinge níveis mais arcaicos [...] as palavras não são mais possíveis e as sensações têm lugar" (p. 91).

A memória corporal pode ser redespertada pela transferência, é a tese que Ivanise Fontes defende e a qual é adotada aqui, entendendo que, nessas situações, aspectos do Eu-corporal são reinvestidos. Nesses casos, segue a autora, remetendo, implicitamente, à relação transferencial: "[...] a dupla analítica se encontra de maneira particular" (Fontes, 2002, p. 91). Ao analista cabe, acrescento, a disponibilidade de comunicação em níveis arcaicos. Isto é, cabe-lhe não apenas acolher, mas também responder de um modo que o paciente possa acolher, como ressalva Anzieu (1979): "[...] ele [o psicanalista] deve encontrar – 'inventar' um sentido transmissível em significantes pré-linguísticos depois verbais para os estados psíquicos que os pacientes só podem comunicar em atos, em gestos, em atitudes, em signos corporais" (p. 200).

Desse modo será importante, seguimos Anzieu (1979), que o psicanalista tenha referências teóricas suficientes e liberdade imaginativa (além, evidentemente, da análise pessoal) para orientar sua compreensão e, inclusive, a per-laboração da contratransferência. Segundo Anzieu (1983): "Não escutamos da mesma maneira as mensagens verbais, as mensagens sensoriais e as mensagens motoras" (p. 500). Ele sugere que a "passagem ao ato", que em situações de neurose é proibida, no que diz respeito às necessidades constitutivas do Eu, muitas vezes é a única possibilidade de expressão: "A atuação do paciente é um apelo a uma consideração de suas necessidades e repete o cenário através do qual eles foram anteriormente abandonados, condenados ou rejeitados" (Anzieu, 1979, p. 200).

Isto é, sem poder significar suas carências vividas antes da aquisição da palavra e associá-las a uma causa, o paciente expressa seus efeitos em cena. Compete ao psicanalista poder acolher a natureza e a forma com que o material se apresenta em sessão.

Tal como Anzieu, outros autores (Khan, 1964; Safra, 1998) diferenciam a atuação neurótica – entendida como consequente a um movimento de resistência em que um conteúdo psíquico, em vez de ser simbolizado, é atuado – dessas situações em que se dramatiza, através de ato, uma experiência vivida sem palavras. "Ato apresentativo" é a terminologia que propõe Safra. O "ato apresentativo" contém, segundo Safra (1998), um potencial comunicativo que, no entanto, só irá se realizar como comunicação se assim for acolhido na situação analítica:

[...] o paciente apresenta, numa forma de comportamento, parte de uma história vivida, mas da qual ele não consegue fazer referência. Simplesmente só consegue apresentá-la. E claro que, do ponto de vista do analista, é fundamental que ele (o analista) possa, ao ter esse ato apresentativo manifestado na sessão, reconhecê-lo como parte da história, como um tipo de organização simbólica, pré-verbal (p. 98).

O que em acréscimo vale enfatizar, é que muitas vezes somos tendenciosos em concentrar nossa atenção na história de vida sob a perspectiva do conteúdo psíquico e que perdemos de vista que, em ato, o paciente também apresenta a estrutura do Eu, seu aspecto formal, sua topologia, que, por sua vez, revela sua história constitutiva. Embora história e estrutura sejam aspectos indissociáveis na constituição do Eu, a diferença está não apenas no que podemos inverter o processo, isto é, uma escuta da estrutura do Eu podendo revelar sua história constitutiva; mas também porque, circunscrever uma atuação ou um "ato apresentativo" de forma parcial, nos coloca no risco de considerarmos o Eu também em sua parcialidade, como se o nível de comunicação posta em cena pelo paciente não expressasse a capacidade funcional do estado de Eu na atualidade da sessão, isto é, nos termos de Federn, não nos fizesse perguntar quem é o Eu em questão. Nesse sentido, acompanhemos Green (1987):

O que a história de um sujeito permitirá construir, *antes* da descoberta dos acontecimentos chave mantidos desde há muito tempo escondidos, será a estrutura dos processos psíquicos fundadores, portadores de distorções basais que vão marcar o desenvolvimento da organização psíquica (p. 1309).

Propõe-se aqui que, em termos clínicos, é preciso primeiro perguntar quem é o Eu com qual, no aqui e agora da sessão, se dispõe a interagir, quem é o parceiro na dança. Caso se fale de um Eu-corporal, é preciso ter disponibilidade de acolher um modo de funcionamento psíquico e um nível representacional diferente do que é mais familiar ou diferente. É preciso considerar, como diz Ivanise Fontes, "a maneira particular" pela qual somos convocados a interagir. Só assim, pode-se evitar, como chama a atenção Anzieu (1975), "[...] a tentação da contratransferência negativa" (p. 223). Não apenas acolher os "atos-signos" no que eles possuem de "potência de vir a ser símbolo" (Safra, 1998), mas também corresponder à necessidade de nos comunicarmos em nível de Eu-corporal (Anzieu, 1979), ou melhor, na consideração de que interagimos com um Eu em estado de Eu-corporal. Isto é muito semelhante à posição clínica que assume Winnicott (1962): "Isso [análise padrão] significa para mim me comunicar com o paciente da posição em que a neurose (ou psicose) de transferência me coloca" (p. 152).

Aqui, segue-se Anzieu, com convicção, a potencialidade de sentido da realidade psíquica, de um sentido, em última instância, construído no nível do Eu-corporal. Vimos que, para o curso do processo terapêutico de Eurídice, foi fundamental que eu pudesse me sustentar nessa convicção de que algo ali tinha um sentido que se revelou ser da ordem da estrutura do Eu, e que precisávamos de tempo para que a cena se desenrolasse. Com Aquiles, quando me perguntei quem era o Eu que se esvaía em diarreia, encontrei em seu sintoma um sentido que não se reduzia "a ser coisa da cabecinha": era a paradoxalidade de sua constituição narcísica que ele expressava. De modo semelhante, com Rômulo, também me vi mobilizada a perguntar quem era o Eu que se apresentava todo esfolado e seduzia a uma relação adesiva, e rapidamente se fez evidente que ele apresentava em ato a topologia de sua estrutura narcísica.

Desse modo, concluo que perguntar quem é o Eu que expressa seu sofrimento, que se apresenta em ato e/ou nos toca contratransferencialmente, nos ajuda a nos posicionar a respeito do material clínico, condição para que ele revele seu sentido e vice-versa, e a nos comunicar com o paciente "da posição" em que ele nos coloca.

Em *Conversando com Bion*, Bion (1978/1980) reflete a respeito daquelas situações em que os pacientes expressam algo da ordem do pré-verbal, do pré-natal, do subtalâmico: "Será que é bom fazer uma abordagem verbal? Lembrando que esta capacidade de falar é um desenvolvimento muito tardio" (p. 20); "Será que poderíamos falar com o paciente em alguma linguagem que seria compreendida lá no local onde a endereçamos?" (p. 176).

Em nossos termos, perguntaríamos: o que seria responder ao nível do Eu-corporal? Como responder e intervir ao nível do Eu-corporal e ao mesmo tempo manter os invariantes da técnica psicanalítica? Ou ainda, como promover a restauração do continente psíquico?

Responder a essa questão com a devida propriedade talvez requeresse um trabalho de pesquisa. Nos tópicos seguintes iremos, no entanto, pôr em destaque alguns elementos que têm me orientado na clínica.

O reconhecimento das características topológicas do Eu e a reconstrução da "ecologia do ambiente infantil" (Khan, 1964)

Com Anzieu, penso que um trabalho psicanalítico deve ser feito onde surge o inconsciente, no que ele pode ter de mais profundo – o pulsional – e de mais superficial – o Eu e sua topologia.

> Um trabalho de tipo psicanalítico deve ser feito lá onde surge o inconsciente: em pé, sentado ou deitado; individualmente, em grupo ou em uma família; durante a sessão, na soleira da porta, ao pé de um leito de hospital, etc.: em todo lugar onde um sujeito pode deixar falar suas angústias e suas fantasias há alguém suposto a ouvi-las e apto a explicá-las (Anzieu, 1975, p. 222).

Quando consideramos a Clínica do Continente, o reconhecimento e a interpretação dos continentes psíquicos passam a integrar o trabalho de interpretação psicanalítica. Segundo Anzieu (1987b), a conscientização da configuração do continente psíquico é uma etapa imprescindível à compreensão das falhas do funcionamento do Eu que propiciam o bem-estar narcísico.

Na literatura psicanalítica a que tive acesso, dois elementos clínicos costumam ser apresentados como suporte para a expressão da topologia do Eu: os significantes formais e as alterações do enquadre clínico infligidas pelo paciente.

Quando Anzieu propõe que os significantes formais devem ser nomeados, ele enriquece o pensamento clínico no que diz respeito à interpretação do continente psíquico e da reconstrução de sua história constitutiva: que deformação do Eu se traduz por determinada forma imagética? Por exemplo, no caso de Rômulo, o significante formal "pele esfolada" perpassa sua relação com o irmão e com a namorada, a relação transferencial e a alteração do enquadre clínico; acolhido em cena, o que se observa é que todas essas situações ecoavam uma mesma experiência que se expressava como "pele esfolada" e um estado afetivo de urgência e abandono uma vez que não podia prescindir da aderência ao corpo do outro. Só então ele pôde reconstituir os elementos de sua história afetiva.

Em termos clínicos, do mesmo modo que no processo constitutivo, os significantes formais são constituintes e constituídos: eles dão forma; no que dão forma, constituem e no que constituem, representam. Assim, a interpretação dos significantes formais, permitindo sua consciência, é também um recurso de intervenção ao nível do Eu-corporal.

Entendo que a interpretação dos significantes formais instaura o Eu-pele, aqui considerado intermediário entre o Eu-corporal e o Eu-psíquico. Isto é, é uma oferta de recurso psíquico já que permite a nomeação e a apropriação do Eu e de um modo de ser; é uma produção de sentido narcísico. A meu ver, possui uma equivalência à imagem frente o espelho, só que aqui a imagem é corporal, histórica: história afetiva, das relações primárias, de sua deformação e adoecimento. No caso de Aquiles, por exemplo, a formulação dos significantes formais – diarreia, "escorrer pelo ralo", "esfíncter psíquico", "relação sabonete" – permitiram, como um movimento de reconstrução narcísica, que ele encarnasse seu Eu, que lhe desse um corpo vivo e sensível; no caso de Aquiles, o Eu e o corpo deixam de ser hipóteses imaginativas e ganham realidade visível e funcional.

Na experiência clínica, vemos que a interpretação do significante formal, quando pertinente e apropriada, tem um efeito de toque, de reconhecimento e de continência, experiências fundamentais na constituição do continente psíquico; geralmente o paciente se sente acolhido, compreendido, desculpabilizado de seu sintoma ou falhas. Vale relembrar Winnicott (1972): "[...] uma interpretação certa no momento certo equivale a um contato físico" (p. 217).

A interpretação dos significantes formais também promove um reinvestimento do continente psíquico e potencializa seu movimento de transformação.

Em último caso, a interpretação dos significantes formais, como toda interpretação, "[...] dá ao paciente oportunidade de corrigir mal-entendidos" (Winnicott, 1968, p. 164), isto é, permite que o paciente nos ensine a deles cuidar.

O manejo clínico e o redespertar da plasticidade do Eu

No contexto do caso de Rômulo, nos referimos rapidamente a Bleger para sustentar a questão do manejo do enquadre como função clínica. Foi visto que para ele existe equivalência entre a qualidade simbiótica das relações primárias e a relação terapêutica no que diz respeito ao enquadre analítico – uma equivalência que se sustenta na própria estrutura enquadrante: uma relação estável, constante e silenciosa, em cujo interior processos podem ocorrer. A abordagem de Bleger pressupõe uma possibilidade de transferência entre as estruturas enquadrantes – grupos, instituições, relação primária, relação terapêutica; o que ele propõe nos remete a uma relação entre a estrutura enquadrante, o não processual, e a estrutura continente. O interesse de sua abordagem está justamente no que implica que a estrutura enquadrante, de silenciosa e despercebida, pode vir a fazer barulho, reclamando ocupar a cena clínica: de não processual, ela passa a processo, isto é, a reclamar cuidado e transformação.

A estrutura continente do Eu é um enquadre, e sua consideração levou Khan (1964) e Anzieu (1979) a complementarem a abordagem de Bleger: entendem que quando o enquadre analítico proposto pelo analista "chora" (Bleger, 1966), faz barulho, se fazendo presente, ele revela as distorções estruturais do Eu decorrentes de invasões infligidas muito cedo pelo ambiente maternante, expondo o Eu a deformações autoprotetoras. Isto é, haveria um potencial de transferência entre as relações de cuidado primário como estrutura continente, a estrutura do Eu constituída nessas relações de cuidado e o enquadre clínico como estrutura continente do processo terapêutico.

> [...] quando um paciente nos fornece material que se relaciona essencialmente com suas distorções de ego resultantes de trauma cumulativo, é o *setting* analítico e a relação do paciente com ele que assume decisiva importância clínica e transferencial (Khan, 1964, p. 85).

A compreensão de Khan (1964) enfatiza a não repetição da situação traumática:

> [...] ele [o paciente] não pode tolerar determinadas coisas e como o seu ego torce e distorce a situação a fim de evitar aquelas áreas de estresses que o defeito do seu ego não pode enfrentar. A capacidade mental desses

> pacientes confere-lhes astúcia e sagacidade para evitarem
> fobicamente todos os segmentos da realidade e tensão
> interpessoal que os levem ao âmago de suas crises de
> desenvolvimento (p. 86).

O que Masud Khan propõe em termos de manejo clínico muito se assemelha ao que Brazelton descreveu do interjogo que anima as relações de cuidado desde o tempo de vida intrauterina: o reconhecimento e o acolhimento por parte do ambiente cuidador, dos limiares de vulnerabilidade e de vitalidade (a partir do que o ambiente é intrusivo por excesso e por carência) manifestada, em comportamento, pelo bebê.

Masud Khan indica o manejo clínico como recurso de cuidado: se no processo de constituição o Eu se deforma como recurso de autoproteção contra as falhas ambientais, no processo terapêutico é o ambiente, o enquadre clínico, que deve "se deformar" de modo a se adaptar às necessidades do Eu. Isto é: nessas situações a plasticidade é requerida ao objeto da transferência – flexibilidade do enquadre que ecoa a plasticidade do analista na função de cuidado.

Anzieu (1982) postula que a diferenciação de base animado-inanimado funda a possibilidade de todas outras diferenciações produtoras de sentidos: animado é o que respira, é o automotor, é o que permite ao bebê, na indiferenciação primária com o ambiente, se sentir vivo ao interferir no mundo. Nesse sentido, a imutabilidade insistente do enquadre, apesar dos esforços dos pacientes que necessitam de adaptação ativa do ambiente, corre o risco de usurpar da cena clínica, assim como, do Eu do paciente, a plasticidade necessária à sua reconstrução. A aposta, como Clínica do Continente, é que o processo terapêutico possa redespertar a plasticidade do Eu perdida em defesa da manutenção narcísica.

Na ilustração que retiramos do processo terapêutico de Rômulo e de Eurídice, enfatizamos como eles interferem no enquadre "pressionando" a relação transferencial no sentido de uma adaptação do ambiente cuidador terapêutico a uma configuração que lhes fosse possível.

Nesse sentido, quando nos dispomos a acolher essas interferências no enquadre promovidas pelo paciente e a analisar a pertinência de alterá-lo, o enquadre assume característica processual e transicional, como região de interface – lugar, por excelência, do Eu. Se o analista oferece, por sua contratransferência primordial ou originária (Figueiredo, 2003; Pontalis, 1977) e pela instauração do enquadre clínico, as condições de transferência, o paciente o cria nele inserindo sua pessoalidade; a pessoalidade de seu continente psíquico.

A flexibilidade do enquadre analítico pode ser requerida de modo a respeitar o "princípio de não repetição do patogênico", como enfatizado por Anzieu (1979) e por Khan (1964). Porém, ele não é só isto, ele também é um representante do terceiro, dos interditos; ele é suporte dos invariantes psicanalíticos, por isto pensamos que sua flexibilidade, necessária, não é irrestrita. Responder às necessidades constitutivas do Eu não implica também interdições, interpelações, colocar-se em reserva? A rigidez ou a flexibilidade excessiva do enquadre são extremos de experiência de desmedida.

O que quero dizer é que, na questão do manejo clínico, não podemos prescindir do equilíbrio dinâmico, tal como nos referimos inserido nas relações maternantes. Se então dissemos que o bebê ensina a mãe a cuidar dele, em termos clínicos, é o paciente que nos orientará na construção de uma experiência de justa medida. O movimento de ajuste da situação analítica às possibilidades estruturais do Eu do paciente, isto é, a sua pessoalidade, é elemento clínico importante "[...] na constituição da experiência analítica" (Green, 1974, p. 11), particularmente, no que diz respeito à reconstrução do Eu.

Como elemento transicional do dispositivo clínico, o enquadre não é apenas suporte para atuação das distorções do Eu permitindo a construção da "ecologia do ambiente infantil"; ele também é suporte para relações de cuidado que participam da restauração do continente psíquico.

A experiência analítica e a restauração do Eu

Autores que, como Bion e Winnicott, incluíram em suas clínicas a possibilidade de restauração de aspectos mal constituídos do aparelho psíquico, transferiram para o par analítico as funções insuficientemente exercidas pelo ambiente primário. Para Bion, a construção de uma espacialidade psíquica continente e a restauração do aparelho para pensar pensamentos, são funções que ele acresce à clínica psicanalítica. Isto é, a *rêverie* materna, como função constitutiva do aparelho para pensar, é transferida ao par analítico. Compete ao analista exercer as funções que podem propiciar a reinstauração de um dinamismo psíquico capaz de transformar as experiências emocionais turbulentas em elementos psíquicos. Lembramos que, para esse autor, o intrapsíquico se constitui nos moldes do intersubjetivo, isto é, é preciso ser pensado para aprender a pensar; de outro modo, é a experiência de ser pensado que faz, de nós, seres pensantes. Assim, frente à precariedade da constituição psíquica do paciente, compete ao analista a função do pensar, ou seja, ele deve, ativo, se fazer continente no exercício das "funções componentes continentes" nos aspectos descritos no Capítulo I: acolher, digerir, transformar, mitigar os excessos insuportáveis, e devolver, com adequação, estabelecendo um vínculo intersubjetivo de duas faces.

Winnicott, com o conceito de regressão à dependência, também aposta em um recomeço terapêutico que permita o desenvolvimento do verdadeiro *self*. Diz ele: "[...] o que ocorre na transferência (nas fases de regressão de alguns pacientes) é uma forma de relacionamento mãe-lactente" (Winnicott, 1960b, p.129). A isto vale acrescentar a ressalva de Khan (1964): "A tarefa do analista não é *ser* a mãe, ou *transformar-se* na mãe. Não podemos, ainda que tentássemos

[...] O que realmente suprimos são algumas das funções da mãe como escudo protetor e ego auxiliar" (p. 87).

O que entendo da aposta que fazem esses autores, é que a experiência analítica, potencialmente, como ambiente cuidador, tem os elementos necessários à restauração do Eu. Parece-me evidente que eles consideram, implicitamente, uma plasticidade do Eu, isto é, sua capacidade de transformação, seja na referência a um Eu-*self*, a um Eu-corporal ou a um Eu-pensante. Não no sentido mais trabalhado por Freud, o de um retrilhamento pelas vias de condução; uma plasticidade no sentido de uma transformação estrutural, topológica, mesmo que em Winnicott não possamos identificar uma qualidade formal. E isto parece tão apropriado que, referidos a esses autores, Frances Tustin e Geneviève Haag se debruçaram sobre a clínica do autismo em um trabalho psicanalítico de restauração do Eu. Para elas, o autismo é uma patologia muito do início da vida, e de extremo comprometimento da estrutura continente do Eu.

A clínica do autismo talvez seja o principal argumento como aposta em uma Clínica do Continente: a plasticidade do Eu é sua condição. A "[...] formação e a introjeção da continência corporo-psíquica" (Haag, 2006b, p. 601) é a orientação clínica do trabalho de Haag com crianças e adolescentes com severas deformações da estrutura continente do Eu. A clínica do autismo nos ensina que é possível transformar, clinicamente, a estrutura do Eu; que é possível intervir, psicanaliticamente, ao nível do Eu-corporal, ainda que a clínica de crianças e a clínica de adultos sejam diferentes. São técnicas diferentes, mas orientadas pelos mesmos princípios que nos remetem, aliás, aos processos de constituição do Eu: a transferência para o par analítico das funções imprescindíveis à construção da espacialidade psíquica. Se na patologia autista é possível redespertar a plasticidade do Eu e restaurar sua estrutura continente construindo uma espacialidade psíquica, por que não o seria em patologias de comprometimento menos severo?

Retornamos aos ensinamentos de Bion: quando formula a *rêverie* materna como mito de referência, ele apresenta a dimensão transformadora da experiência vivida no jogo intersubjetivo que resulta do feliz encontro entre a mente do bebê e a mente da mãe. Na teoria sobre o pensar, é a própria experiência de transformação, quando presente no jogo projetivo/introjetivo, o que fundamentalmente transforma a geometria plástica do Eu de um espaço bidimensional em um tridimensional, continente e pensante.

Na leitura feita aqui desses autores, Bion, Tustin, Haag, aos quais acrescento Anzieu e Khan, pode-se notar que, como conjunto, eles propõem uma metapsicologia da experiência analítica que se orienta pela metapsicologia genética do Eu como continente psíquico que tomam, cada um à sua maneira, como referência. Nesse sentido, é muito apropriada a ressalva que faz Khan (1964) no que diz respeito à restauração do Eu: não se trata, na transferência, de "*fornecer*, aos pacientes, relação objetal primária (materna) e experiências emocionais corretivas" (p. 87), mas de "suprir" algumas funções que, em nossos termos, propiciam a reorganização estrutural do psíquico.

Em termos da prática clínica de Khan, Green (1974) ressalta o uso que ele faz da dramatização:

> [...] dramatização no tratamento leva o paciente a viver (mais que reviver) um *setting atual* que preenche a função que deveria ser preenchida, no contexto de um funcionamento mental economicamente satisfatório, pela experiência que leva à fantasia, o que Freud chamou de *teatro particular*. Na falta de um teatro particular, o tratamento se torna o lugar de uma atualização teatral (p. 4).

Ou seja, não é apenas um suprir funções, mas a construção, em cena, de um jogo intersubjetivo "que nunca existiu" dando à dramatização "um caráter de ficção viva" (Green, 1974, p. 5). O que Green reconhece na prática clínica de Khan vai ao encontro da orientação clínica que se fez evidente no caso de Rômulo, na referência ao conceito de *enactment* segundo Cassorla.

A abordagem clínica de Anzieu (1985a) tem orientação semelhante:

> [...] o psicanalista deve agora não apenas interpretar na transferência as falhas e os superinvestimentos defensivos

> do continente e "construir" as usurpações precoces, os traumatismos acumulativos, as idealizações protéticas responsáveis por tais falhas e por tais superinvestimentos, mas também oferecer a seu paciente um disposição interior e um modo de comunicar que representam para o paciente a possibilidade de uma função continente e que lhe permitam uma interiorização suficiente (p. 26).

Quando se trata da reconstrução do Eu, a intervenção clínica requer algo além de interpretação e da construção da "ecologia do ambiente infantil" (Khan, 1964). Anzieu fala de um modo de comunicar e de uma disposição interior que representem a função continente. Ele nos faz entender que a experiência analítica deve propiciar uma organização da experiência, nos termos de Tisseron (1993) em esquemas de envoltórios e esquema de transformação, e ao nível do Eu-corporal. É a isso que se refere Winnicott quando diz que uma interpretação correta no momento oportuno tem efeito de toque.

A Clínica do Continente tem como referência a metapsicologia dos processos constitutivos do Eu já desenvolvidos no Capítulo III. Nele acompanhamos o Eu, desde seu estado rudimentar, em seu processo de transformação plástica na construção de uma espacialidade psíquica continente. Propomos a noção de *rêverie* corporal. Nesses estados primários, a relação intersubjetiva inerente à relação de cuidado maternante constitui esquemas – formas-sensação – que organizam a experiência como estrutura continente; esquemas intersubjetivamente construídos que transformam o espaço psíquico. O jogo de transformação da emocionalidade primária como experiência de ritmicidade relacional; a experiência de fundo, como continente e experimentação de um espaço tridimensional; experiência de justa medida, propiciada na dinâmica do cuidado dando ao processo uma qualidade tátil, como uma região de interface, ponto de contato e de separação; o movimento de dança, como reconhecimento de uma comunicação silenciosa e sutil, criando uma experiência de suporte, de envolvimento e de sentido; e o interdito de tocar, como transformação do espaço intersubjetivo, propiciando um ir além do Eu-corporal. A dramatização em cena desses esquemas que transformam o espaço psíquico confere à experiência analítica um potencial de restauração do Eu. Ou seja, a cena analítica propicia a organização da experiência em estruturas continentes, o que favorece a restauração da estrutura continente do Eu.

Por exemplo, no caso de Aquiles, a forma-sensação de um fluxo e refluxo experimentada em cena, figurada como um bate-bola, podendo transformar o fluir diarreico, sem fundo. No ir e vir, a organização da experiência como estrutura rítmica, no reconhecimento de seu Eu frágil e mal formado, a estimulação tátil de sua pele, nas necessárias adaptações do enquadre clínico, pois a analista também era perdida pela diarreia, o movimento de dança que foi restaurando a estrutura de interface de seu Eu-pele.

De forma semelhante falamos de Rômulo quando da transformação do enquadre clínico: o toque, a dança e a experiência de tempo como reorganização formal da experiência.

Como Clínica do Continente defendemos a atenção à estrutura continente do Eu e, quando se fizer necessário, a experiência analítica deve se revestir de qualidades "[...] da ordem do estético, o que tem a ver com o ritmo, com o canto e com a dança" (Haag, 1992, p. 11), que possuam qualidade tátil, formas-sensação que organizam, de modo intersubjetivo, o espaço intrapsíquico, a restauração da estrutura continente do Eu.

Referências

ALVAREZ, A. (2002) L'échec de la construction des liens. In: *Un espace pour survivre*. Paris: Hublot, 2006.

ANZIEU, A. (1987) L'hystérie: enveloppe d'excitation. In: ANZIEU, D. (Org.). *Les enveloppes psychiques*. Paris: Dunod, 2003.

ANZIEU, D. (1970) Élements d'une théorie de l'interpretation. In: *Le travail de l'inconscient*. Paris: Dunod, 2009.

_____. (1974) La peau: du plasir à la penser. In: CHABERT, C. *et al. Psychanalyse des limites*. Paris: Dunod, 2007.

_____. (1975) La psychanalyse encore. In: *Le travail de l'inconscient*. Paris: Dunod, 2009.

_____. (1976) Devenir psychanaliste aujourd'hui. *Op. cit.*

_____. (1979) L'analyse transicionnelle dans la cure individuelle. In: *Crise, rupture, dépassement*. Paris: Dunod, 2004.

_____. (1980) Wilfred Ruprech Bion. In: *Le travail de l'inconscient*. Paris: Dunod, 2009.

_____. (1981) *Le corps de l'oeuvre*. Paris: Gallimard, 2005.

_____. (1982) Sur la confusion primaire de l'animé et de l'inanimé, un cas de triple mépris. In: *Psychanalyse des limites*. Paris: Dunod, 2007.

_____. (1983) À la recherche d'une nouvelle définitionn clinique ou théorique du contre-transfert. In: ANZIEU, D. *Le travail de l'inconscient*. Paris: Dunod, 2009.

_____. (1984a) *Une peau pour les pensées*. Paris: Editions Apsygée, 1991.

_____. (1984b) Le double interdit du toucher. In: ANZIEU, D. *Psychanalyse des limites*. Paris: Dunod, 2007.

_____. (1985a) *O Eu-pele*. São Paulo: Casa do Psicólogo, 2000.

_____. (1985b) Le corps de la pulsion. In: ANZIEU, D. *Psychanalyse des limites*. Paris: Dunod, 2007.

_____. (1986a) Introduction à l'étude des enveloppes psychiques. In: ANZIEU, D. *Le travail de l'inconscient*. Paris: Dunod, 2009.

_____. (1986b) Cadres psychanalytiques et enveloppes psychiques. *Op. cit.*

_____. (1987a) Les significants formels et le moi-peau. In: ANZIEU, D. (Dir.). *Les enveloppes psychiques*. Paris: Dunod, 2003.

_____. (1987b) Point de vue psychanalytique sur la structure et fonctions du moi. In: ANZIEU, D. *Le travail de l'inconscient*. Paris: Dunod, 2009.

_____. Autonomie de la personne et enveloppes psychiques. In: ANZIEU, D. *L'épiderme nomade et la peau psychique*. Paris: Apsygée, 1990.

_____. (1993) La función continente de la piel, del yo y del pensamiento: contenedor, continente, contener. In: ANZIEU, D. et al. *Los continentes de pensamiento*. Buenos Aires: La Flor, 1998.

_____. (1994) *El pensar*. Madrid: Biblioteca Nueva, 1995.

_____. (1996) *Crear, destruir.* Madrid: Biblioteca Nueva, 1997.

BIANCHEDI, E. T. *et al.* Pre-natales – post-natales: la personalidad total. In: *Bion conocido/desconocido.* Buenos Aires: Lugar, 1999.

BICK, E. (1968) L'experience de la peau dans les relations d'objet précoces. In: WILLIANS, M. G. (Org.). *Les écrits de Martha Harris et d'Esther Bick.* Paris: Hublot, 2007.

_____. (1986) Considerations ultérieures sur la fonctions de la peau. *Op. cit.*

BION, W. R. (1950). O gêmeo imaginário. *Estudos psicanalíticos revisados (Second thoughts).* Rio de Janeiro: Imago, 1994.

_____. (1955) Desenvolvimento do pensamento esquizofrênico. *Op. cit.*

_____. (1957a) Diferenciação entre a personalidade psicótica e a personalidade não psicótica. *Op. cit.*

_____. (1957b) Sobre arrogância. *Op. cit.*

_____. (1959) Ataques à ligação. *Op. cit.*

_____. (1962) Uma teoria sobre o pensar. *Op. cit.*

_____. (1963) *Elementos em psicanálise.* Rio de Janeiro: Imago, 1991.

_____. (1967) Comentários. *Estudos psicanalíticos revisados (Second thoughts).* Rio de Janeiro: Imago, 1994.

_____. (1970) A medicina como modelo. In: *A atenção e interpretação.* Rio de Janeiro: Imago, 1991.

_____. (1977) La cesura. In: *La tabla y la cesura.* Barcelona: Gedisa, 1997.

_____. (1978/1980) *Conversando com Bion*. Rio de Janeiro: Imago, 1992.

_____. (1992) *Cogitações*. Rio de Janeiro: Imago, 2000.

BIOR, W. R. *Uma memória do futuro*. São Paulo: Martins Fontes, 1989.

BLEGER, J. (1966) Psychanalyse du cadre psychanalytique. In: KAËS, R. *et al. Crise, rupture et depassement*. Paris: Dunod, 2004.

BOWLBY, J. *Apego*. São Paulo: Martins Fontes, 1984.

BRAZELTON, T. B. (1981) O bebê: parceiro na interação. In: *A dinâmica do bebê*. Porto Alegre: Artes Médicas, 1987.

_____. Le rôle de la NBAS: réflexions personnelles. In: *Rencontre avec T. Berry Brazelton*. Paris: Érès, 2011.

BREUER, J. & FREUD, S. (1895) Estudos sobre a histeria. *Edição standard brasileira das obras psicológicas de Sigmund Freud*. Rio de Janeiro: Imago, 1980, v. II.

BRIGGS, S. (2002) La fonction de la peau dans l'espace psychosocial. In: BRIGGS, A. *Un espace pour survivre*. Paris: Hublot, 2006.

CANDI, T. *O duplo limite: o aparelho psíquico de André Green*. São Paulo: Escuta, 2010.

CANDIOTTO, K. B. B. *Da psicologia às ciências cognitivas*. Tese de doutorado. São Carlos, Universidade Federal de São Carlos, 2008.

CARVALHO, M. T. M. De l'ego psychology à la self psychology: l'origine et les avatars de la notion de self dans la psychanalyse américaine. *Psychanalyse à la Université*, v. 16, n. 64, 1991.

_____. *Paul Federn*: une autre voie pour la théorie du moi. Paris: PUF, 1996.

CASSORLA, R. Estudo sobre a cena analítica e o conceito "Colocação em cena da dupla" (*enactment*). *Revista Brasileira de Psicanálise*, v. 37, n. 2/3, 2003.

CHUSTER, A. A cesura ou não é censura. In: *Diálogos psicanalíticos sobre W. R. Bion*. Rio de Janeiro: Tipografia, 1996.

DICIONÁRIO MICHAELIS DE LÍNGUA PORTUGUESA. Recuperado em 20 maio de 2010, de http://michaelis.uol.com.br/moderno/portugues/index.php?lingua=portugues--portugues&palavra=entidade.

DORON, J. (1987) L'enveloppe psychique: concept et propriétés. In: ANZIEU, D. (Org.). *Les enveloppes psychiques*. Paris: Dunod, 2003.

FEDERN, P. (1952) *La psychologie du moi et les psychoses*. Paris: PUF, 1979.

FERENCZI, S. (1929) A criança mal acolhida e sua pulsão de morte. In: *Escritos psicanalíticos*. Rio de Janeiro: Livraria Taurus-Timbre, [s.d.].

FIGUEIREDO, L. C. Transferência, contratransferência e outras coisinhas mais, ou a chamada pulsão de morte. In: *Elementos para a clínica psicanalítica*. São Paulo: Escuta, 2003.

_____. Ao redor do processo analítico e suas variedades. In: *As diversas faces do cuidar*. São Paulo: Escuta, 2009a.

_____. A metapsicologia do cuidado. *Op. cit.*

_____. Intersubjetividade e mundo interno: o lugar do campo superegoico na teoria e na clínica. *Op. cit.*

_____. A clínica psicanalítica e seus vértices: continência, confronto, ausência. *Comunicação particular*, 2012a.

_____. Intersubjetividade, mundo interno e superego. In: COELHO J. N. et al. (Org.). *Dimensões da intersubjetividade*. São Paulo: Escuta, 2012b.

FONTES, I. *Memória corporal e transferência*. São Paulo: Via Lettera, 2002.

_____. Ternura tátil. In: FONTES, I. *A psicanálise do sensível*. Aparecida, SP: Ideias & Letras, 2010.

FREUD, S. *Projeto de uma psicologia*. Rio de Janeiro: Imago, 1895.

_____. (1900) A interpretação dos sonhos. *Edição standard brasileira das obras psicológicas completas*. Rio de Janeiro: Imago, 1980, v. IV.

_____. (1910) A concepção psicanalítica da perturbação psicogênica da visão. *Op. cit.*, v. XI.

_____. (1911) Formulações sobre os dois princípios do funcionamento mental. *Op. cit.*, v. XII.

_____. (1914a) Sobre o narcisismo: uma introdução. *Op. cit.*, v. XIV.

_____. (1914b) A história do movimento psicanalítico. *Op. cit.*, v. XVI.

_____. (1915) Os instintos e suas vicissitudes. *Op. cit.* v. XIV.

_____. (1920) Além do princípio do prazer. *Obras Completas*. São Paulo: Companhia das Letras, 2011, v. XIV.

_____. (1921) Psicologia de grupo e a análise do ego. *Op. cit.*, v. XVIII.

_____. (1923) O eu e o id. *Op. cit.*, v. XVI.

_____. (1924) Neurose e psicose. *Op. cit.*, v. XVI.

_____. (1925a) A negativa. *Op. cit.*, v. XVI.

_____. (1925b) Uma nota sobre o "bloco mágico". *Op. cit.*, v. XVI.

_____. (1926) Inibições, sintomas e ansiedade. *Edição standard brasileira das obras psicológicas completas*. Rio de Janeiro: Imago, 1980, v. XX.

_____. (1930) O mal-estar na civilização. *Obras Completas*. São Paulo: Companhia das Letras, 2010, v. XVIII.

_____. (1933) Conferência XXXI: Dissecção da personalidade psíquica. *Op. cit.*, v. XVIII.

_____. (1937) Análise terminável e interminável. *Edição standard brasileira das obras psicológicas completas*. Rio de Janeiro: Imago, 1980, v. XXIII.

_____. (1940a) A divisão do ego no processo de defesa. *Op. cit.*, v. XXIII.

_____. (1940b) Esboço de psicanálise. *Op. cit.*, v. XXIII.

_____. (1941) Achados, ideias, problemas. *Op. cit.*, v. XXIII.

_____. (1950[1895]) Projeto para uma psicologia científica. *Op. cit.*, v. I.

GOLSE, B. (2007) Les signifiants formels comme un lointain écho du bébé que nous avons été. In: ANZIEU, D. *Le moi-peau et la psychhanalyse des limites*. Paris: Érès, 2008.

GREEN, A. (1974) O outro e a experiência do "self". In: KHAN, M. *Psicanálise: teoria, técnica e casos clínicos*. Rio de Janeiro: Livraria Francisco Alves, 1977.

_____. La capacité de rêverie et le mythe éthiologique. *Revue Française de Psychanalyse*, 5, 1987.

_____. *Narcisismo de vida, narcisismo de morte*. São Paulo: Escuta, 1988.

_____. Le moi et la théorie du contact. In: *Les voies de la psyché*. Paris: Dunod, 2000.

_____. *La pensée clinique*. Paris: Odile Jacob, 2002.

_____. Le penser, du moi-peau au moi-pensant. In: *Didier Anzieu: le moi-peau et la psychanalyse des limites*. França: Érès, 2007.

_____. Un grand psychanalyste. In: *Les hommages de carnet psy*. Recuperado em abril, 2011, de http://www.carnetpsy.com/Archives/Hommages/Items/Anzieu/p5.htm, [s.d.].

GROTSTEIN, J. S. (2007) "Transidentificação projetiva": uma extensão do conceito de identificação projetiva. In: *Um facho de intensa escuridão*, Porto Alegre: Artmed, 2010.

HAAG, G. Adhèsivité: identité adhésive, identification adhèsive. GRUPPO, n. 2, jun. 1986.

_____. Le dessin préfiguratif de l'enfant: quel niveau de représentation? GRUPPO, n. 2, jun. p. 72, 1988.

_____. L'expérience sensorielle fondament de l'affect et de la pensée. In: *L'experience sensorielle de l'enfance*. Cor Éditeur, Hopital J. Imbert, 13637 Arles, 1992.

_____. Entre figure et fond: quelques aspects de la symbolique dans l'organizacion du dessin des enfants de 2 à 6 ans. In: *L'Erre*, n. special Congrès Strasbourg. *Dans le monde de symboles...l 'enfant*. p. 24-34, 1994.

_____. La constituition du fond dans l'expression plastique en psychanalyse de l'enfant. In: *Le dessin dans la séance psychanalytique avec l'enfant*. Paris: Érès, 1995.

_____. Clinique psychanalytique de l'autisme et formation de la contenance. In: GREEN, A. (Org.). *Les voies nouvelles de la psychanalyse contenporaine, le dedans el le dehors*. Paris: PUF, 2006a.

_____. Temporalités rythmiques et circulaires dans la formation des réprésentations corporelles et spatiales au sein de la sexualité orale. *Le carnet PSY 8 /2006, n. 112*, 2006b.

HARTMANN, H. (1939) The concept of health. In: *Essays on ego psychology*. London: The Hogarth Press, 1964.

_____. (1950) Comments on the psychoanalytic theory of the ego. *Op. cit.*

_____. (1951) Technical implications of the ego psychology. *Op. cit.*

_____. (1956) The development of ego concept in Freud's work. *Op. cit.*

HONIGSZTAJN, H. *A psicologia da criação*. Rio de Janeiro: Imago, 1990.

HOUZEL, D. (1987) L'enveloppe psychique: concept et propriétés. In: ANZIEU, D. (Org.). *Les enveloppes psychiques*. Paris: Dunod, 2003.

KAËS, R. Entretien avec Didier Anzieu. In: *Les voies de la psyché*, Dunod, 2000.

_____. (2007) Du Moi-peau aux enveloppes psychiques. In: CHABERT, C. et al. (Org.). *Didier Anzieu: le moi-peau et la psychanalyse des limites*. França: Érès, 2008.

KHAN, M. (1963) Conceito de trauma cumulativo. In: *Psicanálise: teoria, técnica e casos clínicos*. Rio de Janeiro: Francisco Alves, 1977.

_____. (1964) Distorções do ego, trauma cumulativo e o papel da reconstrução na situação analítica. *Op. cit.*

LACAN, J. (1949) Estádio do espelho como formador da função do Eu tal como nos é revelada na experiência psicanalítica. In: *Escritos*. Rio de Janeiro: Zahar, 1966.

_____. (1951) Algumas reflexões sobre o ego. *Opção Lacaniana*, v. 24, 1999.

_____. (1953-1954) O *Seminário: Livro 1, Os escritos técnicos de Freud*. Rio de Janeiro: Zahar, 1975.

LAPLANCHE, J. & PONTALIS, J.-B. (1967) *Vocabulário da psicanálise*. São Paulo: Martins Fontes, 1991.

LAPLANCHE, J. (1980) *Problemáticas I: a angústia*. São Paulo: Martins Fontes, 1987.

_____. Derivação das entidades psicanalíticas. In: *Vida e morte em psicanálise*. Porto Alegre: Artes Médicas, 1985a.

_____. O ego e a ordem vital. *Op. cit.*

MALDINEY, H. (1967) L'esthetique des rythmes. In: *Regard parole espace*. Lausanne: L'age d'homme, 1973.

MANO, B. C. *A gênese da capacidade de pensar*: as contribuições de Freud e Bion. Dissertação de Mestrado. Pontifícia Universidade Católica do Rio de Janeiro, RJ, Brasil, 2001.

_____. E se me perguntassem que forma tem o mundo: vivências espaciais primordiais e a agorafobia. *Cadernos de Psicanálise do Círculo Psicanalítico do Rio de Janeiro*, v. 17, ano 26, 2004.

_____. O sopro do lobo: a noção de Eu-pele no manejo clínico. *Op. cit.*, v. XIX.

MELTZER, D. (1975) *Explotation del autismo*. Buenos Aires: Paidós, 1979.

_____. (1986a) Les psychoses de la petite enfance. In: *Études pour une métapsychologie élargie*. Paris: Hublot, 2006.

_____. (1986b) Discussion de l'article d'Esther Bick. In: WILLIANS, M. G. (Org.). *Les écrits de Martha Harris et d'Esther Bick*. Paris: Hublot, 2007.

_____. Além da consciência. *Revista Brasileira de Psicanálise*, v. 26, n. 3, 1992.

_____. Prefácio a Briggs (Ed.). *Un espace pour survivre*. Paris: Hublot, 2006.

MINUTES DE LA SOCIETE PSYCHANALYTIQUE DE VIENNE – Les premiers psychanalystes. Paris: Gallimard, 1983.

MITRANI, J. L. *Ordinary people and extra-ordinary protections*. Londres: Routledge, 2001.

NISHIKAWA, E. O corpo no sonho. *Ide*, v. 32, n. 49, 10/2001. Recuperado em 8 de agosto de 2011, de http://peppsic.bvsalud.org/scielo.php?script=sci_arttext&pid=S0101-31062009000200012&Ing=pt&nrm=iso, 2009.

OGDEN, T. (1996) *Os sujeitos da psicanálise*. São Paulo: Casa do Psicólogo, 2002.

OGILVIE, B. (1987) *Lacan*: a formação do conceito de sujeito. Rio de Janeiro: Jorge Zahar, 1988.

PINOL-DOURIEZ, M. *et al.* Naissances de pensée. In: *Les voies de la psyché*. Paris: Dunod, 2000.

POLLAK, T. Continente corporal: uma nova perspectiva sobre o ego corporal. *O trabalho da psicanálise. Livro Anual de Psicanálise XXV*. São Paulo: Escuta, 2011.

PONTALIS, J.-B. (1977) *Entre o sonho e a dor*. São Paulo: Ideias & Letras, 2005.

REZENDE, A. M. Caesura: cisão-decisão-indecisão. Recuperado em 5 de abril de 2011, de www.febrapsi.org.br, [s.d.].

ROUDINESCO, É. (1986) *História da psicanálise na França*. v. 2. Rio de Janeiro: Jorge Zahar, 1988.

ROUSSILLON, R. (2007) Le moi-peau et la reflexivité. In: ANZIEU, D., *Le moi-peau et la psychanalyse des limites*. Paris: Erès, 2008.

SAFRA, G. *O manejo da resistência na clínica em Winnicott*. Aula ministrada na PUC-SP em 14/04/1998.

SAMI-ALI (1974) *El espacio imaginario*. Buenos Aires: Amorrortu, 2001.

SOCOR, B. J. *Conceiving the self*: presence and absence in psychoanalytic theory. New York: International Universities Press, 1997.

SOUZA, O. Empatia, holding e continência. In: COELHO J. N. *et al.* (Org.). *Dimensões da intersubjetividade*. São Paulo: Escuta, 2012.

STERN, D. (1973) *O mundo interpessoal do bebê*. Porto Alegre: Artes Médicas, 1992.

SYLVESTER, D. *Entrevistas com Francis Bacon*. São Paulo: Cosac & Naify, 2007.

TISSERON, S. (1993) Esquemas de envoltura y esquemas de transformación en la fantasia y en la cura. In: ANZIEU, D. *et al. Los continentes de pensamiento*. Buenos Aires: La Flor, Argentina, 1998.

TUSTIN, F. (1972) *Autismo e psicose infantil*. Rio de Janeiro: Imago, 1975.

_____. (1981) *Estados autísticos em crianças*. Rio de Janeiro: Imago, 1984.

_____. (1986) *Barreiras autistas em pacientes neuróticos*. Porto Alegre: Artes Médicas, 1990.

_____. (1990) La capsule autistique chez les patients adultes névrosés. In: TUSTIN, F. *Autisme et protection*. Paris: Seuil, 1992.

_____. *Conversation psychanalytique*. França: Audit, 1994.

WIDLÖCHER, D. (2007) Espace psychique, espace corporel. In: ANZIEU, D. *Le moi-peau et la psychanalyse des limites*. Paris: Érès, 2008.

WINNICOTT, D. W. (1955-1956) Formas clínicas da transferência. In: *Da pediatria à psicanálise. Obras escolhidas*. Rio de Janeiro: Imago, 2000.

_____. (1956) A preocupação materna primária. *Op cit*.

_____. (1960a) Distorção do ego em termos de verdadeiro e falso "*self*". In: *O ambiente e o processo de maturação*. Porto Alegre: Artmed, 1983.

_____. (1960b) Teoria do relacionamento paterno-infantil. *Op cit*.

_____. (1962) Enfoque pessoal da contribuição kleiniana. *Op cit*.

_____. (1963) O medo do colapso (*breakdown*). In: *Explorações psicanalíticas*. Porto Alegre: Artes Médicas, 1994.

_____. (1964) O conceito de regressão clínica comparado com o de organização defensiva. *Op cit*.

_____. (1967) A importância do *setting* no encontro com a regressão na psicanálise, *Op cit*.

_____. (1968) A interpretação na psicanálise. *Op cit.*

_____. (1969) A experiência mãe-bebê de mutualidade. *Op cit.*

_____. (1972) *Holding e interpretação.* São Paulo: Martins Fontes, 2011.

_____. (1987) O ambiente saudável na infância. In: *Os bebês e suas mães.* São Paulo: Martins Fontes, 1999.